결혼과정을 통해서 본

어머니와 자녀의
관계변화

결혼과정을 통해서 본

어머니와 자녀의
관계변화

최지영 지음

한국학술정보㈜

우리의 삶 속에서 어머니라는 존재는 참으로 커다란 자리를 차지하고 있다. 굳이 학문적인 이론을 끌어오지 않더라도 우리의 피부에는 어머니의 존재감이 스며들어 있다. 어릴 적 5월이면 어김없이 빨간 습자지로 종이 카네이션을 만들어 어머니의 가슴에 꽂아드리고는 "나실 제 괴로움 다 잊으시고~ 기르실 제 밤낮으로 애쓰는 마음~"이란 노래를 불러드렸던 기억이 난다. 또 학교에서는 어머니께 편지쓰기를 숙제로 내주기도 하였다. 돌이켜 보면 왜 숙제로 내줘야만 어머니께 편지를 썼는지 모르겠다. 내 맘에서 우러나서 때때로 편지를 보내드렸더라면 더 좋았을 것을…… 아마도 어머니의 손길과 보살핌을 너무나 당연하게 여기며 지냈기 때문이었을 것이다. 이제는 결혼을 하고 아이들을 낳고 어느덧 그 아이들이 훌쩍 커버렸다. 아이들을 키우면서 필자는 아이들을 대하는 나 자신의 모습 속에서 어머니의 모습을 본다.

필자는 과연 어머니와 자녀의 관계는 우리의 인생 속에서 어떻게 변화하는지에 관심을 갖게 되었다. 특히 인생의 커다란 전환기라고 할 수 있는 결혼이라는 과정을 경험하면서 어머니와 자녀의 관계에는 어떤 변화가 있는지 있다면 과연 어떤 모습으로 변화하는지 혹은 변화가 없는 것은 아닌지 궁금하였다.

이 책은 결혼과정을 경험한 자녀들과 어머니들을 대상으로 하여 심층면접을 통해 결혼과정에서의 그들의 관계변화를 살펴보고 분석한 결과물이다. 이 책이 나올 수 있도록 자신의 이야기를 나누어 주신 참여자 분들께 진심으로 감사를 드린다.

이 책은 결혼과정에서의 어머니와 자녀의 관계변화에 대한 심리상담학적 관점과 신학적 관점을 포함하고 있다. 독자 여러분께 이 책이 어머니와 자녀의 관계에 대한 이해에 작은 도움이 되기를 바란다. 또한 어머니와 자신과의 관계, 그리고 자신과 자녀와의 관계를 비춰주는 하나의 거울이 되기를 바란다.

끝으로 이 책의 출판을 흔쾌히 허락해 주신 한국학술정보 채종준 대표님과 직원 여러분께 진심으로 감사드린다.

2009년 4월
나사렛관에서
최지영

제3장 연구방법   75

제4장 연구결과   113

제5장 연구결과 분석 및 논의   221

제1장

서 론

제1절 문제제기

한국사회에서는 예로부터 엄부자모(嚴父慈母)라는 말이 통용되어 왔다. 이는 '엄한 아버지와 자애로운 어머니'라는 뜻으로 한국가족의 부모 – 자녀관계가 자녀와 아버지와의 관계에 있어서는 아버지를 다소 엄한 분으로 느끼면서 경직된 관계를 유지하는 반면, 어머니와의 관계는 친밀하고 밀착된 관계를 유지하고 있다는 데 동의하는 한국인의 공통된 정서를 나타내준다고 볼 수 있을 것이다. 특히 기독교 가정의 경우, 아버지가 교회에 출석하는 경우는 온 가족이 함께 교회에 출석하는 경우가 대부분이지만, 아버지가 교회에 출석하지 않는다고 하더라도 어머니가 교회에 출석하는 경우, 그 자녀들은 어머니와 함께 교회에 출석하는 경우가 많다는 사실은 어머니와 자녀와의 관계가 친밀함을 보여주는 일례라 할 수 있을 것이다.

또한 자녀가 어릴 때는 어리다는 이유로, 학년이 높아지면 높아질수록 공부 및 입시 뒷바라지를 한다는 이유로 한국의 어머니들이 자녀와의 밀착된 관계를 보여주는 사례를 찾기는 어렵지 않다. 한국 사회의 높은 교육열로 인해 고3수험생 자녀를 둔 어머니들이 자녀에게 완벽한 엄마역할을 하기를 원하면서 밀착된 경계를 형성할 때 '고3어머니 병'이라는 신조어를 만들어 낼 정도의 높은 압박감과 심리적 불안을 느끼는 경우들을 우리 주변에서 만나게 되기도 한다(최지영, 2003).

뿐만 아니라 장성한 자녀가 결혼이 늦어지면 늦어지는 대로 자녀의 결혼에 대해 염려하게 되고, 또한 자녀가 결혼을 하게 되면 하게 되는 대로 자녀의 결혼준비과정에서 가족을 대표하여 많은 신경을 쓰게 되는 사람이 바로 어머니인 경우를 흔히 볼 수 있다. 이처럼 자녀의 발달과정에 있어서 양육의 일차적 책임을 지닌 어머니가 자녀의 결혼으로 인해 자녀와의 관계에 변화를 느낄 수 있으리라 예측할 수 있는데, 자녀가 결혼을 한 이후 어머니와의 관계에 관한 연구들(조성경, 최연실, 2006; 권정란, 이인수, 2006; 김태현, 김경자, 2004; 남순현, 한성열, 2003; 정문자, 이종원, 2003; 김순기, 유영주, 2001; 유은희 외, 1989; 박성연, 1988; 송현애, 1986)은 어머니와 자녀와의 관계가 자녀의 결혼생활에 있어서도 큰 영향을 미치고 있음을 보여주고 있다. 그러나 이들 연구의 대부분이 그 초점을 결혼한 자녀부부에게 맞추고 있는바, 이는 어머니와 자녀와의 관계가 결혼과정을 통해서 변화하는지 여부와 또한 어떤 모습으로 변화하는지에 대한 연구가 필요함을 시사해 준다고 말할 수 있다.

Mahler(1975)가 유아의 분리-개별화에 대한 이론을 제시한 이래 Blos, Hoffman, Josselson 등이 청년기의 분리-개별화에 대한 연구결과를 제시한 바 있는데, Blos(1979)는 청년기 발달을 이차적 개별화 과정(secondary individuation process)으로 설명하였으며, Hoffman(1984)은 심리적 독립을 기능적, 태도적, 정서적, 갈등적 독립의 네 가지로 구분하고 부모로부터 심리적으로 독립할 수 있는 능력과 독립된 개인으로서의 정체감 획득을 적응을 위한 개인의 욕구라고 보았다. 또한 Josselson(1988)은 Mahler가 제시한 유아의 분리-개별화 과정을 제1의 분리-개별화 과정이라고 하면서 청년기의 부모로부터의 독립을 제2의 분리 – 개별화 과정으로 보았다.

그런데 이와 같은 청년기의 분리 – 개별화를 제시하는 외국의 연구와는 달리, 남순현과 한성열(2003)은 한국의 청소년들은 자아정체감을 형성하여야 할 시기에 대학입시라는 중압감으로 인하여 심리사회적 유예 기간(psychological moratorium)을 갖게 되며 '정체감 위기(identity crisis)'의 시간을 보내게 된다고 하였다. 그러므로 한국 청소년의 부모로부터의 독립은 자연스럽게 지연, 유보되고, 성인기 결혼이라는 발달과제에 직면하여 부모로부터의 분리라는 '제2의 정체감 위기'를 겪게 된다고 하였다. 반면 자녀의 자립으로부터 심리적 혼란을 느끼게 되는 부모는 자녀가 결혼하여 새로운 가정을 형성해 가는 과정에서 정서적 압력을 가하게 되며, 분리에서 야기되는 상실감으로 인해 '빈둥지증후군(empty nest syndrome)'을 겪기도 하고 새로운 가족을 형성한 자녀에게 이전과 같은 자녀 역할을 계속 요구하기도 하며 자신 역시 이전과 같은 부모 역할을 하려고 하기도 한다고 하였다. 자녀 역시 신혼 초기 배우자와의 관계 형성에 실패할 때 부부간의 심리적 긴장을 해소하기 위하여 심리적으로 원가족의 부모에게로 되돌아가려고 한다고 하면서 가족관계가 큰 장애나 문제가 없이 순조롭게 발달해 가려면 부모와 자녀 모두가 성인자녀의 자립을 위한 준비를 하여야만 한다고 하였다.

남순현과 한성열(2003)은 결혼 3년 이내의 자녀가 없는 한국의 신혼부부 188쌍을 대상으로 부모로부터의 심리적 독립과 결혼 후 친밀감에 미치는 원가족의 영향에 관해 연구한 결과, 결혼 전 부모와 높은 수준의 가족분화를 보일수록 결혼 당시 부모로부터 분리되는 데 불안감을 덜 느끼고, 이런 불안감은 결혼 후 부모와의 관계의 질에 영향을 미칠 뿐만 아니라 부부간의 친밀감에도 영향을 준다고 보고한 바 있다. 즉 부모와의 관계가 부부관계의 질을 매개한다고 하였다. 그들은 이러한 연구결과가 설문지 방식으로 진행된 연구로부터 제시되었음을 밝히면서 심층면접이나 참여관찰을 통한 연구가 필요함을 제안한 바 있다.

이 책에서는 심층면접을 통해 결혼이 자녀나 그들의 어머니에게 어떤 의미가 있는지, 그리고 결혼이 과연 자녀로 하여금 어머니로부터의 분리를 이루게 하는지, 만일 분리가 된다면 어떤 과정을 거치게 되는지를 알아보고자 한다. 또한 어머니의 경우는 어떠한지, 만일 자녀와의 차이가 있다면 어떤 차이가 있는지를 살펴보고, 이러한 결과들이 신앙적 측면과는 어떤 연관성이 있는지 등을 살펴봄으로써 결혼에 있어서의 어머니와 자녀의 관계변화에 대한 과정적 탐색을 시도해 보고자 한다. 다시 말해 결혼이란 인생을 살아가는 데 있어서, 또한 인간발달 과정에 있어서 매우 중요한 분기점이라고 할 수 있을 것인데, 과연 이러한 결혼이 어머니와 자녀의 관계에는 어떤 영향을 주며 그 과정에 연관된 심리적 변화와 신앙적 변화는 무엇일까라는 의문을 가지고 본 연구를 진행하고자 한다.

결혼이란 결혼을 하게 되는 당사자뿐만 아니라 그 부모, 특히 자녀양육에 대한 일차적 책임을 지고 있는 어머니에게 있어서 일생을 통해 경험하는 가장 중요한 사건들 중의 하나라고 하여도 이견이 없을 것이다. 그러므로 결혼이라는 중대사를 통해 어머니와 자녀 사이의 관계라든가 그들의 심리적인 변화, 더 나아가 신앙적인 변화가 생길 수 있다는 것을 짐작할 수 있다. 즉 한 개인의 인생에 있어서의 커다란 변화가 결혼으로부터 비롯된다는 사실을 인식하는 것은 의미 있는 일이다. 그러나 여기서 중요한 것은 이러한 변화가 결혼식이라는 어느 한 시점에서 일어나는 것이 아니라 결혼식 이전과 이후를 포함하는 시간적 흐름 속에서, 즉 결혼 전 원가족에서의 관계와 결혼식을 한 이후 배우자와의 관계나 원가족 및 핵가족과의 관계 속에서 과정적으로 일어난다는 점이다. 여기에서 과정이라 함은 시간적 흐름의 측면뿐만이 아니라 정서, 환경, 신앙 등 다양한 요소들의 상호작용적 측면을 의미한다.

지금까지 결혼과 관련된 부모-자녀의 관계에 관한 연구들을 살펴보면, 결혼 후 노부모와 성인자녀 사이의 응집 및 갈등에 관한 연구(Cooney, 2000; Lawton, Silverstein, & Bengston, 1994; Rossi & Rossi, 1990; Bengston, Mangen & Landry, 1984; Bengston & Schrader, 1982; 한민아, 한경혜, 2004; 윤현숙, 2003; 김순기, 2000; 김태현 외, 1999; 박희성, 1994; 최정혜, 1992), 결혼 후 부모-자녀 관계에 있어서의 경계의 변화에 관한 연구(Cooney, 2000; Nydegger & Mitteness, 1991; 정현숙 외, 2001), 발달적 관점에서의 연구 (Bigner, 2007; Galinsky, 1987; Erikson, 1963; 남순현, 한상열, 2003; 정현숙 외, 2001), 세대 간의 차이에 관한 연구(유계숙, 1995), 결속의 약화에 관한 연구(Sarkisian & Gerstel, 2008; Bucx, Wel, Knijn, & Hagendoorn, 2008; DePaulo, 2006; Suiter & Pillemer, 2006; Pezzin & Schone, 1999; Silverstein & Bengston, 1997; Coser & Coser, 1974; Cooney & Uhlenberg, 1992) 등 다양한 관점의 연구들이 진행되어 왔다. 그러나 이러한 연구들은 결혼식이 일어난 시점을 기준으로 하여 결혼을 한 이후의 부모-자녀 관계를 연구한 것이 대부분이다. 즉 결혼생활로 진입하게 되는 과정에 대해서는 그다지 관심을 두지 않았으며, 결혼을 하나의 기준점으로 보고 결혼을 한 이후의

관계에 대해 초점을 맞추었다고 할 수 있을 것이다. 이 책에서는 결혼식을 중심으로 확장적 조망을 가지고 결혼을 과정으로서 바라보고자 하며 이를 위해 결혼과정(marriage process)이라는 용어를 사용하고자 한다.

한편 그동안 수행된 결혼에 관한 과정적 관점의 연구들을 살펴보면 결혼생활에 있어서의 부부 혹은 가족에 관한 연구들(Coan & Gottman, 2007; Fincham, Stanley, & Beach, 2007; Bradbury, & Karney, 2004; Sandberg, Miller, & Harper, 2002; Sprey, 2000; Lindahl & Malik, 1999; Lewinsohn & Werner, 1997; Petersteinglass & Lydiatislenko, & Davidreiss, 1985; Bockus, 1975)이 대부분이었으며, 이는 결혼식 이후의 결혼생활을 상호작용적 관점에서 다룬 것이므로 이 책에서 의미하는 결혼과정, 즉 결혼식 전후를 확장적 조망에서 바라보는 관점과는 다르다는 것을 알 수 있었다.

이 책은 이러한 그동안의 시각과는 달리 결혼을 하는 자녀와 그 어머니의 관계를 결혼과정을 통해 살펴보되, 결혼식 전후를 분리하지 않고 시간의 연속선상에서 다양한 역동적 상호작용이 일어나는 과정적 관점에서 바라보려 한다.

결혼과정은 인생에 있어서 전환기적 단계(transitional period)라고 할 수 있다. 자녀의 입장에서는 그동안 함께 살았던 어머니로부터 떨어지는 물리적 분리뿐만 아니라 경제적, 심리적 분리가 실제로 현실 속에서 일어나는 과정이 될 것이며, 어머니의 입장에서는 이제 자녀를 결혼시킴으로써 역할의 변화를 느끼게 될 뿐만 아니라 손자녀를 얻게 됨으로써 실질적인 조부모 시기로 접어드는 시점이 될 것이다. 그러므로 결혼과정은 자녀와 어머니 모두의 발달적 관점에 있어서도 중요한 시기라고 할 수 있을 것이다.

이 책에서는 기독교가정의 자녀가 결혼이라는 과정을 경험하게 될 때 그 어머니와 자녀와의 관계에는 어떠한 변화가 오는지를 살펴보고, 그들의 관계에 대한 중층기술(thick description)을 통한 질적 탐구를 통해, 결혼과정에 나타나는 모-자녀 관계변화의 패턴을 발견해 보고자 한다. 더욱이 이 시기는 전환기적 단계의 특성으로 인하여 어머니와 자녀 관계의 다양한 모습들이 더욱 두드러지게 나타날 수 있으므로 모-자녀 관계 특성을 탐색하기에 적절하다고 생각된다.

결혼과정을 통해서 본 모-자녀 관계변화의 패턴을 발견해 내는 것이 본 연구에 있어서 하나의 중요한 축이라고 한다면 또 다른 중요한 축은 이러한 결혼과정이 우리에게 시사하는 신학적 의미는 무엇인지에 대해 알아보는 것으로서 결혼과정에 대한 신학적 성찰을 하는 것이다. 이는 '떠남'이라는 신학적 주제를 결혼과정의 자녀와 어머니의 경험을 통해서 신학적으로 재성찰하는 신학하기의 과정으로서, 이를 위해 필자는 Hiltner(1968)의 목회신학방법론을 사용하고자 한다. Hiltner는 사례와 경험으로부터 시작하여 심리학 등의 타 학문의 도움을 받아 신학적 성찰을 하는 귀납적인 목회신학방법론을 제시하였다. 이러한 신학적 성찰을 통해 필자는 결혼과정을 경험하고 있는 자녀와 그의 어머니를 효과적으로 돌볼 수 있는 목회상담 전략을 제안하려 한다.

이상의 연구를 수행하기 위하여, 필자는 Hiltner의 목회신학방법론을 실천하는 데 있어서 결혼과정에 나타나는 모-자녀 관계 경험을 구체적으로 알아보기 위하여 근거이론을 사용하고자 한다. 이는 근거이론이 현장에서의 관찰과 면접을 통해 얻은 자료들을 중층기술(thick description)하는 질적 연구방법들 중 하나로서 필자가 미처 예상하지 못한 현상과 자료까지도 얻어낼 수 있기 때문이며, 특히 연구를 통해 그 실체를 이론적으로 공식화하여 얻어진 결과를 제시할 수 있는 귀납적 연구방법론이기 때문이다. 또한 근거이론은 현상에 적합한 개념적인 틀과 개념과의 관계가 아직 명확하게 확인되지 않은 경우에 경험적 자료로부터 이론을 도출하게 되므로 신학적 성찰을 통해 목회상담에 적용할 수 있는 실체이론을 개발하기에 적절하다고 생각되기 때문이다. 그러므로 결혼과정에서 나타나는 모-자녀 관계에 관한 연구를 아직 찾아보기 힘든 현시점에서 근거이론은 이를 규명하기 위한 적절한 연구방법이라 생각된다.

제2절 연구목적 및 연구문제

1. 연구목적

이 책의 목적은 기독교가정 자녀의 결혼과정에서 나타나는 모-자녀 관계변화의 과정적 탐색을 통해 모-자녀 관계변화의 패턴을 발견하고, 이를 기초로 한 신학적 성찰을 통해, 결혼과정을 경험하는 자녀와 어머니가 심리적, 신앙적 성장을 할 수 있도록 돕기 위한 목회상담 전략을 제시하는 것이다.

2. 연구문제

이 책의 연구목적을 달성하기 위하여 제시하는 연구문제는 다음과 같다.

연구문제 1. 결혼과정이 그 과정을 경험하는 자녀나 그 어머니에게 주는 영향은 무엇이며 그로 인한 모-자녀 관계변화의 패턴은 무엇인가?

연구문제 2. 결혼과정의 신학적 의미는 무엇인가?

연구문제 3. 결혼과정을 경험하고 있는 기독교인들을 위한 목회상담 전략은 무엇인가?

이상의 목적을 가지고 진행된 이 책의 내용은 다음과 같다. 제1장에서는 문제제기와 함께 연구목적, 연구문제를 밝히고 용어의 정의를 내렸다. 제2장에서는 문헌고찰로서 결혼에 관한 연구와 결혼으로 인한 부모-자녀 관계변화, 한국의 가족과 결혼문화에 대한 연구와 함께 모-자녀 관계에 관한 이론적 고찰로서 분리-개별화 이론, 애착이론, 가족체계 이론 등에 관한 문헌을 살펴보았고, 또한 떠남에 대한 신학적 이해를 위해 선행연구를 살펴보았다. 제3장에서는 이 책의 연구방법으로서 Hiltner의 목회신학방법론과 Strauss와 Corbin의 근거이론방법론을 소개하였다. 제4장에서는 개방코딩, 축코딩, 선택코딩, 상황 모형 등의 근거이론 연구결과를 제시하였으며, 제5장에서는 근거이론의 결과물을 기초로 유형별 특성, 어머니와 자녀의 비교분석, 아들과 딸의 비교분석을 한 후, 근거자료를 통해 '결혼과정을 통해서 본 모-자녀 관계모형'을 발견하여 제시하였다. 제6장에서는 근거자료를 기반으로 떠남에 대한 신학적 재성찰을 통해 목회상담 전략을 제안하였으며, 제7장에서는 연구결과를 요약하고 의의 및 제한점을 밝히고 앞으로의 연구에 대한 제언을 하였다.

3. 용어정의

1) 결혼과정(marriage process)

이 책에서 말하는 결혼과정이란 결혼을 인생의 발달과정 중의 하나로 보는 발달적 관점에서 접근하는 개념이다. 결혼과정은 결혼과 관련된 다양한 요인들의 상호작용 방식으로서, 결혼이라는 중대한 사건을 겪으면서 일어나는 정서, 환경, 가족관계, 신앙 등의 상호작용에 관한 측면을 나타내는 것이다.

선행 연구에서 결혼에 관련된 과정적 관점의 연구들은 결혼을 한 후 결혼생활에 있어서의 상호작용을 다루고 있음을 볼 수 있다 (Coan & Gottman, 2007; Fincham, Stanley, & Beach, 2007; Bradbury, & Karney, 2004; Sandberg, Miller, & Harper, 2002; Lindahl & Malik, 1999; Lewinsohn & Werner, 1997; Petersteinglass & Lydiatislenko, & Davidreiss, 1985; Bockus, 1975). 이러한 선행연구들은 결혼생활과정 (marital process), 가족과정(family process) 등의 용어가 결혼생활이나 가족체계를 설명하는 데 적절하다고 보았다.

그러나 결혼생활과정(marital process)이라는 용어는 결혼생활 전반에 대한 과정적 관점을 반영하는 데에 반해, 이 책에서는 결혼과정(marriage process)이라는 용어를 사용함으로써 결혼의 성립과 더불어 그 이전과 이후에 관련된 다양한 요인들, 즉 정서, 환경, 가족관계, 신앙 등의 상호작용이라는 확장적 관점을 가지고 결혼을 바라보고자 한다.

2) 모 – 자녀 관계(mother – child relationship)

이 책에서의 모 – 자녀 관계란 가족체계 이론에서 이야기하는 하위체계 중 하나로서의 모 – 자녀 관계를 의미한다.

가족체계는 여러 하위체계로 구성되고 하위체계의 기능을 통해 가족체계의 기능을 수행한다(Goldenberg & Goldenberg, 2001). 모 – 자녀 하위체계의 특징은 서로 다른 세대의 사람들로 구성되어 있다는 것이다.

이 책에서는 모 – 자녀 하위체계의 관계적 측면에 초점을 맞춰 모 – 자녀 관계에 대한 연구를 하고자 한다. 모 – 자녀 관계는 어머니와 아들로 구성된 모 – 자 관계와 어머니와 딸로 구성된 모 – 녀 관계를 통합하여 사용하게 되는 용어이다.

제2장

문헌고찰

제1절 결혼에 관한 연구

Sarkisian과 Gerstel(2008)은 많은 연구들이 결혼 자체에 대한 연구보다는 결혼을 그들의 연구에서 많은 통제조건들 중 하나로 사용하는 경우가 많기 때문에 결혼에 대한 결과물을 비교 해석하기는 어렵다고 하였다. 본 절에서는 결혼의 의미에 관한 연구와 결혼에 대한 과정적 관점의 연구, 그리고 결혼에 대한 신학적 연구를 살펴보고자 한다.

1. 결혼의 의미에 관한 연구

먼저 결혼의 의미에 관한 연구를 살펴보면, Olson과 DeFrain(1994)은 결혼이란 정서적/신체적 친밀감, 다양한 가치관 그리고 경제적 자원을 공유하는 두 남녀의 정서적/법적 책임관계라고 하며, 결혼에 대한 시각은 문화적 차이가 있음에도 불구하고 그 의미에 있어서 보편성이 있으며, 시대에 따라 결혼의 의미가 변화하기도 한다고 하였다.

Browning(2000)은 결혼의 의미가 자연적인 성향, 사회적 계약, 사회적인 미덕, 종교적 실체, 상호보호와 만족의 다섯 가지 하위차원으로 구성되며 각 차원의 중요성에 대한 인식은 문화와 시대적 환경변화에 따라 달라진다고 하였다. 그는 결혼에 대해 자연적 성향의 관점으로 설명한 학자로서 아리스토텔레스와 토마스 아퀴나스를 들었는데, 아리스토텔레스는 결혼이란 종족보존의 욕구와 성적인 욕구, 일상의 욕구를 충족하기 위한 자연적인 욕구라고 하였고, 토마스 아퀴나스는 유아의 오랜 의존성이 결혼을 통해 보호되어야 한다고 주장했다고 하였다. 결혼을 사회적 계약으로 보는 차원에서 본다면, 고대에서는 가문과 가족과의 계약으로, 중세에서는 부부간의 자발적인 합의에 의한 계약으로, 종교개혁 이후에는 부부간의 상호합의와 가족이나 친구와 교회의 축복으로 법적인 등록을 통해 성립되는 것으로 보았다. 또한 사회적인 미덕 차원에서 본다면, 아리스토텔레스가 부모 – 자녀 간 애착은 아동과 성인의 폭력적인 충동을 없애주므로 교육과 아동양육의 장소로서의 결혼이 필요하다고 하였으며, 루터는 결혼이 구원의 성찬이 아니라 부부나 아동, 사회, 국가, 학교, 일반사회생활에 이익을 주기 위한 창조의 기반으로서 신에 의해 주어진 제도라고 보았다. 그리고 종교적 실체의 차원으로서는 결혼은 모든 인간을 위한 신의 의지의 표현으로서 '창조의 순서'의 과정이며, 구원을 위한 과정이고 영광의 표현이라고 하였고, 남편과 아내의 동의는 자율성과 개인성을 기반으로 한다고 하였다. 20세기에 들어서는 상호보호와 만족 및 개발의 차원으로 결혼을 바라보고 있다고 하였다.

Coontz(2004) 역시 결혼의 역사적 변화를 설명하면서 전통적 의미에서는 결혼이 수천 년 동안 개인적 이익만을 위한 것이 아니라 자본을 모으거나 정치적인 동맹을 맺거나 나이와 성에 따라 노동력을 조직화하거나 부모와 자녀 간의 권리와 책임을 결정하는 방식이었다고 하면서, 개인적 필요나 소망은 이차적인 것이었다고 하였다. 최상위계층으로부터 하위계층에 이르기까지 모든 사회경제적

집단에 있어서 이 같은 역할을 했던 결혼이 17세기에 들어서서 다양한 정치, 경제, 문화적 변화로 말미암아 이전의 결혼의 기능에 의문을 던지기 시작하였고, 18세기에 들어서는 부부와 자녀에 대한 정서적 집중이 시작되면서 친밀감과 동료애를 중시하기 시작했으며, 20세기에 들어서면서 부부간에 사랑과 우정을 강조하게 되었다고 하였다.

정현숙, 유계숙과 최연실(2003) 역시 과거 결혼에서는 경제적 안정, 사회적 지위 획득, 자녀 출산 등 실용적인 필요성이 우선시되고 도덕률과 사회규범이 강조되었으나 오늘날에는 배우자 간의 애정이나 동반자 의식, 공감, 인간적 성장, 행복감의 추구 등 개인적이고 정서적인 측면이 강조된다고 하였다.

이상의 연구들이 결혼의 의미가 역사에 따라 변화하였음을 보여준다면, 결혼의 사회적 의미에 대한 연구들로는 Nock(1998)이 미국 주류문화에서 공유하고 있는 결혼의 7가지 측면, 즉 사람들은 자발적으로 결혼한다는 것, 사람들은 결혼할 만한 성숙단계에 도달해야만 한다는 것, 결혼은 이성 간에 해야 한다는 것, 남편이 가장이라는 것, 일부일처제여야 한다는 것, 부모 됨이 결혼의 일부라는 것, 결혼한 부부와 관련된 뚜렷한 성역할이 있다는 것 등에 대해 설명한 바 있으며, Waite와 Gallagher(2000)는 결혼은 일반적인 낭만적 관계와는 달리 영원성이라는 독특한 특성을 지닌다고 하였다.

또한 결혼의 의미에 영향을 주는 상호관계에 대한 연구로는 Baldwin(1992)이 사람들의 어린 시절 경험과 가족 환경이 결혼에 대한 도식을 형성하게 된다고 하였고, Lundeen(1999)은 그러한 도식은 일생 동안 상당히 안정적으로 적용되게 되는데, 그 이유는 사람들이 자신의 경험하는 바를 그러한 도식에 일치시키려 하기 때문이라고 하였으며, Schwartz(2000) 역시 이러한 어린 시절에 생긴 도식에 따라 결혼을 하게 된다고 하였다.

한편, Cristopher(2001)는 결혼의 의미를 결정하는 데 있어서 이러한 어린 시절의 가족 경험이나 사회적 규준 이외에도 사람들이 처하게 된 환경에서 그들이 가지고 있는 결혼의 의미에 대해 도전을 받게 되는 경우들이 있다고 하였는데, 연애와 같은 결혼과 유사한 경험이 이전에 가지고 있었던 결혼의 의미를 수정하게 되거나 혹은 강화하게 된다고 하였다.

또한 Hall(2006)은 결혼에 대한 청년들의 신념체계에 관한 연구에서 결혼의 의미에 관한 5가지 주요 주제를 보여주었는데, 첫째, 결혼은 특별한 지위를 갖게 된다는 입장과 그저 중립적인 하나의 대안일 뿐이라는 입장이 대립하고 있으며, 둘째, 자기성취라는 입장과 약속이라는 입장이 대립하고 있고, 셋째, 상호성과 개별성이 대립하며, 넷째, 낭만주의와 실용주의가 대립하고, 다섯째, 역할의 수직적 위계와 수평적 평행이 대립한다고 하였다.

Kiernan(2004)은 결혼의 본질과 결과, 그리고 협력 행동을 살펴봄으로써 결혼의 범위를 재고하였는데 최근 미국이나 유럽에서 증가하고 있는 다양한 동거의 형태, 즉 거주지의 공유, 경제적 지원, 성적 친밀감, 동성 간의 연합 등으로 인해 과거의 개인적, 사회적 기능을 보장해 주는 결혼의 범주를 재고할 필요성이 있다고 주장하였다.

한편 성경에서는 창세기 2장 24절, 마태복음 19장 5절, 마가복음 10장 7절, 에베소서 5장 31절에서 "이러므로 남자가 부모를 떠나 그 아내와 연합하여 둘이 한 몸을 이룰지니라."라는 말씀을 통해 결혼을 설명하였다.

필자는 결혼이란 부모를 떠나 배우자와 인격적, 육체적으로 연합함으로써 세대를 이어 나간다는 성경적 관점의 의미에 동의하면서, 부모로부터의 2차적 분리 - 개별화가 일어나는 과정으로서, 이때 부부는 서로에게 심리·경제·사회적 지지를 해 주는 새로운 대상이 되는 과정으로 보고자 한다.

이 책에서는 기독교가정의 자녀와 그 어머니에게 있어서 결혼과정이란 과연 어떠한 의미를 갖게 되는지, 자녀는 어머니와 분리되는지, 또한 그 과정은 어떠한지를 현장의 목소리를 통해 탐색하고 분석하는 질적 연구방법을 통해 알아보고자 한다.

2. 결혼에 대한 과정적 관점의 연구

지금까지 결혼에 관련된 과정적 관점의 연구들은 결혼을 한 이후 결혼생활에 있어서의 상호작용을 다룬 연구들이 대부분이다(Coan & Gottman, 2007; Fincham, Stanley, & Beach, 2007; Bradbury, & Karney, 2004; Sandberg, Miller, & Harper, 2002; Lindahl & Malik, 1999; Lewinsohn & Werner, 1997; Petersteinglass & Lydiatislenko, & Davidreiss, 1985; Bockus, 1975).

Sprey(2000)는 결혼생활과정을 하나의 체계로 보고 물리학적 관점에서 과정을 변화의 이미지로서 볼 때, 과정의 진행방향과 시간의 흐름을 연결하여 시간이 지날수록 체계가 무질서해진다는 사실을 결혼생활과정과 연결하여 설명하였다.

Bradbury와 Karney(2004)는 부부의 상호작용 과정이 결혼결과에 어떠한 영향을 미치는지를 연구하였다. 그들은 사회적 지원과 긍정적 감정이 결혼생활의 질에 있어서 변화에 대한 문제해결 기술의 영향을 억제하는지, 배우자의 힘과 약점을 아는 것이 결혼생활의 공격성과 적대적 상호작용에 선행되는지, 배우자가 결혼생활의 질을 평가하는 데 있어서의 변동을 조절하는 환경의 중요 역할을 인식하는지 여부에 대해 연구하였으며, 결혼생활의 적대적인 결과를 예방하기 위해 이러한 요소들에 대한 지속적인 노력이 필요함을 이야기하였다.

Fincham과 Stanley, 그리고 Beach(2007)는 결혼에 대해 광범위한 그림을 그리기 위해 결혼생활의 변화과정으로서 비단선적 역동체계를 제시하였다. 그들은 결손요소를 연구하는 등의 단선적 연구로는 결혼생활의 불화를 설명하고 건강한 가족이 되도록 돕는 데 충분하지 않다는 것에 동의하면서 탄력성, 동기, 의미체계 등의 긍정적인 요소들을 포함시킬 것을 제안하였다. 그들은 헌신, 희생, 용서 등의 요인을 포함한 비단선적인 역동을 통해 결혼생활의 변화과정을 제시하였다.

그러나 이상의 연구는 결혼 이후 부부 중심의 결혼생활과정에 관한 연구인 반면 이 책은 결혼식을 포함한 결혼 전후를 포괄하는 결혼과정에 관한 모 - 자녀 중심의 연구라는 점에서 차이가 있다고 하겠다.

3. 결혼에 관한 신학적 연구

결혼에 관한 신학적 연구는 크게 두 부류로 나눠진다. 하나는 결혼을 성서적 관점에서 바라보는 연구이고, 다른 하나는 1990년대 이후 비판적인 실천신학(a critical practical theology) 방법론을 사용하는 Browning에 의해 주도된 '가족, 종교와 문화' 프로젝트에 참여한 연구들을 중심으로 하는 연구들이다. 후자는 포스트모던시대의 결혼과 가족에 대한 다양한 학제 간 연구들로 진행되었다. 필자는 먼저 결혼에 대한 성서적 관점 중심의 연구들을 살펴본 후에 Browning과 그의 동료들에 의해 진행된 연구들을 살펴보고자 한다.

Brunner(1947)는 결혼은 하나님의 뜻에 기초한 질서이며 제도로서, 특별히 신성한 것일 뿐만 아니라 창조주께서 그 자녀인 인간들에게 주신 귀중한 선물이며 하나님의 가장 영광스러운 사역 중 하나라고 하면서, 결혼은 성례전은 아니나 거룩한 일이라고 이야기하였다. 그는 결혼을 인간의 애정 위에 세우는 것은 모래 위에 세우는 것이므로 하나님의 창조질서 위에 세워야 한다고 말하였다.

한편 Ridderbos(1975)는 결혼제도는 하나님에 의해서 창조된 것이고 그리스도 안에서 받는 자유라고 하는 모티브가 결혼의 근본적 개념이라고 하면서, 고린도전서 6장 16절, 에베소서 5장 31절, 디모데전서 4장 4절 등의 교훈은 하나님에 의한 결혼제도의 제정과 그 규칙을 밝힌 것이라고 하였으며, Smith(1981)는 성서에서 말하는 결혼의 목적을 4가지로 정리하였는데, 첫째, 연합하고 창조하는 기능, 둘째, 동반자적 삶, 셋째, 생육과 번성, 넷째, 양육 또는 교육의 봉사적인 기능이라고 하였다. 또한 Crabb(2001)은 결혼을 영적인 연합, 정신적인 연합, 육체적인 연합의 3가지 관점으로 이해하였다.

안병무(1967)는 마가복음 9장 1절에서 9절까지의 말씀을 가지고 결혼에 관한 예수님의 가르침을 제시하였다. 예수님이 이혼에 반대한 이유를 예수님의 결혼관으로써 설명하면서, 예수님은 결혼을 생물학적 원칙이나 이해관계에 따른 것으로 보지 않고 하나님의 뜻에 의한 두 남녀의 결합으로 보았으며 하나님이 주신 질서라고 하였다. 이때 주목할 것은 결혼의 의미인데 우리말로 짝지어 주었다고 번역된 단어는 함께 멍에를 멘다는 뜻으로(yoked together) 부부란 향락을 위해서가 아니라 구체적인 과업을 위해서 결합된 공동체라고 하였다. 하나님이 두 남녀에게 한 멍에를 지운 것은 과업이 있어서 지운 것이다. 그러므로 이러한 과업이 있는 한 사람이 어떤 이기적인 동기로써 나눌 수는 없다는 것이다. 예수님은 결혼이나 이혼에 관한 율법을 주시려 한 것이 아니라 사랑이 있느냐 없느냐를 중요하게 생각하셨으며 오직 사랑하기를 요구하셨다고 하였다.

또한 김중기(1990, 1982)는 창세기 2장 24절, 마태복음 19장 5절, 마가복음 10장 7절, 에베소서 5장 31절 말씀을 결혼에 관한 성서의 결정적 선언으로 보고 "이러므로 남자가 부모를 떠나 그 아내와 연합하여 둘이 한 몸을 이룰지니라."라는 구절로 성서적 결혼을 설명하였다. 첫째, '떠남'이란 결혼을 형성하는 데 있어서 불가피한 것으로 이는 법적인 혼례를 통한 표면적인 떠남 뿐만 아니라 사회적, 경제적, 정신적 자립을 의미한다. 둘째, '연합'이란 부부의 인격적인 관계를 뜻하는 것으로서 사랑을 의미한다. 연합이란 말의 히브리 원어의 의미는 두 사람이 아주 가까워져서 그 사이가 마치 아교풀로 붙인 것같이 떨어질 수 없는 사이가 된다는 것이다. 셋째, '한 몸 됨'이란 육체적인 결합을 뜻하는 것으로서 성관계 전반을 두고 일컫는다. 그러나 이는 육체적인 관계뿐만이 아니라 정서적 관계, 물질적 관계 등을 통해 독립된 하나가 또 다른 하나와

합하여 전혀 새로운 하나가 된다는 것을 뜻한다고 하였다.

송정아(2006)는 기독교인의 결혼 기능에 대해, 첫째, 돕는 배필과 함께하는 동반자적 결혼(창2:18), 둘째, 둘이 한 몸을 이루는 하나 됨의 결혼(창2:24), 그리고 셋째, 생육하고 번성하는 종족번성을 위한 결혼(창1:28)을 제시하였으며, 이귀선(1984)은 사도바울의 결혼관에 관해 고린도전서 7장과 에베소서 5장을 통해 바울의 재림사상, 독신주의, 이혼과 재혼의 문제, 성에 관한 관점 등을 설명하면서 기독교적 결혼은 윤리적 결혼보다 더 중요한 측면인 종교적 결혼의 측면에서 보아야 한다고 하였다.

Kline(1979)은 결혼은 다른 신학적 통찰을 위한 패러다임으로 사용된다고 하면서 인간의 활동과 경험은 하나님의 활동과 의도를 드러내준다고 하였다. 그는 첫째, 결혼은 모든 인간관계의 상징이며 결혼의 원형으로는 아담과 이브의 관계가 있다고 하였다(창2:18-24). 아담이 혼자 있는 것이 하나님이 보시기에 좋지 않았으며 그것은 우리 모두에게 해당된다고 보았다. 우리는 하나님의 형상대로 남자와 여자로 창조되었으며 우리의 관계는 인간들 사이의 관계뿐만 아니라 하나님과 인간과의 관계에 대한 하나님의 의도를 반영하는 것이다. 하나님의 의도는 인간이 분리로부터 결합으로, 고립으로부터 참여로, 떨어짐으로부터 함께함으로 향하는 것이다. 둘째, 호세아와 고멜의 결혼은 이스라엘에 대한 하나님의 언약적 신실하심과 하나님에 대한 이스라엘의 끊을 수 없는 언약적 관계에 대한 상징이다(호1-3). 이 모델에서는 신실함과 충성이 신학적 언어이며 사랑은 단순히 결합이나 함께함이 아니라 은총과 자비와 용서를 포함한다고 하였다. 셋째, 남편과 아내에 관한 에베소서의 말씀은 교회에 대한 예수님의 관계와 예수님에 대한 교회의 관계를 상징한다(엡5:21 - 33). 이것은 사랑과 충성을 다시 언급하며 순종과 리더십의 인정을 의미한다고 하였다. 우리는 교회로서 예수님의 신부이며 예수님에 대한 책임이 있고 또한 예수님의 리더십 아래에 있다고 말하고 있다. Kline(1979)은 결혼의 목적에 대하여 첫째, 죄에 대한 치유이자 예방의 목적이 있으며, 둘째, 인류의 유지를 위한 출산의 목적이 있고, 셋째, 가족의 유지와 자녀양육을 위한 안정적인 맥락을 제공하는 목적이 있으며, 넷째, 인간 상호간 지지와 도움을 위한 목적이 있다고 하였다.

한편 결혼에 관한 이러한 전통적인 연구와는 달리, Browning과 Miller - McLemore 및 Couture(2000)는 급변하는 현대사회 속에서 결혼과 가족의 위기를 극복하기 위하여 동등한 존중(equal regard), 상호주관적 대화, 가족에 대한 헌신, 그리고 가족에 대한 건전한 가치관을 중심으로 하는 비판적 가족주의(critical familism)를 제안하였다. 그는 동등한 존중에는 여성주의가, 대화에는 각종 치료 분야가 기여를 하였으나 가족에 대한 헌신과 가치관에 대해서는 기독교적 유산이 기여할 수 있을 것이라고 주장하였다.

또한 Wall과 Miller - McLemore(2002)는 결혼문제를 돕기 위해서는 개인의 행복에 관한 언어는 헌신, 상호책임, 사회정의의 언어와 대화해야 한다고 하며 결혼의 세 가지 모델로서 로마 가톨릭의 보조(subsidiary) 이론과 개신교의 언약적 관점, 그리고 해방신학적 관점을 이야기하며 가족윤리를 보다 공적인 윤리로 구성하는 데 이러한 관점을 유용하게 활용하여야 한다고 하였다. 첫째, 보조이론은 가톨릭 전통에 입각하여 결혼에 찬성하는 입장으로, 결혼은 부부와 자녀에게 유익을 주는 것으로 보았으며, 공동체나 기업, 정부 등의 사회적 기관들은 결혼을 위해 적절한 도움을 주어야 한다고 보았다. 또한 보조이론은 성례로서의 결혼을 지지하였다. 즉 결혼은 그리스도와 교회의 연합에의 상징적 참여라는 것이다. 성례로서의 결혼은 사회의 자연적 질서에 대한 하나님의 목적에 있어서 중요한 요소라고 하였다. 둘째, 개신교의 언약적 관점에서 보면, 히브리 성서에서 온 언약이라는 개념은 기독교 신학자들에게 인간과 하나님 사이의 한결같은 헌신에 대해 신적인 허용을 받은 약속을 이해하기 위해 사용되어 왔다고 하였다. 그러나 개신교의 개혁주의자들은 언약이라는 개념을 하나님과의 수직적인 관계에만 사용하지 않고 결혼이라는 인간 대 인간의 수평적 관계에도 적용하였다. 따라서 결혼을 사회적 유익의 자원으로서 보기보다는 의무와 책임을 중요하게 생각하게 되었다. 셋째, 해방신학적 관점에서는, 결혼은 여성들에게 각종 집안일과 자녀와 노인을 돌보는 책임을 지움으로써 고통을 주는 사회문화적 힘을 갖고 있다고 하였으며, 뿐만 아니라 폭력과 학대에 노출될 수 있는 아동들이나 경제적 압력에 취약한 남성 역시도 억압할 수 있다고 하였다. 또한 현대와 같은 자본주의 사회에서 결혼을 하지 않았더라면 겪지 않았어도 되었을 배우자와의 관계에 대한 책임으로 인해 억압받기도 한다. Wall과 Miller - McLemore는 보조이론은 결혼의 이점을 개인뿐만이 아닌 사회, 세대에 이르기까지 확장시켜 준다고 보았으며, 언약적 관점은 책임을 가족, 사회에로까지 확장시켜 주고, 해방신학적 관점에서는 정의에 대한 접근을 확장시켜 준다고 하였다. 이러한 기독교적 전통을 활용해야 한다는 것이 그들의 주장이다.

또한 Browning(2003)은 전 세계에 걸쳐 방대한 학제적인 정보를 수집하였다. 그는 결혼이 근본적으로 전근대적 제도라고 말한다. 그러므로 만약 어떠한 결혼이라도 현대사회의 신랄한 기술적 합리성을 견뎌내려면 강력하면서도 현지에서 가능한 이야기(narratives)가 필요하다고 하였다. 사회학적, 생물학적 측면에 대해서도 언급하지만 성공적인 이야기를 만들기 위해 무엇보다 중요한 것은 종교라고 말한다. Browning은 정책입안자들이 '종교를 가족의 위기를 해결할 수 있는 자원으로 보고, 결혼을 자신들이 활용할 수 있는 도구'로 본다면 결혼을 보다 효과적으로 지원하고 성공적인 결혼 이야기를 만들어 내는 정책을 입안할 수 있을 것이라고 말하였다.

Browning(2003)의 결혼관은 '동등한 존중(equal regard)을 기반으로 한 사랑의 윤리', '섬김', '자기희생'에 기초를 둔다. Browning은 당시의 문화와 가치관을 거부했던 초대교회가 낡고 가부장적인 명예와 수치의 모델을 부수고 인간관계의 새로운 모델을 가르쳤고 이를 통해 현대에도 어느 정도 유효한 결혼관을 수립했다고 말한다. 하지만 동시에 Browning은 '공무(public affair)를 위한 사회적 윤리'도 필요하다고 말하였다.

Browning(2004)의 또 다른 연구에서, 그는 기독교가 여성이 남성에게 예속되었던 시대에서 벗어났지만 아직도 가부장제의 잔재가 남아 있다고 인정한다. 하지만 광범위한 역사적 분석을 통해 여성의 지위를 높이고 남성을 보다 가정적으로 만드는 데 기독교가 이룩한 업적에 대해 설명하였다. 초대 기독교는 그 당시 만연했던 영아살해를 규탄했고 사도바울은 남편이 자기를 희생하기까지 아내를 사랑해야 한다고 했는데 이는 실로 혁명적인 가르침이 아닐 수 없었다. Browning은 진화심리학과 신학적 논증을 창의적으로 섞어 궁극적으로 부부가 서로를 이타적으로 사랑하는 상호섬김(mutual servanthood)의 결혼모델을 주장하였다.

한편 Hinze와 Leeuwen(2003)은 부부간 동등한 존중을 기반으로 하는 결혼이 가정의 안정을 희생해야만 가능하다는 주장을 거부한다. 또 '성차별(gender apartheid)' ― 삶을 공적 생활과 가정생활로 이중적으로 구분하는 것 ― 이 가정을 '지켜 낼 것'이라는 주장도 거부한다. 그들은 교회는 부모가 일과 가정의 균형을 이루기 위해 현실적인 결정을 내릴 수 있도록 효과적인 사회적 파트너십을 이루어야 한다고 하였다.

Rubio(2003)는 결혼의 사회적 중요성을 Wall과 Miller ‒ McLemore(2002)의 주장과는 다른 방향으로 흥미롭게 전개했다. Rubio는 현대의 결혼관이란 어떤 상황에서든지 가족을 먼저 생각하는 것이라고 여기는 경향에 도전하였다. Rubio는 기독교인들의 결혼과 가정생활의 형태가 재구성돼야 한다고 주장한다. 가부장적인 제도에서 벗어나야 한다는 것이다. 또 정치(politicize)화되어야 한다고 했는데 이 말은 적당한 사회적 임무를 달성하기 위한 개인적인 안식처를 지향하는 문화적 성향으로부터 방향을 돌리라는 것이다. 진정한 기독교적 결혼과 가정은 부부간 성적 독점과 확고부동성(steadfastness) 이상의 것을 수반한다. 바로 자녀들의 건강과 양가 친척들의 필요를 부부가 함께 충족시키고 보다 큰 세상에 서비스를 제공하는 것이다. 이러한 모든 책임을 다할 때만이 기독교의 제자도와 일치하는 부부생활을 누릴 수 있다고 주장하였다. Rubio는 기독교인의 윤리적 생활이 제시하는 도전과제에 대해 현실적으로 평가를 했다. 좋은 부모가 된다는 것은 공공복지를 위해 써야 할 시간과 에너지가 그만큼 줄어든다는 것이다.

또한 Browning과 Christian 및 Witte(2006)는 성(性)과 결혼, 가정을 둘러싼 여러 이슈들에 대하여 유대교, 기독교, 이슬람교, 힌두교, 불교, 유교로부터 주요 원문과 논평들을 수집하였는데, 종교적 전통의 통찰력을 현대의 법, 건강, 공공정책, 사회과학, 인문과학 분야의 발견과 접목하는 것을 목표로 하였으며, 종교의 중요성을 고려하지 않는 사회학자들과는 달리 과거 성, 결혼, 가정에 대한 태도와 정책이 만들어지는 과정에서 종교의 역할을 이해하지 않고서는 현대사회의 변화를 평가하거나 미래에 대해서 생각하는 것이 불가능하다고 말하면서 세계의 주요 종교들과 현대과학 간의 유익한 대화를 촉진하였다.

이상으로 결혼의 의미나 목적, 기능에 관한 신학적 연구를 살펴보았다. 결혼에 관한 신학적 연구는 포스트모던시대를 맞이하여 이전의 성서적 해석에 바탕을 둔 접근을 넘어서서 기독교가 결혼문제에 관하여 어떤 공적 역할을 할 수 있는지에 초점을 맞추며 다양한 학제들 간의 비판적 대화를 시도하고 있는 것을 알 수 있었다.

제2절 결혼으로 인한 부모 – 자녀 관계변화에 관한 연구

다양한 가족관계 중에서도 부모와 자녀 관계는 일생에서 가장 오랫동안 지속되는 관계 중의 하나로서 상호 간에 영향을 주고받으며 서로에 대해 중요한 의미를 지니고 있다(김정옥 외, 1999).

그러나 중년기의 성인자녀와 부모 관계는 자녀들이 신체적으로 성장할 뿐만 아니라 학업을 마치고 독립을 하거나 결혼을 하게 됨으로써 가족 내에서 새로운 의무를 기대하기 때문에 두 세대 간의 상호의존성에 대한 새로운 협의가 필요하다. 새로운 협의는 신체적, 심리적, 행동적인 경계에 대한 내용이 포함된다. 즉 자녀들이 부모와 함께 살 것인지 아닌지 등의 신체적 경계와 부모와 자녀의 가치 차이를 포함하는 심리적인 경계, 손자녀에 대한 조부모들의 간섭의 정도 등을 포함하는 행동적인 경계를 설정하는 것이 필요하다(정현숙과 유계숙, 2001).

Cooney(2000)는 이 시기 부모와 자녀 간의 경계를 형성하는 데 필요한 전략을 사생활 권리 발달 전략, 가족 내적인 전략과 가족 외적인 전략의 세 가지로 제시하였다. 즉 부모와 자녀가 개별화되어 각자의 사생활권과 각자의 권리를 인정하는 것이 필요하며, 가족 내적인 전략으로서 잠재적으로 갈등이 있는 영역을 상호 이해하고 이 영역에 대한 논쟁을 피하기 위해 Hagestad(1979)가 제안한 '비무장지대(DMZ)' 개념을 적용하며, Greene과 Boxer(1986)가 제안한 방법으로서 부모와 자녀가 서로의 행동이나 태도 및 가치 등에 대한 차이와 불일치를 인정하고, 이러한 차이가 각 개인의 실제 모습이라는 점을 공개적으로 받아들이는 '경계 인정(boundary recognition)' 등을 제시한 바 있다.

또한 Nydegger와 Mitteness(1991)는 성인자녀의 원가족 밖에서의 역할과 지위가 성인자녀와 부모관계에서 인정되는 경계의 정도를 결정한다고 하였다. 원가족 밖에서의 역할 변화는 세대 간의 경계를 변화시키며, 이를 통해 상호존중감과 이해심 및 다른 긍정적인 대인관계를 이끈다. 예를 들어, 딸이 결혼을 하거나 부모가 됨으로써 어머니나 아버지와의 관계가 좋아지기도 한다. 또한 부모와 비슷한 역할을 수행하는 경우, 자식으로서 부모를 더 잘 이해하게 되고 부모를 부모로서가 아니라 개인으로서 보기 시작한다고 하였다. Nydegger는 이러한 능력이 자녀로서의 성숙을 위한 조건이라고 하였다. 자녀로서의 성숙을 위한 또 다른 조건은 부모로부터의

'정서적 이유(emotional distance)'로 자녀들이 자신과 그들 부모에 대해 더 객관적인 태도를 가지게 되는 것이다. 이 과정에서는 부모의 성숙도 요구된다. 부모는 자녀들의 이유를 촉진해 주고, 부모들 스스로도 자녀로부터 독립해야 하며, 부모들의 삶에서 가장 중요한 부분이었던 부모의 역할에 대해서도 새로운 정의를 내려야 한다. 또한 부모들은 자녀들과 밀접하고 긍정적인 관계를 유지하면서 자녀들의 발달을 촉진하길 원한다면 자녀들이 그들 나름대로의 독특한 삶 속에서 성장할 수 있도록 지켜보는 것이 필요하다(정현숙과 유계숙, 2001).

한편 Galinsky(1987)는 발달적 관점에서 부모 역할을 단계별로 제시하였는데, 자녀가 성장하고 발달함에 따라 변화하는 부모역할을 6단계, 즉 이미지 형성 단계, 양육 단계, 권위 단계, 해석 단계, 상호의존적 단계, 그리고 떠나보내는 단계로 설명한 바 있다. 그는 이러한 과정을 통하여 부모와 자녀는 모두 발달적 변화를 이끌도록 동기화된다고 하였다. 그러므로 떠나보내는 단계에서 부모는 자신이 지금까지 자녀양육을 해 왔던 모든 시간과 경험을 재고해야 한다. 부모는 이제 자녀를 떠나보내고 자녀에 대한 권위를 거두는 시기이다. 즉 부모는 이제 부모역할을 끝내야 하는 시기임과 부모기의 과업을 거의 완수했다는 것을 인식해야 한다. 부모－자녀 관계는 자녀가 이제 새로운 성인으로서의 지위를 얻음에 따라 재정의가 되어야 한다. 이는 부모의 권위가 아동을 지배했던 관계가 아니라 성인 대 성인의 관계로 전환되었음을 의미한다(Bigner, 2007).

정현숙과 유계숙(2001)은 중년 부모와 성인자녀와의 관계를 Galinsky의 6단계 중 마지막 단계인 떠나보내는 단계에 해당된다고 하였다. 자녀를 떠나보내기 위해서는 부모의 입장에서 자녀를 떠날 마음의 준비가 이루어져야 하며, 자녀를 떠나보낸 상황에서의 부부관계의 적응 및 새로운 부부관계를 형성해야 한다고 하였다(김세희 외, 1992).

Erikson(1963)은 인간의 전 생애를 심리사회적 발달의 8단계로 나누고, 그중 5단계인 사춘기에는 자아정체감 대 역할 혼란, 6단계인 성인 초기에는 친밀감 대 고립의 심리적 위기를 맞게 된다고 하였다. 그런데 남순현과 한성열(2003)은 한국의 청소년들은 자아정체감을 형성하여야 할 시기에 대학입시라는 중압감으로 인하여 심리사회적 유예 기간(psychological moratorium)을 갖는 경향이 있다고 하였다. 한국의 청소년들은 자기탐색의 시간을 보내기보다는 치열한 입시경쟁, 어두운 장래전망, 가치관과 이념적 혼란에서 야기된 정체감 유실(identity foreclosure)이나 정체감 혼란(identity confusion)을 겪는 '정체감 위기(identity crisis)'의 시간을 보내게 된다. 이는 한국의 문화가 '나'보다는 '우리'를 강조하는 풍토 속에서 청소년들이 남과 다른 나를 찾아가기 위해 노력하기보다는 심리적 유예 기간 속으로 숨어버린 결과라고 하였다. 그러므로 한국 청소년의 부모로부터의 독립은 자연스럽게 지연, 유보되고, 성인기 결혼이라는 발달과제에 직면하여 부모로부터의 분리라는 '제2의 정체감 위기'를 겪게 된다. 따라서 성인기 자녀가 부모로부터 독립하는 데 있어서 겪는 심리적 불편감은 청소년기 자아정체감 위기에서 기인한 것으로 가정하였다. 반면 자녀의 자립으로부터 심리적 혼란을 느끼게 되는 부모는 자녀가 결혼하여 새로운 가정을 형성해 가는 과정에서 정서적 압력을 가하게 된다. 분리에서 야기되는 상실감으로 인해 '빈둥지증후군(empty nest syndrome)'을 겪기도 하며 새로운 가족을 형성한 자녀에게 이전과 같은 자녀 역할을 계속 요구하기도 하고, 자신 역시 이전과 같은 부모 역할을 하려고 하기도 한다. 자녀 역시 신혼 초기 배우자와의 관계 형성에 실패할 때 부부간의 심리적 긴장을 해소하기 위하여 심리적으로 원가족의 부모에게로 되돌아가려고 한다. 그러므로 가족관계가 큰 장애나 문제가 없이 순조롭게 발달해 가려면 부모와 자녀 모두가 성인자녀의 자립을 위한 준비를 하여야만 한다(남순현 외, 2003).

한편, 유계숙(1995)은 100쌍의 성인 딸과 그들의 친어머니를 대상으로 미혼기, 신혼기, 부모기로 구분하여 진행된 연구에서 성인 모녀간의 상호작용, 모녀간 애착의 차이, 그리고 딸의 결혼 여부는 성인 딸과 어머니의 애착에 영향을 미치는데 모녀간 애착의 차이가 커질수록 성인 딸의 어머니에 대한 애착은 낮아지는 반면 어머니의 딸에 대한 애착은 높아진다고 하였다. 또한 성인 딸은 모녀간의 상호작용이 빈번할수록 어머니에 대한 높은 애착을 갖는 반면, 어머니는 딸에 대한 애착을 지각함에 있어서 상호작용의 빈도에 영향을 받지 않는다고 하였다. 이는 성인 딸들은 모녀간의 애착이나 상호작용에 있어서 그들의 어머니보다 훨씬 상호 호혜성을 중시하는 것이며, 성인 딸과 어머니 간의 애착에 상호 호혜성이 없을 때, 즉 어느 한쪽의 상대방에 대한 애착이 다른 쪽의 애착보다 커질 때, 대개 딸의 애착은 낮고 어머니의 애착은 높은 경향이 있음을 보여준다고 하였다. 한편 딸이 청소년기 직후인 미혼기일 때는 부모에 대한 애착으로의 회귀보다는 부모로부터의 독립에 더욱 관심을 두고 있다고 하면서, 성인 딸의 결혼이 모녀간 상호 애착에 영향을 미치는 중요 변인으로 밝혀졌으나, 딸의 부모 됨은 별다른 영향을 미치지 않는다고 하였다. 딸의 결혼은 딸의 어머니에 대한 애착을 높여주었는데 이것은 우리 문화에서 결혼이라는 시점이 딸들에게 부모와의 장기적 분리를 처음으로 경험하게 함으로써 어머니에 대한 애착이 높아지는 효과를 가져온 것으로 보았고, 반면 딸의 부모 됨은 자신의 자녀와 새로운 애착관계를 형성하는 시기로서 어머니보다는 자녀를 주요 애착대상으로 자리매김하는 애착관계의 재조정 및 변화단계로 받아들일 수 있다고 하였다.

Rossi와 Rossi(1990)는 부모와 자녀의 관계 연구에서 결혼 후 원가족과 떨어져 사는 경우라도 딸이 아들보다 부모와 더 잦은 접촉을 하고 친밀한 정서적 유대를 유지한다고 보고하였다. 또한 부모와 자녀 관계의 정서적 유대감은 가족 내 다른 어떤 하위체계보다도 어머니와 딸에게서 가장 강하게 형성된다고 하였다.

또한 Lawton과 Silverstein 및 Bengston(1994)은 주거상의 거리가 부모와 자녀 간의 접촉 빈도를 감소시키는 원인이 되며 줄어든 접촉빈도가 가족관계의 정서적 유대를 더욱 강화시킨다고 한 반면, Troll과 Smith(1976)는 성인가족의 정서적 유대는 접촉빈도나 주거상의 거리에 영향을 받지 않는다고 하였다.

한편 Sarkisian과 Gerstel(2008)은 결혼한 자녀가 결혼을 하지 않았거나 이혼한 자녀보다 부모와의 동거, 정서적, 경제적 상호교환에 있어서 세대 간 결집이 약하다고 하였다. 그들은 결혼의 역할에 대한 두 가지 주된 견해를 제시하였다. 첫째는 사회구성체를 만드는 것이라 하였는데, 결혼은 사회적인 결합으로의 고정핀 역할을 한다고 하면서 결혼하지 않은 사람들은 고립되어 있는 것으로 묘사(DePaulo, 2006)한다고 하였다. 둘째, 현대의 결혼은 더 큰 공동체와 경쟁관계에 있고 부부간의 결합은 부모와의 결합이나 다른 형제와의 결합을 약화시킨다고 하면서, 결혼은 분리되지 않는 헌신을 요구하는 탐욕스러운 제도(Coser & Coser, 1974)라고 한 바 있다.

같은 맥락에서 Suiter와 Pillemer(2006)는 결혼하지 않은 자녀들이 결혼한 자녀보다 부모와 더 높은 수준의 정서적 교환과 가까움을 느낀다고 하였다. 반면 결혼 여부가 세대 간 결집의 기능적 요소에 별다른 차이를 주지 않는다는 연구도 제시되었다(Cooney & Uhlenberg, 1992; Pezzin & Schone, 1999; Silverstein & Bengston, 1997).

Bucx, van Wel, Knijn, 그리고 Hagendoorn(2008)도 생애주기와 관련하여 젊은 성인자녀들 중에서 동거를 하거나 결혼을 한 경우는 부모를 만나는 횟수가 적어지는 반면, 자신의 자녀를 가진 성인자녀는 자녀가 없는 경우보다 부모를 더 자주 만나게 된다고 하였다.

이상의 연구에서 결혼으로 인한 부모 - 자녀 관계의 변화에 대한 연구주제로는 경계의 변화, 발달적 관점에서의 연구, 세대 간의 차이, 그리고 정서적 유대 및 결속의 약화에 대한 연구 등이 있음을 알 수 있었다. 이 책에서는 결혼과정에 나타나는 모 - 자녀 관계의 다양한 요소들의 변화를 과정적 관점에서 봄으로써 이러한 다양한 요소들이 서로 어떻게 연결되는지를 알아보게 될 것이다.

제3절 한국의 가족과 결혼문화에 관한 연구

한국의 전통적 가족제도는 가부장적인 직계가족이라고 전제해 왔다(송성자, 2005). 이광규(1981)는 한국 가족구조의 특성을 직계가족이라고 하였고, 특히 확산적 직계가족이라고 보았으며, 이러한 가족관계는 가족구조 내의 가족관계, 역할기대에 영향을 준다고 지적하였다.

이러한 가부장적 가족제도 속에서 한국은 지난 한 세기 동안 일제식민지, 해방 전후 혼란기, 6·25 전쟁, 그리고 급속한 산업화의 와중에서 가족에 대한 운명공동체적 의식이 심화되었다(김태길, 1982). 이러한 운명공동체적 가족의식은 경제적 차원에서 가족주의적 공리주의로 나타나고 있다(조혜정, 1985). 즉 한국은 지난 한 세기의 혹독한 역사적 시련과 급격한 변화를 겪으면서, 가족은 운명공동체로 제도화되었다. 결과적으로 생존을 위한 물적 자원의 획득과정에서 가족결속력과 가족에 대한 우선적 배려는 매우 중요한 가치로 자리잡게 되었다(박통희, 2004).

현대의 한국사회에서 가족은 전통에서 근대 혹은 더 나아가 탈근대로의 단절적 변화과정을 겪고 있는가, 아니면 한국가족의 전통적 요소가 근대적 요소와 병렬적으로 존속하는 특수성을 보여주고 있는가에 관한 논의가 시대적 흐름과의 연관성을 가지고 시도되었다(김규원, 1995; 박부진, 1996; 이재경, 1999). 현대 한국가족의 특성에 대해 전통과 근대의 공존이라는 관점을 채택하는 경우, 한국 가족이 외형상으로는 변화하였으나 내용적, 질적 측면에서는 동질적 요소가 내포되어 있음을 강조한다. 그리고 이에 대한 근거로는 가족 간의 유대 지향성과 남성 가장 중심의 권위적인 가부장제적 성격, 그리고 부모-자녀관계에서 자녀의 경제적 독립성과 분가에 대한 문화적 허용성이 결여된 실질적인 생활공동체라는 가치관적 요소들이 거론되었다(안호룡, 1991; 장경섭, 1991).

한편, 가족주의 의식의 약화를 주장하는 경우에는 전통적인 집단 혹은 공동체로서의 의미를 갖는 가족이 개인주의적 가치관의 확산으로 인해 약화되는 현상을 그 근거로 삼고 있는가 하면, 오히려 가족주의 의식의 강화를 주장하는 경우에는(주로 어머니의 역할과 관련하여) 자녀에 대한 교육열, 가족이기주의의 팽배현상을 그 근거로 들고 있다(김현옥, 2002).

이처럼 한국사회의 가족주의 의식은 총체적이므로 단일한 측면에서 논의할 수 없으며, 가족주의 의식은 가족집단 중심주의, 가부장제, 가족 경계유지 등 상호 연관되어 있지만 동시에 질적으로 상이한 요소들의 집합체로 다루어져야 한다. 이러한 요소들은 각 연령세대별로 각기 상이한 변수들의 영향을 받아 형성되고 있으며, 또 각기 다른 특성을 지닌 집단들에 의해 다양한 정도로 존재해 있기 때문이다(김현옥, 2002). 이는 세대 간의 갈등을 유발시킬 수 있는 잠재요인이 된다.

그럼에도 불구하고 가족주의 의식 중 가족 경계유지의식은 그 보유 정도에 있어서 각 연령세대별로 뚜렷한 차이를 보이지 않는다. 경쟁을 중시하는 현대사회에서 자신의 가족 혹은 가족 구성원이 다른 가족 혹은 다른 가족구성원과의 경쟁에서 성공을 거두고 궁극적으로 그것을 통해 가족 번영을 꾀하고자 하는 의식은 지속될 것으로 보인다(김현옥, 2002). 이는 한국의 가족이 외부에 대해 배타적이며 폐쇄적 경계를 가지고 있음을 보여준다고 할 수 있다.

한편 한국의 부모-자녀관계에 관한 의식적인 측면에는 '효(孝)' 사상, 부모의 권위적·지배적 태도, 자녀의 순종적·복종적 태도가 지배하는 윤리관이 깊이 뿌리 박혀 있다(송성자, 2005). 이는 전통적 유교문화 속에서 전승되어 왔으며 가부장적인 가족제도와 연관된다고 할 수 있겠다.

한국인의 부계가족제도에서 고부관계는 다른 가족관계에 비하여 열세와 불리한 지위를 갖고 있으면서도 전체 가족관계에 영향력이 많은 관계이다. 시어머니와 며느리는 부계가족 구조 내에서 비슷한 조건과 입장에 있으면서도 화목하거나 온정적이지 못하고 불화와 불신적인 요인을 가지고 있다(송성자, 2005). 산업화, 도시화, 핵가족화, 민주화, 부부중심적 가족관계 등으로 인한 가족구조와 가족관계의 변화에도 불구하고 계속적으로 발생하는 고부갈등의 원인으로서는 전통적인 권력구조, 역할구조, 애정구조, 고부간의 세대차이 등을 들 수 있다(김승권, 2000). 즉 전통적인 가족의식, 가족규범을 중요시하는 시어머니 입장과 민주적 교육과 자기중심적 사고에 익숙한 며느리 입장에는 일치할 수 없는 차이가 있는 것이다. 사회변화에 따라 고부간의 관계성격이 변화하고 있으나 일치할 수 없는 상호 간의 기대와 가족의식은 관계갈등을 발생하게 할 수도 있다(송성자, 2005).

서구사회에서는 자녀에 대한 보호를 20세를 전후한 시점까지로 제한하는 것이 보편화되어 있다. 성년이 되면 스스로 자신을 보호하고 그렇지 못할 경우에 국가의 의무로 제도화되어 있다. 그러나 한국 사람들은 다른 어느 나라에서보다도 가족의 도구적 기능을 중시하고 있다. 가족의 지나친 도구적 기능은 과도한 혼수 또는 혼수를 둘러싼 갈등과 성년에 이른 자녀에 대한 부모의 생활지원 관행으로 나타나고 있다. 또한 대학입시를 둘러싸고 일어나는 과열 경쟁도 가족의 도구적 기능이 과도하게 강화되어 나타나는 부작용으로 볼 수 있다. 자녀의 성공이 곧 부모의 노후 복지와 사회적 안전판이라는 신념이 약화되고는 있지만 여전히 잠재의식에 강하게 자리잡고 있다(박통희, 2004).

또한 사회적 이슈가 되고 있는 혼수문제 역시 자녀의 혼례를 부모의 책임으로 간주하는 전통적 가족주의의 지속과도 깊은 관련이 있다. 풍족해진 부모는 풍족해진 대로, 풍족하지 못한 부모는 풍족하지 못한 대로 자녀의 결혼에 최선을 다해야 한다고 생각하고 자녀들은 그것을 당연하게 받아들이고 있다. 급격한 경제성장, 전통적인 의존적 부모-자녀관계, 가부장적 관념의 뿌리 등이 물질주의 의식의 증대와 함께 어우러져 오늘날 혼수의 모습을 만들었음을 보여주고 있다. 따라서 사회적 이슈로 부각되는 혼수와 그중에서도 특히 예단의 문제는 부모-자녀관계, 즉 성인 자녀가 부모에게 기대고 그것을 당연하게 생각하는 의존주의가 근본적으로 바뀌지 않는 한 결코 쉽게 사라지지 않을 것이다(김주희, 2005).

그러나 혼수문제는 때로는 가족관계를 악화시킬 뿐만 아니라 부모에게나 결혼당사자에게 엄청난 경제적 부담을 주기 때문에 그것으로부터 오는 압박감과 후유증 역시 무시할 수 없다. 주어진 경제능력 이상으로 혼수를 장만할 경우에 빚을 질 수밖에 없는 것이 현실이다. 혼례는 혼수문제를 야기하며 가족갈등을 증폭시킨다. 이처럼 혼례의 문화적 모순과 상품화는 결혼의 첫 단추를 잘못 끼우게 한다(박선웅, 1999). 그러나 혼수를 준비해야 하는 딸을 결혼시키는 경우보다도 특히 주택 장만의 부담을 안고 있는 아들을 결혼시키는 경우에 부모가 느끼는 경제적 부담감은 엄청나다고 할 수 있다.

전통사회 특히 한국에서는 개인의 욕구충족이나 만족보다는 가족의 안정과 번영을 유지하는 것이 결혼의 주된 목적으로서 사회제도이며 관습적인 것이었다. 따라서 결혼은 당사자 간의 결합이라기보다는 가문과 가문 또는 집안과 집안 간의 결합이라는 성격을 갖고 있었다. 즉 개인과 개인 간의 결혼이라기보다는 가족집단 간의 결합이라고 할 수 있었다. 그리고 가문의 계승과 번영이 결혼의 주요한 목적이기 때문에 부자관계가 중요시되는 가부장적 가족제도가 부부중심보다는 가족중심적인 결혼생활을 하도록 구속하였다. 따라서 결혼의 목적은 가문의 계승과 시부모 봉양과 남자의 지위확보를 위한 것이기도 하였다. 즉 한국의 결혼 동기와 목적 가운데 개인의 심리·정서적 욕구와 개인의 발전과 만족은 무시 또는 경시되는 경우가 많았다. 그러나 산업사회에서는 가족중심보다는 부부중심적인 결혼생활로 변화하면서 개인의 성장과 자아실현을 목적으로 하는 우애적 결혼의 가치를 강조하게 되었다(송성자, 2005).

한국사회에서의 결혼이 제도적 혼인의 의미에서 우애적 혼인의 의미로 바뀌기 시작한 것은 1970년대 이후라고 볼 수 있다. 1980년대까지 혼인은 사랑하는 사람과 정서적 안정을 위해 하는 것, 부모로부터 독립해서 새 가정을 창설하는 것이 지배적인 의미였다. 1980년대 말부터 인격적 성숙과 행복을 위해서라는 의미가 나타나기 시작하였다. 2000년대부터는 더 나은 삶을 위해 또는 행복을 찾아서라는 훨씬 더 개인중심적 가치에 의미를 부여한 것을 볼 수 있다. 그 속에는 개인의 성장, 자아실현이라는 구체적인 의미가 여성들을 중심으로 더욱 강하게 요구되었음을 짐작할 수 있다(박민자, 2004).

한편 Kendall(1996)은 '혼인국(marrying country)'이라 불릴 만큼 거의 모든 사람이 결혼을 하고, 결혼에 대한 과도한 관심을 갖는 한국 사회에서 결혼식이 수행되는 방식과 결혼식에 대한 인식이나 담론의 변화를 분석하여, 결혼식이 한국 사회의 변화하는 현재(changing present)를 보여줄 수 있는 훌륭한 렌즈라고 주장한 바 있다. Kendall은 한국의 결혼식에서는 근대가 포용해 낸 '개별성'에 대한 승인은 찾아보기가 힘들 뿐만 아니라 신식 결혼은 근대적

이미지를 선택적으로 차용할 뿐, 남성 가장의 중심적 위치와 여성의 종속을 변화시켜 내지 못하고 있음을 비판하였다(김현미, 1998).

이상으로 한국 전통가족의 특성과 가족주의, 가족관계 및 갈등, 가족의 기능에 대하여 살펴보았으며, 한국 전통사회에서의 결혼의 목적과 그 목적의 변화과정을 살펴보았다. 이는 결혼과정의 모 - 자녀가 경험하는 사회문화적 배경에 대한 지식을 제공해 준다.

제4절 모 - 자녀 관계에 대한 이론적 고찰

근거 이론 접근 방법의 연구에 있어서 연구를 시작할 때 이론을 지정하거나 제시하는 것은 억제된다(Creswell & Brown, 1992; Creswell & Urbom, 1997). 근거 이론의 연구과정에서는 연구자가 가정을 넘어서서 기존의 것으로부터 새로운 질서를 창조하지 않으면 안 되기 때문이다(Strauss & Corbin, 1990). 그러므로 본 장에서 제시하는 이론들은 근거 자료로부터 미묘한 의미를 지각할 수 있도록 이론적 민감성을 향상시키기 위한 문헌고찰의 측면에서 이루어진다고 하겠다.

1. 분리 - 개별화 이론

본 연구에서는 결혼과정을 통해서 본 어머니와 자녀와의 관계를 분석하기 위하여 분리 - 개별화 이론에 대해 살펴봄으로써 이론적 민감성을 향상시키고자 한다. 분리 – 개별화 이론은 유아기로부터 시작되는 것이기 때문에 유아기에 대한 탐색이 필요할 것이나 본 연구에서는 결혼과정을 경험하는 성인들을 대상으로 하였으므로 그 범위를 결혼과정에서의 분리 – 개별화로 한정시키고자 한다.

분리 – 개별화는 일반적으로 부모로부터 자아를 분리시키고 자신에 대한 정의를 내려가는 과정으로, 이 과정은 부모에 대한 의존으로부터 독립을 증진시켜 나가는 것을 포함한다(Rice, 1992). 많은 학자들이 분리 – 개별화에 대하여 연구하였는데, 본 연구에서는 Mahler, Blos, Hoffman, Josselson 등의 이론을 살펴보고자 한다.

Mahler와 그 동료들(1975)은 유아가 자기와 타인 간의 분화에 대한 자각이 없는 원초적인 인지적, 정동적 상태로부터 시작하여 분리와 개별화를 중심으로 심리내적이고 행동적인 삶의 조직화로 발달해 간다는 사실을 추론하고 관찰하여 오이디푸스 시기 이전에 진행되는 대상관계 발달을 '정상적 자폐 단계(normal autistic phase)', '공생 단계(symbiotic phase)', 그리고 '분리 – 개별화 단계(separation – individuation phase)'로 구분하였다. 그리고 분리 – 개별화 단계의 하위 단계를 '분화기(differentiation subphase)', '연습기(practising subphase)', '화해기(rapprochement subphase)', 그리고 '정서적 대상항상성의 단계(emotional object constancy subphase)'로 구분하여 분리 – 개별화 발달 과정을 보여주었다.

Mahler와 그 동료들(1975)에 의하면 정상적 자폐 단계에서 신생아들은 자궁 내 삶에서 지배적이었던 리비도 분포 상태, 즉 환각적으로 소원을 충족하는 상태에 있으며, 정신 체계는 자기만족적이고 폐쇄된 단일체계임을 보여준다. 이 단계에서는 외부 자극에 대한 리비도 집중이 거의 없다. 유아는 자극장벽(Freud, 1895, 1920)

속에서 심리적 과정보다는 생리적 과정이 우세한 시기를 보낸다.

유아는 생후 2개월부터 욕구충족 대상에 대한 희미한 의식을 갖게 되는데, 이는 정상적 공생단계의 시작을 나타낸다. 이 단계에서 유아는 자신과 어머니가 마치 하나의 전능체계 ― 하나의 공통된 경계 내의 이중적 단일체(a dual unity) ― 인 것처럼 행동하고 기능한다. 이는 어머니로부터 분화되지 않고 융합된 상태, 즉 '나'가 '나 아닌 것'으로부터 아직 구분되지 않고, 단지 내부와 외부가 다르다는 것이 점차적으로 의식되는 상태를 말한다.

분리 ― 개별화 과정의 첫 번째 발달 단계인 분화기에는 유아가 어머니에 대한 선택적 미소반응을 보이게 되며 어머니의 몸에 자신의 몸을 맞추거나 자신의 상체를 사용하여 어머니의 몸으로부터 거리를 두는 모습을 관찰할 수 있다. 유아는 점차 자기 자신과 어머니의 몸을 구별하기 시작하며 어머니의 옷을 입은 부분이나 입지 않은 신체부분뿐만 아니라 어머니의 얼굴을 눈으로 보고, 손으로 만지며, 촉감으로 느끼면서 탐구하는 행동이 절정을 이루게 된다.

분리 ― 개별화 과정의 두 번째 발달 단계인 연습기는 두 부분으로 구분된다. 초기 연습기에는 배로 기고 무릎으로 기며 기어오르고 다시 일어나는 연습을 통해서 신체적으로 어머니에게서 멀어질 수 있는 능력을 발달시키며, 본 연습기에는 자유롭게 서서 걷는다. 초기 연습기에 아동의 관심은 어머니로부터 세상에 있는 무생물에게로 향하며 그중 하나가 Winnicott(1971)이 말하는 중간대상(transitional object)이 될 수 있다. 그러나 여전히 아동에게는 어머니에 대한 관심, '즉 정서적 재충전(emotional refueling)'을 위해서 계속해서 어머니를 사용할 수 있는지에 대한 관심이 사물들의 세계에 대한 관심보다 크다. 본 연습기는 '심리적 탄생기'로서 직립

운동을 통해 아동의 시야는 무한히 넓어지고 시야에 들어오는 것들은 아동의 기분을 고조시켜 자기애와 대상사랑이 절정에 이르는 시기이다. 즉 이 시기에 아동의 '세계와의 사랑'(Greenacre, 1957)이 시작된다. Mahler는 이 시기에 아동이 흥분과 유쾌함을 느끼는 것은 빠르게 증대되는 아동의 능력 때문만이 아니라 어머니와의 공생적 결속으로부터 그가 벗어났기 때문일 것이라고 추측한다. 이러한 연습기 동안 아동은 어머니가 자신과 분리된 사람이라고 생각하지 않으며 정서적 재충전을 위해 되돌아와야 할 일종의 '본루(home base)'로 생각한다.

화해기는 보통 15~18개월 사이에 시작된다. 이전의 자기애적인 전능감의 상태와는 대조적으로 아동은 자신이 매우 거대한 세계 안에 존재하는 아주 작은 사람이라는 사실을 깨닫게 되어 전능감의 상실과 함께 이전에 누렸던 자기감의 상실을 가져온다. 이 시기에 아동은 어머니가 실제로 분리된 사람이며 새롭게 확장된 자신의 세계를 다루는 데 어머니를 항상 이용할 수 없다는 사실을 분명히 인식하게 된다. Mahler는 아동이 이 시기에 '화해 위기(rapprochement crisis)'에 처하게 된다고 하였는데 아동은 외부로부터 도움이 필요하다는 사실을 경험하지만 동시에 분리와 개별화를 공고히 하기 위해서는 다른 사람이 제공하는 것을 거절할 필요가 있다는 사실을 배우기도 한다고 하였다. 즉 화해 위기는 어머니를 필요로 하는 욕구와 분리-개별화에 대한 욕구 사이의 갈등에서 비롯된다. 그 결과, 아동은 한편으로는 어머니에게 심하게 매달리고, 다른 한편으로는 어머니에게 심하게 반항하는 양가적인 태도를 보인다. Mahler에 따르면 화해 위기가 잘 해결되어야 이후의 심각한 정신병리를 막을 수 있다. 어머니의 대응은 공생과 개별화에 대한 자신의 의식적 또는 무의식적 태도에 달려 있다. 어떤 어머니는 아동을 자신의 돌봄 안에 또는 자신의 신체 안에 재함입시킴으로써 분리를 향한 아동의 욕구를 좌절시키고, 또 다른 어머니는 이 단계의 아동을 다 컸다고 간주함으로써, 아동의 요구를 무시하거나 아동의 의존성을 거부한다. Mahler는 이 시기의 어머니의 태도가 매우 중요하다는 것을 강조했다(Greenberg & Mitchell, 1999).

분리-개별화의 네 번째 단계는 정서적 대상항상성의 단계이다. 이 단계는 삶 전체에 걸쳐서 계속해서 진행되기 때문에 다른 단계들과는 다른 의미를 지닌다. 대상항상성은 보통 세 살이 되면 완성된 상태에 도달하게 된다. 이 시기의 아동은 자기에 대한 안정된 개념과 타자에 대한 안정된 개념을 형성해야 하는 과제를 안고 있다. 대상항상성은 대상에 대한 좋은 표상과 나쁜 표상의 통합뿐만 아니라, 그 표상에 집중되어 있는 리비도와 공격적 욕동의 융합을 전제로 한다. 따라서 네 번째 단계의 성공적인 완성은 안정된 자기와 타자 관계가 확립되었음을 의미한다.

Mahler의 가장 큰 공헌은 아동의 욕구의 변화와 이 변화에 따른 어머니의 반응 사이의 관계를 밝혀냈다는 데 있다. 분리와 개별화를 이루어가는 동안, 변화하는 아동의 욕구는 그에 대응하는 어머니의 역할을 요구한다. 생후 초기에 어머니는 아동과 외부세계 사이의 완충물로서, 그리고 아동의 보조자아와 자극장벽(stimulus barrier)으로서 기능한다. 그러나 점차 아동이 성장함에 따라 어머니는 더 자율적인 수준에서 아동과 관계 맺기 위해 기꺼이 과거의 친밀함을 포기한다. 그러므로 Mahler가 주장하는 최적의 어머니 역할(optimal mothering)은 Winnicott(1971)이 말하는 '충분히 좋은 어머니(good enough mother)'의 역할과 매우 비슷하다(Greenberg & Mitchell,

1983).

한편 Blos(1979)는 자아의 적응체계 형성을 청년기 발달의 주요 지표로 보고, 청년기 발달을 이차적 개별화 과정(secondary individuation process)으로 설명하며 청년기의 자아가 부모로부터 이탈하는 과정으로 보았으며, Hoffman(1984)은 부모로부터 심리적으로 독립할 수 있는 능력과 독립된 개인으로서의 정체감 획득은 적응을 향한 개인의 욕구라고 간주하며, 심리적 독립을 기능적, 태도적, 정서적, 갈등적 독립의 네 가지로 구분하였다. 기능적 독립과 태도적 독립은 유아기의 분리－개별화 과제(Mahler외, 1975), 즉 엄마와는 독립적으로 행동하고 자신을 분리된 개인으로 보는 개별화가 청년기에 어떤 수준에 이르렀는지 보여주는 것이고, 정서적 독립과 갈등적 독립은 청년기에 일어나는 복합적인 정서적 독립(Blos, 1979)을 두 가지로 구분한 것이다(조화진, 2004).

또한 Josselson(1988)은 Mahler가 제시한 유아의 분리－개별화 과정을 제1의 분리－개별화 과정이라고 하면서 청년기의 부모로부터의 독립을 제2의 분리－개별화 과정으로 보고, 청년기의 독립은 '분화(differentiation)', '실행(practice)', '화해(rapprochement)', '견고화(consolidation)'의 네 단계를 거친다고 하였다. 또한 개별화는 친밀성의 맥락에서 발달되는 것으로, 부모와 안정된 애착을 지닌 청년기의 자녀는 부모로부터의 심리적 독립과 함께 새로운 환경에 잘 적응해 나갈 수 있다고 하였다. 즉 부모로부터의 독립이란 부모와의 정서적 이탈을 의미하는 것이 아니므로, 부모와의 적절한 애착관계의 유지와 더 나아가 갈등의 해결까지 포함하는 개념이라고 할 수 있다고 제안한 바 있다(조화진, 2004).

이상에서 살펴본 분리－개별화 이론은 자녀가 그동안 함께 거주

하였던 어머니로부터 떨어져 이제는 다른 곳에서 거주하게 되고, 경제적으로나 심리적으로 커다란 전환기를 맞게 되는 결혼과정을 설명하기에 유용한 이론으로 볼 수 있다.

2. 애착 이론

Bowlby(1988)는 애착 이론을 어떤 사람에게 강한 애착을 느끼는 인간의 경향성을 개념화하고, 애착 대상과의 원치 않는 분리 혹은 애착 대상의 상실이 발생했을 때 수반되는 불안, 분노, 우울, 정서적 초연과 같은 다양한 정서적 고통과 성격장애를 설명하는 이론이라고 정의하였다.

애착은 한 개인의 평생을 통해서 지속되는 관계의 질이며, 유아와 양육자 간의 상호교환적인 과정이다. 아동이 성장함에 따라 애착의 본질이 형태를 달리할 수는 있지만 기본적으로 일생을 통해 지속성을 갖는다(Goldberg, 1991).

이러한 애착의 지속성은 Bowlby의 내적 실행 모델(internal working model)로 설명된다. 내적 실행 모델은 애착과 관련된 경험이나 사고 감정을 어떻게 조직하고 접근하는가에 대한 규칙 체계이며 자기와 타인, 그리고 그 관계에 대한 내적 표상이다. 생후 1년 동안 양육자와의 상호 작용을 기초로 하여 형성된 내적 실행 모델은 전 생애 동안 지속되어 자기와 타인을 인식하고 예상하는 기초가 된다(Bowlby, 1988; 황혜자, 조수진, 2006).

Hazan과 Shaver(1987)는 성인의 애착유형을 안전 애착(secure attachment), 회피 애착(avoidant attachment), 불안/양가 애착(anxious/ambivalent attachment)

으로 구분하였으며, Main과 동료들(1985)은 반구조화된 면접법의 성인 애착 면접(Adult Attachment interview)을 고안하여 성인의 애착에 대한 내적 실행 모델을 평가하였다. 성인 애착 면접은 반응의 내용보다는 전체 면접의 응집력과 구조에 근거하여 네 가지 유형으로 분류된다. 자율형(autonomous)은 아동기 경험에 대해 개방적이고 짜임새 있는 논리로 일관되게 묘사할 수 있으며 애착이 가치 있고 현재의 관계에 영향을 미친다고 기술한다. 반면 거부형(dismissing)은 어린 시절에 대해 짧고 불충분한 설명에 그치며, 과거나 부모에 대해 이상화시키는 경향이 있다. 집착형(preoccupied)은 어린 시절에 대해 과거의 갈등과 어려움에 과도하게 몰두되어 비일관적이고 두서없이 이야기를 늘어놓는다. 미해결 – 혼돈형(unresolved – disorganized)은 해결되지 않은 어린 시절의 외상적 사건과 관련된 주제에 대해 혼란된 상태에 있다(황혜자, 조수진, 2006).

한편 Bartholomew와 Horowitz(1991)는 자기가 사랑과 보호를 받을 만한 가치가 있는지 혹은 그렇지 않은지를 구분하는 자기모형(model of self)과 타인이 자기에게 사랑과 보호를 기꺼이 제공할 것 같은지 혹은 그렇지 않은지를 구분하는 타인모형(model of other)에 의해, 안전형(secure), 집착형(preoccupied), 거부형(dismissing), 및 두려움형(fearful)의 4가지 애착유형을 개념화하였다. 안전형은 자기 및 타인 둘 다에 대한 긍정적 모형을, 집착형은 부정적 자기모형과 긍정적 타인 모형을, 거부형은 긍정적 자기 모형과 부정적 타인 모형을, 그리고 두려움형은 자기 및 타인 둘 다에 대한 부정적 모형을 갖는 것으로 가정되었다(문형춘, 2007).

또한 Brennan, Clark와 Shaver(1998)도 낮은 불안과 낮은 회피가 특징인 '안전형', 높은 불안과 낮은 회피가 특징인 '집착형', 낮은 불안과 높은 회피가 특징인 '거부형', 그리고 높은 불안과 높은 회피를 보이는 '두려움형' 등 4가지 애착유형을 산출하였다(문형춘, 2007).

애착과 분리 – 개별화에 대한 연구로는 장휘숙(2002)이 청년 후기 대학생을 대상으로 한 연구에서 어머니와 아버지에 대해 높은 수준의 애착을 형성한 대학생들이 가장 높은 수준의 분리 – 개별화를 이루고, 애착과 분리 – 개별화가 상호작용함으로써 청년 후기의 적응에 긍정적인 영향을 준다고 한 바 있다.

또한 애착과 가족체계에 관한 연구로는 Marvin과 Stewart(1990)가 가족체계 이론가들이 주장하는 비적응적인 가족 구조에서 가장 흔히 나타나는 관계는 어머니와 아이 간의 과잉간섭적인 관계라고 말하였으며, 애착이론에서 묘사되는 집착형 어머니와 양가적 감정을 가진 아이의 개념은 가족체계이론의 주요 관심사인 밀착된(enmeshed) 모 – 자녀 관계를 이해하는 데에 도움을 준다고 하였다. 애착이론의 집착형(preoccupied style)과 거부형(dismissive styles)은 가족체계이론의 쫓는 자 – 거리를 두는 자(prusuer – distancer) 순환을 이해하는 데 도움을 준다. 애착이론은 선행사건, 심리적 안정성, 애착유형의 결과뿐 아니라 모 – 자녀관계와 부부 관계를 특징짓는 보호와 관심에의 욕구를 이해하는 데도 많은 도움을 준다(이삼연, 2004).

애착에 대한 문화적 차이에 대하여 이삼연(2004)은 어떤 것이 민감하고 적절하게 반응하는 양육인가 하는 것은 그 사회에 토착된 가치에 의해 결정된다고 하였다. 서양에서는 적절한 양육의 조건은 엄마가 아이의 욕구 표시에 민감하게 반응하고, 아이의 독립성을 방해하거나 아이의 개성을 훼손하지 않으면서 엄마가 언제든지 필요할 때 거기에 있을 것이라는 것을 알게 전달하는 것이다. 이와 반대로, 한국에서 적절한 양육의 조건은 엄마와 아이 간 경계선이 불분명한 공생관계를 형성하는 것이다. 미국적 기준에서 보면, 한국 엄마들은 과도하게 아이의 사생활을 침범하고 지나치게 아이와 밀착되어 있는 것처럼 보일 수 있다. 이것은 한국 엄마들이 미국 엄마들에 비해 아이가 필요의 신호를 보일 때까지 기다리기보다는 유아의 욕구를 미리 예상하고 유아의 불편함을 최소화하기 위해서 미리 조처를 취하는 경향이 있기 때문일 것이다. 이삼연(2004)은 또한 미국에서 적절한 양육이란 아이가 자신이 원하는 것을 분명하게 표현할 수 있도록 도와주고, 자신의 요구를 만족시키기 위한 독립적인 노력을 하도록 지지할 뿐 아니라 어머니가 아이의 안정적인 베이스가 되어 주어 아이가 편안하게 환경을 탐색할 수 있는 환경을 만들어 주는 것이라고 하면서, 반면에 한국에서 적절한 양육이란 주로 아이가 힘들지 않도록 해 주고 아이의 어머니에의 의존심과 정서적 긴밀성을 형성하게 하는 것이라고 하였다.

한편 Bowlby는 결혼을 성인의 애착표현이라고 보았으며, 배우자는 일과 탐험을 허락하는 안전기저를 제공하고 필요할 때면 보호막 역할을 한다고 하였다. 결혼식 혼인서약에서 사용되는 "아플 때나 건강할 때나"라는 구절은 필요할 때 안전기저와 애착체계를 제공하는 것이 결혼의 심리적 목적임을 상기시켜 준다(Holmes, 2005).

또한 유계숙(1995)은 딸의 결혼은 어머니에 대한 애착을 높여 주었음을 밝혀내고 한국 문화에서 결혼이라는 시점이 딸들에게 부모와의 장기적 분리를 처음으로 경험하게 함으로써 어머니에 대한 애착이 높아지는 효과를 가져왔다고 추측하였다. 반면 어머니들은 딸의 결혼에 의해 딸에 대한 애착을 낮게 지각하였는데 이것은 한국의 여성들이 결혼과 함께 친가와의 관계를 떠나 시가의 일원이 되어 시가의 가족 관계에 더욱 치중하여 살아가도록 사회화되어 온 가부장적 규범 때문이라고 보았다.

이 외에도 성인자녀와 부모 간의 애착에 관한 연구에서는 Bengston 등(1985)이 성인의 애착을 아동의 애착과는 다르게 애착행동과 애착감정을 독립된 개념으로 보았으며, Weishaus(1979)는 왕래, 경제적 도움, 서비스 등의 외현적 행동을 일컫는 애착행동과 부모와 강한 정서적 유대를 맺으려는 성향인 애착감정으로 나누고 애착행동이 꼭 애착감 때문이라고는 볼 수 없다고 하면서 부모 의존성, 애착감, 성, 주거인접 정도, 효도의무감 등의 함수적 관계로 이해하였다.

한편 한국의 성인자녀를 대상으로 한 애착 연구에서 송현애(1986)는 자녀의 애착행동에 어머니의 의존도와 자녀로서의 의무감은 직접적인 영향을 주었지만 자녀의 애착감은 의미 있는 영향을 미치지 못한다고 하였다. 그러므로 애착행동이 반드시 정서적 가까움이나 온정에 의해서 이루어지는 것은 아니며 어머니에 대한 의무감에서도 일어날 수 있다고 하였다.

또한 박성연(1988)은 어머니에 대한 아들의 애착감정은 아들의 효도의무감, 아들에 대한 어머니의 애착감정과는 정적인 관계를 보였지만 아들의 결혼지속 연수와는 부적인 관계를 보였음을 제시한 바 있다. 그리고 유은희와 박성연(1989)은 어머니의 경제적 의존은 아들의 어머니에 대한 애착에 직접적 영향을 주지 않는 데 비해 어머니의 정서적 의존은 부적으로 직접적 영향을 준다고 하였으며, 아들의 결혼지속 연수는 아들의 어머니에 대한 애착에 부적 영향을 주는 것으로 나타나 아들의 결혼 기간이 길어지면서 아들의 애착감정이 자신의 자녀나 부인에게 확대되면서 오히려 어머니에 대한 아들의 애착감은 줄어들 수 있음을 보여준 반면, 아들의 결혼 지속 연수가 어머니의 애착에는 아무런 영향을 주지 않음을 보고하였다.

이상에서 살펴본 애착 이론은 결혼과정을 경험하는 자녀가 새로운 애착 대상을 찾아가는 과정에서 어머니와의 애착 관계에는 어떤 변화가 올 것인지, 또한 자녀를 떠나보내는 어머니에게는 어떤 변화가 올 것인지를 살펴보기에 적합한 이론이라 할 수 있다.

3. 가족체계 이론

가족치료에 있어서 가장 중요한 개념 중 하나가 '체계이론'이라 할 수 있을 것이다. 생물학자였던 Bertalanffy(1968)는 생물학적 유기체에 적용되는 법칙이 인간의 마음으로부터 전 지구의 생태계에 이르는 다른 영역에도 적용될 수 있을 것이라고 가정하였다. 그의 일반체계이론(General Systems Theory)은 모든 종류의 체계에 적용할 수 있는 사고방식 또는 가정들이다(Nichols & Schwartz, 2001). Bertalanffy(1968)는 유기체계는 개방체계로서 투입과 산출, 그리고 구성요소의 형성과 붕괴가 연속적으로 이루어지는 가운데 유지된다고 보았다. 그리고 체계 간의 관계 유형을 파악함으로써 복잡한 상호작용 현상을 이해하려고 하였다. 그는 상호작용 체계를 이해하기 위하여 사이버네틱스, 항상성, 피드백, 순환적 원인론, 경계, 규칙, 동등결과성, 홀론, 비합산성, 의사소통, 관계/상호의존성, 전체성, 정보처리과정 등의 개념을 사용하였다(송성자, 2005). 일반체계

이론은 부분들을 개별적으로 분석하는 대신, 체계 내 또는 체계 간의 관계 유형에 관심을 가지며 특히 체계에 발생하는 상호교류에 관심을 갖는다. 가족은 가족구성원들이 친밀한 관계를 형성하고 지속적인 상호작용을 하는 하나의 체계이다. 가족을 하나의 체계로 인식하기 시작한 것은 동양 문화권에서는 이미 고대 사상에서 발견되고, 서양에서는 Bertalanffy에 의해 일반체계이론이 제시되면서부터 유기체, 가족, 사회 등 여러 집단을 체계로 보는 포괄적인 관점이 시작되었다(유영주 외, 2004).

가족에 대한 체계론적 사고는 가족이 하나의 단위로서 환류구조를 가지고 정보처리가 가능한 체계의 한 종류(Bateson, 1972)라는 관점을 제공한다. 가족은 상호의존적 하위체계, 즉 커다란 체계 내에서 상호작용하는 조그만 체계들의 복합체로 구성되어 있는 살아 있는 체계이다. 하위체계는 전체로서의 체계 안에서 특정한 기능 및 과정을 수행하도록 배당된 부분들이다. 그러므로 가족의 한 부분에 어떤 변화가 발생하면 그 부분과 관련된 다른 부분에도 변화가 일어나게 된다(Goldenberg & Goldenberg, 2001).

Minuchin(1974)은 가족은 일반적으로 공존하는 많은 하위체계들을 가지고 있다고 하였다. 예를 들면 남편 - 아내, 어머니 - 자녀, 아버지 - 자녀, 자녀 - 자녀 쌍 등이 하위체계인데, 가족에서 하위체계들은 세대, 성, 흥미 또는 기능에 따라 형성될 수 있다고 하였다. 각각의 하위체계 내에서 다른 수준의 권력이 행해지고, 다른 기술을 배우고, 또한 다른 책임감이 부여된다고 보았다.

하위체계들은 다른 하위체계나 보다 큰 체계와 구분되는 경계(boundary)를 가지고 있다. Minuchin(1974)은 경계는 하위체계 구성원들로 하여금 부당한 방해 없이 그들의 과제를 잘 수행할 수 있도록 하는 반면, 하위체계나 그 밖의 사람들과의 접촉이 허용될 만큼 개방될 수 있도록 잘 정의되어야 한다고 하였다.

명확한 경계는 필요할 때는 언제든지 하위체계들 간에 지지와 의사소통과 협상을 쉽게 할 수 있도록 하는 것에 의해 가족의 전반적인 안녕감을 강화하는 반면, 동시에 분리된 하위체계들의 구성원들에 의한 독립성과 실험할 자유를 가지기를 권장한다.

밀착된 경계는 가족 상호작용에서 극단적 형태의 가까움과 강도를 말하는데, 여기서 구성원들은 서로의 생활에 과도하게 상관하고 관여한다. 극단적인 경우에는 하위체계 사이의 가족의 분화 부족은 가족으로부터의 분리를 배신의 행동으로 만든다. 밀착된 경계는 잘 분화되어 있지 않으며 약하고 쉽게 침범된다. 과도한 일체감과 공유는 분리의 결여로 이끈다.

한편 경직된 경계는 하위체계들 사이의 불투과적인 장애들로 이끈다. 이러한 경우에 부모와 자녀들의 세계, 즉 세대적 위계는 분리되어 있고 뚜렷하다. 어떠한 하위체계의 구성원들도 다른 사람의 세계로 들어가려고 하지 않고 들어갈 수도 없다. 자주성은 유지되지만 돌봄과 관여, 그리고 애정의 교환이 부족하게 된다. 자녀는 독립감을 가질 수는 있겠지만 다른 사람으로부터 소외되었다는 느낌과 함께 자녀에게 있어서 중요한 시기 동안 지지를 받지 못하게 된다(Goldenberg & Goldenberg, 2001).

가족은 규칙(rules)에 의해 지배되는 체계로 가족구성원들 간의 상호작용은 일정한 유형의 원칙을 따른다. Jackson(1965)은 가족구성원들 간에 상호적인 연속을 결정하는 것은 개인의 욕구나, 충동 또는 성격이 아니라 이러한 규칙들이라고 하였다.

또한 체계로서의 가족은 안정된 상태로 돌아가는 경향이 있으며,

행위가 있는 곳엔 체계의 균형을 위한 반응이 일어난다고 하였다. 이러한 체계의 조정기제는 Bateson(1972)에 의해 강조되었다. 가족치료를 받는 가족들에게서 긴장을 감소시키고 가족 항상성(Family homeostasis)을 유지하기 위한 과정이 성장에 방해가 됨을 자주 발견할 수 있다(성민선, 1995).

가족체계 이론의 중요 개념 중 하나는 상호연관적 인과율(mutual causation)이다. 이는 가족 안에서 선형적 인과율(linear causation)로 설명할 수 없는 원인과 결과의 순환적 관계를 설명하기에 적합하다. 또한 가족구성원 간의 상호작용은 의사소통 유형 또는 환류고리(feedback loops) 형태로 일어나며 환류 고리는 예측 가능한 경로로 되풀이된다.

이상에서 살펴본 가족체계 이론적 관점은 모－자녀 간의 관계를 결혼이라는 과정에 초점을 맞추는 본 연구의 목적에 부합하는 이론이라 할 수 있다. 특히 모－자녀 관계의 과정적 변화를 설명하는 데 있어서 하위체계(subsystem)의 개념과 경계(boundary), 권력(power), 상호연관적 인과율(mutual causation) 등의 개념은 유용하게 사용될 것이다.

제5절 '떠남'에 대한 신학적 이해

앞 절에서는 결혼과정에서의 모－자녀 관계변화를 심리학적 개념인 '분리'로 보는 관점에서 다루기 위하여 분리－개별화 이론과 애착 이론을 살펴보았다. 결혼과정에 관하여 자주 인용되는 성경말씀은 "이러므로 남자가 부모를 떠나 그 아내와 연합하여 둘이 한 몸을 이룰지로다(창2:24)."이다. 이 말씀은 '떠남'과 '연합함', 그리고 '한 몸을 이룸'이라는 부분으로 구분될 수 있는데, 그중 어머니와의 관계에 대한 부분은 '떠남'이라는 부분에 해당된다고 할 수 있을 것이다. 그러므로 필자는 심리학적 개념인 '분리'와 대화할 수 있는 신학적 개념을 '떠남'으로 보고 '떠남'에 대한 신학적 이해는 무엇인지 고찰해 보고자 한다.

'떠남'에 관한 신학적 연구를 살펴보면, 먼저 Clinebell(1966)은 부부가 그들 나름대로의 정체성을 이루기 위해 떠나며 그 형태는 한 쌍의 부부가 지니고 있는 개성의 상호작용과 통합과 재분화를 이루는 것이라고 했으며 떠남은 부부 성숙의 필수 요건임을 강조했다. 또한 McRae(1980)는 떠남을 지정학적인 떠남, 경제적인 떠남, 심리적인 떠남으로 이야기하였고, Trobisch(1984)는 떠남이란 결혼을 결혼으로 성립시키기 위해 반드시 이루어져야 할 공적이고 법적인 행동을 표시한다고 하였다.

오성춘(1992)은 결혼하는 남녀에게 하나님은 먼저 '떠나라'고 말씀하시며 이러한 명령은 남자의 가족공동체의 일원과 여자의 가족공동체의 일원이 본래의 공동체를 떠나 새로운 부부공동체로 재구성되는 과정의 필수적인 단계라고 하였다. 그는 이 새로운 공동체는 이전에 속하였던 가족공동체와는 엄격하게 구별되고 분리된 새로운 공동체라고 하였으며, 부부가 한 몸으로서의 새 정체성을 부여받기 위해서는 이전의 관계, 이전의 정체성, 이전의 삶의 방식 등을 떠나야 한다고 하였다. 떠남의 명령은 결국 새로운 정체성 정립의 필수조건이며 떠남이 없는 부부관계는 정체성의 혼돈을 경험하며 문제부부로 남을 수밖에 없다고 하였다. 그는 또한 부모를 떠난다는 의미는 그들이 부모에게서 받아오던 도구적 지원(instrumental support), 정서적 지원(emotional support), 정체성의 지원(identity support)을 떠나 부부공동체 자체가 남편과 아내에게 이 세 가지 지원을 하는 기본단위가 되어야 한다고 하였으며, 그러한 예로서 아브라함의 경우를 들었다. 아브라함은 하나님의 명령을 따라 본토, 친척, 아비의 집을 떠났을 때 이러한 지원을 받지 못했다. 오직 부부 가운데 현존하시는 하나님만이 이 세 가지 지원의 근원이 되셨으며, 떠남의 중요성은 다른 어떤 관계보다도 부부관계가 최우선이요, 다른 어떤 것보다도 먼저 배우자에게 책임을 지며 살아야 한다는 것이라고 하였다.

또한 김중기(1990, 1982)는 창세기 2장 24절, 마태복음 19장 5절, 마가복음 10장 7절, 에베소서 5장 31절 말씀을 결혼에 관한 성서의 결정적 선언으로 보고 "이러므로 남자가 부모를 떠나 그 아내와 연합하여 둘이 한 몸을 이룰지로다."라는 구절로 성서적 결혼을 설명하였다. 그는 '떠남'이란 결혼을 형성하는 데 있어서 불가피한 것으로 이는 법적인 혼례를 통한 표면적인 떠남 뿐만 아니라 사회적, 경제적, 정신적 자립을 의미하고, '연합'이란 부부의 인격적인 관계를 뜻하는 것으로서 사랑을 의미하며, '한 몸 됨'이란 육체적인 결합을 뜻하는 것으로서 성관계 전반에 관한 것인데, 이는 육체적인 관계뿐만이 아니라 정서적 관계, 물질적 관계 등을 통해 독립된 하나가 또 다른 하나와 합하여 전혀 새로운 하나가 된다는 것을 뜻한다고 하였다.

Anderson과 Mitchell(1993)은 "이러므로 남자가 부모를 떠나 그 아내와 연합하여 둘이 한 몸을 이룰지로다(창2:24)."라는 성경말씀을 소개하면서 가족을 떠난다는 것이 한 몸을 이루기 위한 전제조건이라고 하였다. 그들은 부모를 떠난다는 것은 자신의 일에 대해 스스로 결정하며, 가족에 대한 부적절한 정서적 의존에서 벗어나 이 세상 가운데 자신의 길을 걸어갈 준비와 의욕과 능력을 갖추는 것을 말한다고 하였다. 그러므로 떠남은 신체적인 독립의 의미가 아니라 정서적인 독립을 의미한다고 하였으며 신체적으로는 부모를 떠날 수도 있고 부모와 함께 머무를 수도 있다고 하였다. 그는 부모를 떠난다는 것을 반드시 결혼으로 인한 떠남에 국한시키지 않았으며, 결혼 전에 부모를 떠나는 것이 중요하다고 하였다. 그러나 자녀가 결혼하기 전에는 부모를 떠나지 않는 문화권에서는 결혼식이 부모를 떠나는 절대적인 분기점이 된다고 하였다. 남순현과 한성열(2003)은 한국의 청소년들은 자아정체감을 형성하여야 할 시기에 대학입시라는 중압감으로 인하여 심리사회적 유예 기간을 보내게 되기 때문에 한국 청소년의 부모로부터의 독립은 자연스럽게 유보되고 결혼에 직면하여 부모로부터의 분리를 겪게 된다고 하였다. 그러므로 본 연구에서는 한국에서의 떠남은 결혼과정에서 시작되는 것으로 보고자 한다.

떠남에 대한 Anderson과 Mitchell(1993)의 연구를 구체적으로 살펴보면 다음과 같다. 먼저 아브라함의 떠남(창12:1,4)은 하나님 말씀에 대한 반응으로 떠난 것이기 때문에 종교적 행위로 볼 수 있다고 하였다. 떠남의 요소에는 모험과 위험이 있으므로 불확실한 미래를 향해 가면서 하나님을 기꺼이 따를 때 떠남은 '초월'을 의미하며 하나님이 새로운 일을 하신다는 것을 믿으며 본토 친척 아비의 집을 떠나는 것은 믿음의 행위라고 보았다. 변화는 하나님께 속한 것이므로 떠남은 우리의 삶에 대한 하나님의 의도를 따르는 것이며, 사명(vocation)은 우리의 삶에 대한 하나님의 뜻이며 일상

삶 속에서의 사역인 것이다. 사역은 부르심(call)에 대한 우리의 응답이며, 이때 부모로서의 역할을 하나님으로부터 받은 사명으로 이해하는 부모는 자녀를 사랑으로 떠나보낸다. 자녀가 부모에게 속한 것이 아니라 하나님께 속한 것임을 알기 때문이다. 그러므로 부모의 떠나보냄은 자녀의 성숙에 대한 확신의 표현이며 하나님의 신적 돌봄에 대한 믿음의 행위라고 하였다.

또한 Anderson과 Mitchell(1993)은 예수님이 열두 제자를 부르심(막3:31 - 35)으로써 가족에 대한 제한을 두시기 시작하였다고 말하며, 떠남이 비전에 헌신하는 것을 포함할 때 떠남은 윤리적 행위가 된다고 보았다. 윤리적 행위란 인류에 공헌할 뿐만 아니라 하나님의 부르심에 응답하는 것을 의미한다. 이때 개인적 자유와 심리적 성장도 함께 이루어진다고 말할 수 있다. 예수님의 제자가 된다는 것은 그동안 익숙해 있던 원가족 안에서의 삶에 도전을 하는 것이다. 그러나 가족이란 인간에게 필수적인 것이긴 하나 인간 존재의 마지막 목표는 아니며 예수님은 가족의 붕괴를 말씀하신 것이 아니라 가족의 중요성에 한계를 부여하신 것이다. 자녀를 떠나보내는 가족은 자녀의 떠남을 감당할 수 있을 만큼 성숙되어 있어야 한다. 가족은 자녀에게 안아주는 환경이 될 필요가 있지만 또한 보내주는 환경이 되어야 한다. 왜냐하면 기독교적 관점에서는 가족 그 자체가 목표가 될 수 없기 때문이다. 가족은 보내는 공동체가 되어야 한다.

마지막으로 Anderson과 Mitchell(1993)은 탕자가 다시 집에 돌아올 때(눅15:20 - 24)에는 아버지가 다른 종들처럼 자신을 공평하게 대해 줄 것이라는 믿음이 있었다는 면에서 떠남을 성례적 행위로 보았다. 용서와 화해를 함축하고 있기 때문이다. 우리가 죄인이라는 사실을 가장 잘 아는 곳이 바로 가정이다. 가정은 우리의 죄를 숨기기가 어려운 곳이므로 그만큼 더 용서가 필요하고 또한 용서를 기대하는 장소라고 할 수 있다. 또한 부모는 자신의 죄를 용서할 수 있어야 자신의 죄가 거울처럼 반영된 자녀의 죄도 용서할 수 있게 된다. 그러므로 분노와 갈등을 지닌 가족의 생존을 위해 용서는 필수적으로 요구된다. 용서를 하지 않으면 자녀들이 자신의 원가족을 역기능적이라 여기며 원망과 적대감을 쌓아두게 되고 따라서 다시 돌아갈 수가 없게 된다. 기독교적인 가정은 동정심과 용서를 함께 나누는 곳이어야 하며, 가정은 죄인들의 공동체이므로 하나님의 사랑과 용서로 거듭나야 한다.

이상에서 살펴본 떠남에 대한 Anderson과 Mitchell(1993)의 신학적 성찰을 요약해 보면 다음과 같다.

첫째, 떠남은 종교적 행위이다. 떠남은 초월을 포함하기 때문이다. 이는 우리가 하나님이 우리의 삶 속에서 행하시는 새로운 일들에 개방되어 있다는 것을 의미한다.

둘째, 떠남은 윤리적 행위이다. 떠남은 제자도와 사명을 포함하기 때문이다. 제자의 길로 인도한다는 것은 우리가 우리 자신만의 욕구를 충족시키는 것을 넘어서 자신의 특별한 은사를 발견하고 발전시켜 사용하게 해 준다.

셋째, 떠남은 성례적 행위이다. 떠남은 용서와 화해를 포함하기 때문이다. 우리는 떠나야만 다시 돌아올 수 있게 되며, 용서와 화해와 재결합이 있을 때 다시 돌아올 수 있다.

또한 떠나보냄에 대한 Anderson과 Mitchell(1993)의 이야기를 요약해 보면 다음과 같다.

첫째, 떠나보냄은 하나님의 신적 돌봄에 대한 믿음의 행위이다.

자녀를 떠나보내는 가정은 자녀의 떠남을 감당할 수 있을 만큼 성숙되어 있어야 한다.

둘째, 떠나보냄은 가정이 자녀를 보내주는 환경이 되어야 함을 요구한다. 자녀가 예수님의 제자로서의 사명을 감당하기 위해서는 가정을 초월해야 하기 때문이다.

셋째, 떠나보냄은 떠난 자녀가 다시 돌아올 수 있도록 용서와 화해의 과정을 거쳐야 한다.

이상으로 제2장에서는 근거자료로부터 미묘한 의미를 지각할 수 있도록 이론적 민감성을 향상시키기 위하여 연구주제와 관련된 문헌들을 고찰하였다. 즉 결혼의 의미, 결혼에 대한 과정적 관점, 결혼에 대한 신학적 관점의 연구와 함께 결혼으로 인한 부모-자녀 관계의 변화, 한국의 가족과 결혼 문화에 관한 연구를 살펴보았다. 또한 모-자녀 관계에 관한 이론적 고찰을 위해서는 분리-개별화, 애착, 가족체계 이론 등을 살펴보았으며, 결혼과정의 모-자녀 관계에 대한 신학적 주제라고 할 수 있는 '떠남'에 대한 신학적 성찰도 살펴보았다. 본 연구의 목회신학적 주제라고 할 수 있는 '떠남'에 대하여는 근거이론 접근방법으로 수행되는 본 연구의 결과물을 가지고 제6장에서 재성찰하게 될 것이다. 다음 장에서는 본 연구에서 사용되는 연구방법론 및 연구 진행 과정과 평가를 소개하고자 한다.

제3장

연구방법

제1절 목회신학방법론

본 절에서는 본 연구의 신학적 주제라고 할 수 있는 '떠남'에 대한 신학적 재성찰을 하기 위한 목회신학적 방법론을 설명하기에 앞서 먼저 신학방법론의 변천을 알아보고 이를 목회신학방법론과 연결시켜 보고자 한다.

Kaufmann(1999)은 신학 작업을 3가지로 구분하였다. 첫째, 1차 신학(first－order theology)은 신학이 하나님과 세계와 인간을 우리와 대자하여 있는 대상들로 간주하여 서술하는 경우로, Kant, Schleiermacher, 그리고 Hegel의 시대에 이르기까지 서구 문화에서 수행된 대부분의 신학은 1차 신학으로 간주해야 한다고 하며 이러한 신학은 더 이상 적합한 신학이 될 수 없다고 주장하였다. 둘째, 2차 신학(second－order theology)은 신학적 개념들은 근본적으로 상상력을 통한 구성물이라는 사실을 인식하는 것으로, 비교종교학과 비교신학의 시대에 사람들이 자신들의 삶과 세계를 각각 나름대로 조망하고 있는 대안들로 인해 갈등을 증폭시키는 혼돈에 빠지게 하며 어떤 입장도 확신을 가지고 극복할 만한 근거를 가지지 못하게 된다고 하였다. 셋째, 3차 신학(third－order theology)은 2차 신학을 넘어서는 것으로서, 모든 신학적 입장들은 근본적으로 상상적 구성에 뿌리를 두고 있음을 인식하면서 분석적이고 서술적인 차원을 넘어서서 신중을 기울여 신학 개념들을 체계적으로 확립하고 신학적 상징들을 창조하는 구성적 작업을 해야 한다고 하였다.

그런 다음 그 상징적 구성 체계들을 통해 인간 실존을 조망해 보아야 한다는 것이다.

Kaufmann(1999)은 현대에는 세계 문화와의 만남이 늘어나고 문화인류학, 지식사회화, 그리고 종교사회학과 같은 학문 분야들이 발전하게 되면서, 1차 신학은 현대인들에게 더 이상 설득력 있는 대안으로 여겨질 수 없게 되었고, 2차 신학과 3차 신학은 상상적 구성에 그 기반을 두고 있으나, 2차 신학은 우리의 삶에 질서와 방향을 부여해 주지 못하고 오히려 갈등과 판단기준의 혼돈만을 초래했다고 말하면서 3차 신학의 신중한 구성 작업으로 나아가는 것이 필연적이라고 말하였다.

권수영(2006)은 Kaufmann의 신학방법론을 철학방법론의 변천과 연결시켜 1차 신학은 형이상학에 토대를 둔 객관주의 유형으로 신학이 '있음'의 순서에 따라 제1 원인인 신으로부터 전개될 수 있는 구도이며, 이때 가장 중요한 신학적 주제는 계시(revelation)라고 하였다. 또한 2차 신학은 근대의 인식론적인 전환 이후에 전개되는 주관주의 유형으로서 '앎'의 순서를 따라 인식 주체로서의 인간에게서 신학이 시작되어야 한다는 구도로서, 계시보다는 이성이 강조되며 여전히 1차 신학의 객관주의에 대한 미련을 쉽게 떨치지 못하고 비교의 논리를 기조로 전개된다고 하였다. 그 예로서 근대 신학의 단골 주제로 계시와 이성이 늘 긴장적으로 대립한다고 하면서, 이러한 신학적 논의는 인간의 땀내 나는 현실인 인간의 '삶'과는 동떨어져 있다는 비판이 제기된다고 하였다. 즉 인식자로서의 인간은 여전히 모호한 철학적이고 사변적인 개념일 뿐이지, 실제로 우리가 살아내야 하는 삶의 현실과 맞닿는 '신학하기(doing theology)'를 위한 방법론이 모색되어야 할 필요성이 등장한다고 하였다. 3차 신학은 Kaufmann이 일본의 원폭 투하 지역인 히로시마를 직접 방문한 이후에 생겨난, 보다 적극적인 삶의 자리에 대한 관심이 반영되어 있는 것으로서, 이러한 3차 신학은 인간의 삶에 작용하는 방향성을 보여주게 되는 신학 작업이라고 하였다. 권수영은 이러한 신학방법론과 목회신학방법론 혹은 목회상담방법론을 연결시킴으로써, 1차 신학적 목회상담은 '무엇'에, 2차 신학적 목회상담은 '어떻게'에 초점을 두는 반면, 3차 신학적 목회상담은 '무엇'과 '어떻게'에 '누가'와 '언제 어디에서'라는 삶의 요소를 가미한다고 하였다.

이와 같은 맥락에서 김정선(2006)은 목회신학은 '목회적인 상황에서 목회적 양식 혹은 관점으로 상황적으로 신학함'이라고 정의하면서 목회신학은 목회현장에서, 목회적 상황에서, 목회적 사건에서 출발하는 신학, 이 사건을 신학과 다른 과학으로 이해하고, 다시 실천으로 돌아가는 '실천 - 이론 - 실천'의 고리를 완성하는 신학이 되어야 한다고 하였다.

본 연구에서는 3차 신학방법론과 연결되는 3차 신학적 목회상담으로서의 신학하기(doing theology)를 위해 Hiltner의 목회신학방법론을 사용하고자 한다. Hunter(1980)는 목회신학의 방법론에 관한 연구는 긍정적이든 부정적이든 Hiltner의 정의에 대한 비평으로 시작된다고 하였다.

Hiltner(1968)의 목회신학은 관점론(perspectives)에 근거하고 있다. 그에 따르면 관점론이란 "느끼고 있거나 관찰하고 있거나 혹은 도와주고 있는 주관자(主管者)의 견해점"을 의미하며 또한 주관자와 객관자의 관계를 전제로 삼았다. 곧 주관자인 목회자의 견해와 객관자인 회중의 요청이 상호 수용적일 때 바람직한 관점이 형성된다고 보았으며, Hiltner는 이러한 관점을 상관관계적(correlational)

이라고 말하였다.

이러한 상관관계적 관점(correlation of perspectives)은 Lewin 등에 의해 주장된 문제를 통합적으로 파악하면서 인간집단의 과정을 중요시하는 사회과학적 방법인 장이론(field theory)을 응용한 것이다(이기춘, 1989). Hiltner는 장이론을 활용하여 복음을 소통(communicating)하는 방법이나 교회를 이해하는 방법에 적용하였는데, 복음을 바로 전하려면 복음의 초점을 파악해야 하며 복음이 위치한 문화적 영역이나 연관된 지식과 더불어 본래의 의미와 상황적 의미가 연결되도록 해야 한다고 보았다. 교회가 바르게 그 기능을 발휘하려면 교회의 친교적 조직 속에서 회중들이 보호와 양육을 받아야 한다. Hiltner는 이러한 점들을 힘과 위치와 방향을 내포하고 있는 벡터(vector)란 개념이나 자력(磁力)의 인력(引力) 개념을 도입해서 설명하고 있다. 이러한 신학적 사고방식은 기독교신앙 속에서 발견되는 질문이나 해답들을 세속적인 학문적 관점 속에서 발견되는 암시적인 질문이나 해답들과 연결시키기 때문에 생겨나는 당연한 결과이다(이기춘, 1989). Browning(1980)은 Hiltner의 이러한 관점론을 Tillich의 상관관계법보다는 Tracy의 수정된 상관관계법(revised correalational method)에 접근한 것이라고 평가하였다. 상관관계법은 실존적 질문과 기독교 계시의 대답을 상호 연관시키는 것이며, 수정된 상관관계법은 다양한 세속적 관점을 갖는 질문과 응답을 기독교 신앙 안에서의 질문과 응답으로 상호 연관시키는 것을 의미한다. Browning(1980)은 Hiltner가 신앙으로 시작해서 신앙적 직관을 공적인 영역으로 가져왔으며, 공적인 논의로 인도하고 신앙적 사실에 대해 비판적으로 성찰하고, 우리의 일상생활의 맥락이라 할 수 있는 병원 등의 공적 장소와 공동체의 맥락 속에서 신앙의 타당성에 대해 공적으로 변호

할 수 있는 이유들을 발전시키고자 했다는 점에서 수정된 상관관계
법에 가깝다고 하였다.

Hiltner(1968)는 관점론에 따라 세 가지 분야의 목회신학적 관점
을 체계화시켰다. 첫째는 목양적 관점(shepherding perspective)으로
그 대상은 인간(회중)이다. 둘째는 소통적 관점(communicating perspective)
으로 그 대상은 복음이다. 셋째는 조직적 관점(organizing perspective)으
로 그 대상은 교회이다. 그는 목회신학이란 바로 목양적 관점에서
시도하는 학문으로 보고, 목회신학을 "목양의 관점에서 교회나 목
사의 모든 활동과 기능을 보며 신학적 질문과 신학적인 결론을 내
리는 기능 중심 신학의 한 가지(branch)"라고 정의하였다.

이에 대해 권수영(2006)은 Hiltner의 목양적 관점은 단순히 목자
(목회자)가 한 양(교인)을 어떻게 보는가의 개인적 시각이나 세계관
의 문제이기보다는 성서에서 드러난 목양의 모습을 지금 실천하는
데에 필요한 다양한 학문적 방법들을 운용하는 새로운 신학하기
(doing theology)를 성찰하는 과정이라고 하였다. 그러므로 목회신
학은 논리중심 신학이 아니라 보다 구체적인 행동 - 기능중심 신학
이 되며, 신학의 다른 분야와 다른 점이 없이 동일한 신앙의 공동
유산(인간, 하나님, 죄, 구원과 같은 개념)을 그대로 사용하게 되지
만, 그러한 주제를 1차 신학 혹은 2차 신학적으로 다루기보다는
삶의 현장에서 만나는 내담자의 죄의 문제, 그의 하나님 인식의
문제로 재해석하는 보다 3차 신학적인 틀 안에서 성찰하는 명확한
차이가 있다고 하였다.

Hiltner(1968)는 신학과 제휴할 수 있는 인접학문이 제공해 주는
새로운 지식은 하나의 방법이나 기술로 끝나지 않고 목양의 내용
을 반성해 보고 풍요롭게 개선하는 데 도움을 준다고 보았다. Hiltner

에게 있어서 기독교 신앙을 다루는 논리신학과 기독교 생활을 다루는 기능신학은 따로 떨어져 있는 것이 아니며 이 둘은 교역의 과제를 향해 기능적으로 연결되어 있다고 하였는데, 그럼에도 불구하고 그의 신학체계의 구조는 목양적 관점에 기능적으로 초점이 맞춰져 있다(이기춘, 1989).

이와 같은 Hiltner(1968)의 목회신학의 초점인 목양적 관점의 세 가지 기능은 치유(healing), 지탱(sustaining) 및 인도(guiding)이다. 치유는 인간의 원래적 상태를 회복시켜 주는 것으로서 올바른 방향설정을 통해 손상을 입은 상태로부터 기능적인 완전성을 회복시켜 주는 것이다. 지탱은 전체적인 상황을 변경시킬 수 없거나 최소한 현시점에서는 원래의 상태로 되돌아갈 수 없는 상황에 적용되는 것으로서 신체적으로나 정신적으로 위기를 당한 경우 더 이상 악화되지 않도록 기다리고 격려해 주어야 하는 경우에 적용된다. 또한 인도란 개인의 복지를 돌보는 목양적 기능으로서 목회상담을 의미한다. 이는 위기에 처한 개인이 스스로의 내적인 힘을 발휘할 수 있도록 유도적(eductive)으로 인도하는 것이라고 하였다. 또한 Hiltner(1968)는 치유, 지탱, 인도의 기능은 어떤 사건을 처리할 때 언제나 분리시킬 수 있는 것이 아니라 연계되어 있다고 본다. 예를 들어 선한 사마리아 사람의 이야기에서 상처를 싸매 준 것은 치유이고 물 한 잔 준 것은 지탱이며 주막으로 데리고 간 것은 인도인 것이다. Hiltner는 치유와 지탱과 인도의 관심을 교회라고 하는 조직적 기구에 얽매이지 않고 회중을 개인적으로 돌보는 상담적 기능으로 확정했다. 그래서 그의 세 가지 관점 중 전달과 조직이라는 집단적 관점은 개인적 관점인 목양적 관점에 비해 간접적이고 부차적인 것이라고 스스로 말하고 있다(이기춘, 1989).

Rogers와 Dewey로부터 영향을 받은 Hiltner는 이러한 목양적 관점의 기능을 수행하기 위한 방법으로서 임상적 차원의 상담축어록(verbatim)을 사용하였으며, 이러한 방법론적 접근으로 인해 그의 신학적 방법을 귀납적 방법이라고 말할 수 있는 것이다(이기춘, 1989).

한편 Hunter(1980)는 Hiltner와 Browning을 비교하면서, Hiltner에 대하여는 목회현장의 실재와 가능성으로부터 경험적인 분석을 통해 일반화시키는 것에 관심을 가지고 사례와 경험을 중시하는 귀납적인 방법을 선호하였다고 평가한 반면, Browning은 편협한 경험에 의한 분석보다는 사회문화적, 역사적 경험과 같은 폭넓은 조사를 선호함으로써 구체적 묘사에 의한 일반화보다는 조직적, 추상적 이론화를 선호했다고 말하면서, 비록 Browning 자신이 경험적이고 실용적이길 원했으나 결과적으로 그의 이론은 연역적이라고 평가하였다.

Hiltner의 목회신학은 목회와 심리학의 실용적, 기능적 제휴로 인해서 말씀 선포에는 관심을 기울이지 못했다. 그 대신 심리학적 해석학을 통하여 자유주의적인 경건주의 속으로 빠져 목회상담학으로 그 분출구를 찾아냈다. 또한 방법론상으로는 타 학문을 폭넓게 포용해서 치유, 지탱, 인도라는 기능으로 연장시켰으며 결과적으로 목양적 돌봄이나 목회상담이 신학의 목표가 되었다(이기춘, 1989).

심리학에 대한 이와 같은 상호보완적 대등관계는 상담가로서의 목사의 역할을 '고정된 역할'(fixed – role)이 아니라 '유동적 역할'(fluid – role)의 수행자로 인식하도록 만든다. 고정된 역할은 명확한 전문성을 가지고 다른 사람의 개입을 필요로 하지 않는 역할이다.

그러나 유동적 역할은 다른 전문가들과 공조체제를 통해서 협동으로 수행되는 역할이다. 이것은 목사의 상담역할이 세속적인 전문가들과 공조체제를 유지하지 않고서는 수행될 수 없다는 사실을 의미한다. Hiltner는 이 유동적 역할을 수행하기 위해서는 교차학문적 연구기회(interdepartmental study opportunities)를 통해서 생리학, 각종 심리학, 각 학파의 상담이론, 사회학, 문화인류학 등 인간 발달의 총체적인 배경을 알아야 한다고 주장하였다. 그렇지 않으면 실천신학적인 성격을 가진 모든 고등교육 훈련이 실제로는 그 기능에 있어서 목회적인 초점을 갖지 않은 세속적인 훈련에 주도권을 빼앗기는 현실과 직면하게 될 것이라고 경고하였다(이기춘, 1989).

그러나 Hiltner가 경험을 중시하고 심리학 등 타 학문의 도움을 받아 신학적 성찰을 하는 것을 중시했음에도 불구하고, 이러한 Hiltner의 목회신학에 대하여 Hunter(1980)는 Hiltnerian들은 목회적 관점에서 사례 분석을 통해 무엇을 얻을 수 있는지에 대한 명료한 설명을 하지 못했다고 비판하면서 목회신학에 대하여 기능중심으로 접근한 것이 문제가 아니라 그에 대한 본질적 활용방안이 문제라고 하였다.

그러므로 필자는 사례와 경험을 통해 귀납적으로 신학적 성찰을 하는 Hiltner의 목회신학방법론을 사용하되, Hiltner가 비판받고 있는 활용방안의 부족함을 극복하기 위하여 경험을 통해 얻은 신학적 성찰을 다시 목회현장에서 실천하는 방법으로서 목회상담 전략을 제안하고자 한다.

또한 신학적 질문에 대하여 심리학 등 타 학문의 도움을 받아 신학적 성찰을 하는 Hiltner의 목회신학방법론에 따라 본 연구를 진행함에 있어서, 필자는 근거이론 접근방법을 사용하고자 한다. 근거이론 접근방법은 연구하려는 현상에 대하여 체계적으로 자료를 수집하고 적절한 분석을 수행함으로써 새로운 이론을 만들고, 이 이론의 타당성을 다시 자료에 비추어 검증하면서 점차 세련된 이론으로 발전시키는 귀납적 이론 구성의 질적 연구방법이다(박성희, 2004). 따라서 근거이론 접근방법은 Hiltner의 목회신학방법론을 적용하기에 적절한 방법론이라 할 수 있겠다.

요약하면 본 연구에서는 신학적 주제라고 할 수 있는 '떠남'에 대한 재성찰을 하기 위해, 결혼과정을 겪은 자녀와 어머니의 목소리를 통해 그들의 '분리' 경험을 심리학의 도움을 받아 구체적으로 알아보는 경험을 가지고 다시 기독교적 '떠남'에 대한 재성찰을 할 것이다. 또한 이러한 이론의 재성찰을 거쳐 목회현장에서 적용할 수 있는 목회상담 프로그램을 제안하는 '실천－이론의 재성찰－실천'이라는 목회신학으로서의 신학하기(doing theology) 작업을 하고자 한다.

제2절 질적 연구: 근거이론

필자가 결혼과정에서 나타나는 모－자녀 관계의 과정적 경험을 살펴보고 개념화하기 위해서 근거이론을 택한 이유는 다음과 같다.

첫째, 결혼을 하나의 과정으로 보고 모－자녀 관계에 관한 연구를 시도하기 위해서는 그들과의 심층면접을 통한 면밀한 상호작용의 파악이 중요하다. 현재까지 결혼과정에 대한 선행연구가 미비한

상태에서 상담에 적용할 수 있는 실체이론(substantive theory)을 개발하기 위해서는, 이론적 근거를 세우고 설문지 조사를 통해 통계를 내는 연구방법이 아닌, 현장에서의 관찰과 면접을 통한 질적 연구방법, 그중에서도 연구를 통해 그 실체를 이론적으로 공식화하여 얻어진 결과를 제시하는 근거이론 접근방법이 적절하다.

둘째, 근거이론을 택한 또 다른 이유는 연구 질문이 과정이나 단계에 관한 것일 경우 가장 적합한 방법론이 근거이론이기 때문이다. 근거이론은 시간에 따른 변화를 허용하고, 인간의 상호작용 내에 존재하는 사회심리적 과정을 탐색하기 위한 연구방법이라고 할 수 있다(신경림 외, 2004).

셋째, 본 연구는 결혼과정에 나타나는 모 - 자녀 관계를 살펴보되 시간적 흐름의 관점뿐만이 아니라 다양한 정서, 환경, 신앙 등의 요소들의 상호작용을 보고자 하는 것인데, 근거이론은 상징적 상호작용주의로부터 비롯된 이론으로서 이러한 상호작용을 연구하기에 적합하다고 할 수 있다.

근거이론 방법론은 사회심리학자인 Mead(1934)가 창시하였고 그의 제자 Blumer(1969)가 발전시킨 상징적 상호작용론에 철학적 근거를 두고 있다(Munhall, 2001). 상징적 상호작용론은 상징적 의사소통을 통해 개인과 사회와의 관계를 설명한다(Milliken & Schreiber, 2000). 즉 상징적 상호작용론은 개인이 어떻게 느끼고 경험하고 사회적 구조에 의미를 부여하는가를 조사하고 가족, 집단, 조직, 지역사회가 독특한 상황에 어떻게 의미를 부여하는가에 관심을 갖는다(신경림 외, 2004). 이러한 상징적 상호작용론자들의 주장에 근거하여 Glaser와 Strauss(1967)는 근거이론 방법론을 개발하였다.

근거이론의 접근방법(grounded theory approach)이란 일련의 체계적인 과정을 통하여 어떤 현상에 대해 귀납적으로 이끌어진 하나의 근거이론을 발전시키는 질적 연구방식이다(Strauss & Corbin, 1990). 본 연구의 진행방식인 근거이론에 대한 설명을 하기 이전에 먼저 질적 연구가 무엇인지에 대해 간략히 살펴보고자 한다.

질적 연구(qualitative research)란 통계적 과정이나 다른 양적 방법으로 얻어질 수 없는 성과를 가져올 수 있는 특수한 연구방법으로서, 다양한 방법을 통해 수집한 자료들로부터 비수학적 분석과정으로 결과물을 추출하는 연구방법이다. Creswell(1998)은 대표적인 질적 연구로서 전기, 현상학적 연구, 근거이론 연구, 문화기술지, 사례연구 등을 들었다. 주로 사회과학이나 행동과학 연구 분야의 연구자들, 그리고 인간 행동과 기능에 관한 문제들과 관련된 분야의 종사자들에 의해 이루어지고 있는 질적 연구는 제한된 맥락에서 연구자가 가설적으로 설정한 관계(특히 상관관계나 인과관계)의 타당성을 입증해 보이는 데 치중을 하는 양적 연구와는 방법론에 있어서 서로 상이하나, 오히려 그러한 점 때문에 양자가 상호보완적인 역할을 할 수 있다. 특히 어떠한 현상을 수반한 경험들의 본질을 밝히려는 의도를 가진 연구에는 질적 연구방법이 효과적인데, 이는 질적 연구방법이 어떤 현상 뒤에 놓인 거의 알려지지 않은 것들을 밝히고 이해하는 데 사용될 수 있기 때문이며, 이미 상당히 알려진 것들에 대해서도 새로운 시각을 얻을 수 있고, 양적 연구방법으로는 설명할 수 없는 복잡한 현상에 관해 상세한 설명을 해 줄 수도 있기 때문이다. 질적 연구의 기본 요소로는 면담과 관찰을 통한 자료 수집, 연구결과를 도출시키는 분석과 해석절차, 그리고 서면 혹은 구두보고 등을 들 수 있다.

질적 연구의 접근방식에 대해서는 학자들 간의 의견 차이가 있어 왔는데, 일부 학자들은 연구자가 연구 자료를 분석하거나 해석하지 말고 있는 그대로를 보여주어야 한다고 하며, 또 다른 학자들은 연구자가 자신의 해석을 통해 자료와 결과를 정확히 묘사해야 한다고 주장한다. 그리고 이 외에도 이론 정립에 관심을 가지고 있는 학자들이 있어 자료를 해석하고 개념화하여 사실과의 관계를 이론적으로 공식화하는 방법을 택하게 되는데, 근거이론 접근법은 바로 이러한 연구방법이다(Strauss & Corbin, 1990).

근거이론 접근방법은 그 현상에 적합한 개념적인 틀이 아직 명확하게 확인되지 않고 개념 간의 관계에 대한 이해가 부족하거나 특정한 문제에 대한 반복연구가 수행되지 않아 적합한 변수들과 적합지 않은 변수들을 결정할 수 없을 때 사용하는 방법이다. Stern(1980)은 근거이론 접근방법은 체계적이며 과정을 적용하여 궁극적으로 근거이론 방법론을 개발하는 것, 즉 특별한 현상을 이론적으로 설명하는 것이라고 하였다.

이러한 근거이론 접근방법의 주요 특징을 Strauss와 Corbin(1990)의 설명을 중심으로 간략히 기술하기로 한다(현명선, 1997).

첫째, 근거이론 방법을 사용하는 주목적은 이론을 정립시키는 것이기 때문에 현상을 깊이 탐구하기 위한 자유스럽고 유동성 있는 연구 질문이 필요하다. 근거이론 방법에서의 연구문제는 "특정상황이나 어떤 조건하에서 상호작용과 그 상호작용으로 인해 초래된 결과 등을 설명하는 기본적인 사회심리적 과정은 무엇인가?"이다.

둘째, 이론적 민감성(theoretical sensitivity)이란 자료 속에서 중요한 것을 알아보고 그것에 의미를 부여할 줄 아는 연구자의 능력으로서, 전문적인 경험 및 개인적인 경험과 학문적인 문헌으로부터 형성된다. 또한 이론적인 민감성은 분석과정 그 자체에서도 중요한 데, 즉 자료를 수집하고 자료에 대해 질문을 던져서 비교하고 자신이 본 것에 대해 생각하면서 가설을 세우고, 개념과 그들의 연관성에 대해 잠정적으로 이론적인 기틀을 세워 나가는 과정에서도 이론적인 민감성인 이해와 통찰력이 요구된다.

셋째, 근거이론에서의 문헌고찰은 자료 분석을 좀 더 완벽하게 하기 위해서 수행되는 계속적인 과정으로, 완전한 진리라기보다는 하나의 자료로서 취급된다는 특징을 가진다. 또한 연구의 종결부에 가서는 연구자는 기존의 문헌에서 얻게 되는 상황적 맥락에 의해서 자신이 도출한 이론이 어디에 위치하는지에 대한 아이디어를 얻을 수 있다.

넷째, 코딩(coding) 과정은 개방 코딩(open coding), 축 코딩(axial coding), 선택 코딩(selective coding)의 3단계로 나눠지는데, 개방 코딩은 면밀한 자료검토를 통해 현상에 이름을 붙이고 범주화시키는 일종의 분석 작업이다. 범주화란 똑같은 현상에 속하는 것처럼 보이는 개념들을 그룹 짓는 과정을 말하는데, 범주를 발전시키기 시작할 때에는 그 속성에 의거해서 하게 되며, 그때 속성은 일정하게 차원화된다. 즉 속성은 범주의 특성이고 차원은 연속선상에서 속성의 위치를 나타내는 것이다. 축 코딩은 범주나 하위범주들을 패러다임에 따라 관계를 짓는 것이다. 즉 범주들은 인과적 조건, 현상, 맥락, 중재적 조건, 작용/상호작용 전략, 결과들을 나타내는 범주에 따라 연결된다. 현상(phenomena)은 어떤 작용/상호작용에 의해 다루어지고 조절되거나 관계를 맺고 있는 중심 생각이나 사건들이다. 인과적 조건(causal condition)은 어떤 현상을 일어나게 하거나 발전하도록 하는 사건을 말한다. 맥락(context)은 어떤 현상이 놓여 있는 일련의 속성들의 구체적인 나열이며, 중재적 조건

(intervening condition)은 특정한 맥락 내에서 취해지는 작용/상호작용 전략을 촉진하거나 억제하기 위해 작용하는 조건이다. 작용/상호작용 전략(action/interaction strategy)은 현상을 다루고 조절하고 수행하고 반응하는 데 쓰이는 전략이며, 연속적이며 과정적인 특성이 있다. 결과(consequence)는 작용/상호작용 전략에 따른 결과를 말한다. 축 코딩을 하는 동안에 연역적으로 제안된 모든 가설적인 관계는 계속 얻어지는 자료와 반복적으로 대조, 검증될 때까지 임시적인 것으로 여겨져야 한다. 선택 코딩은 핵심범주를 선택하고 핵심범주와 다른 범주들을 연결시킨 관계에 대한 진술문을 만들고 그러한 관계진술문에 대해서 확인하면서 범주를 좀 더 정련화시키는 과정이다. 즉 모든 범주들이 하나의 핵심범주를 중심으로 통합되어 하나의 이론이 구축되는 과정으로서, 이야기 윤곽을 통해 핵심 범주를 찾아내고, 중심 현상과 다른 범주들과의 관계를 통해 유형을 분석하고, 가설적 관계 진술문을 만든 후 가설을 도출하여 근거이론으로 제시하게 된다.

제3절 연구 진행 과정

근거이론 연구의 진행은 예비 조사, 연구 설계, 자료 수집, 자료 분석, 결과 해석 및 글쓰기의 순서로 이루어졌다. 이를 간단히 정리하면 <그림 1>과 같다.

〈그림 1〉 근거이론 연구진행 과정

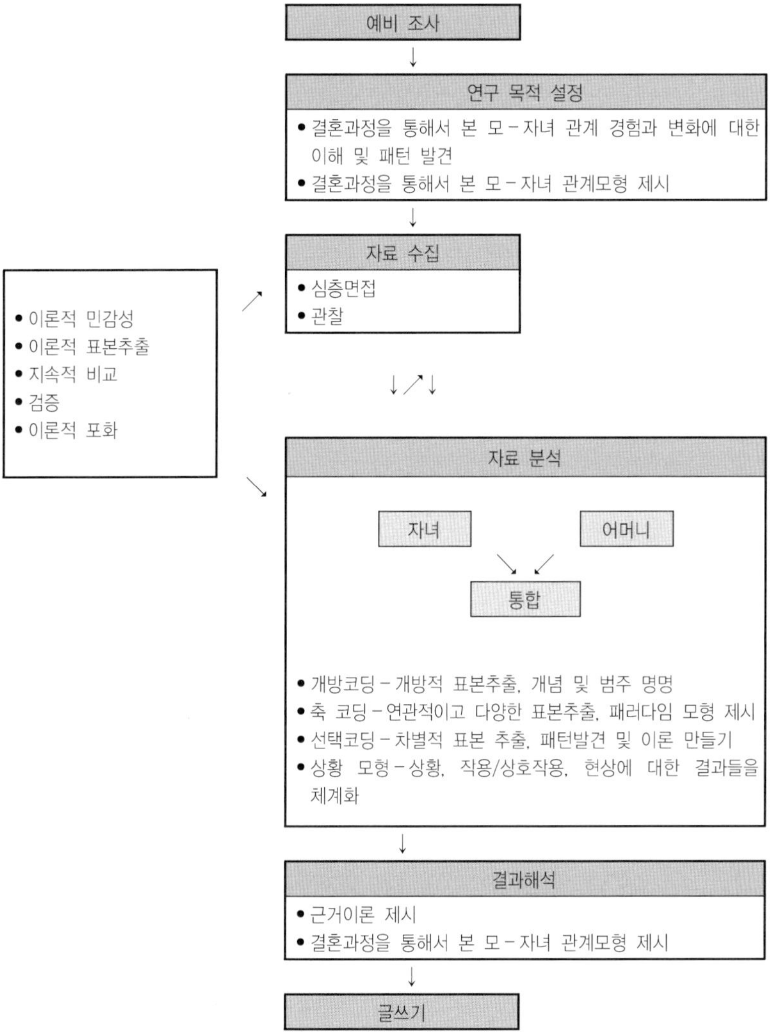

```
┌─────────────────┐
│     예비 조사     │
└─────────────────┘
         ↓
┌───────────────────────────────────────────────┐
│                  연구 목적 설정                   │
├───────────────────────────────────────────────┤
│ • 결혼과정을 통해서 본 모 - 자녀 관계 경험과 변화에 대한 │
│   이해 및 패턴 발견                               │
│ • 결혼과정을 통해서 본 모 - 자녀 관계모형 제시        │
└───────────────────────────────────────────────┘
         ↓
┌─────────────────┐
│     자료 수집     │
├─────────────────┤
│ • 심층면접        │
│ • 관찰           │
└─────────────────┘
```

┌─────────────────┐
│ • 이론적 민감성   │
│ • 이론적 표본추출   │
│ • 지속적 비교   │
│ • 검증   │
│ • 이론적 포화   │
└─────────────────┘

↓ ↗ ↓

```
┌───────────────────────────────────────────────┐
│                   자료 분석                      │
│                                                │
│   ┌─────────┐              ┌─────────┐         │
│   │   자녀   │              │  어머니  │         │
│   └─────────┘              └─────────┘         │
│            ↘            ↙                        │
│            ┌─────────┐                          │
│            │   통합   │                          │
│            └─────────┘                          │
│                                                │
│ • 개방코딩 - 개방적 표본추출, 개념 및 범주 명명        │
│ • 축 코딩 - 연관적이고 다양한 표본추출, 패러다임 모형 제시 │
│ • 선택코딩 - 차별적 표본 추출, 패턴발견 및 이론 만들기   │
│ • 상황 모형 - 상황, 작용/상호작용, 현상에 대한 결과들을   │
│   체계화                                        │
└───────────────────────────────────────────────┘
         ↓
┌───────────────────────────────────────────────┐
│                   결과해석                       │
├───────────────────────────────────────────────┤
│ • 근거이론 제시                                   │
│ • 결혼과정을 통해서 본 모 - 자녀 관계모형 제시        │
└───────────────────────────────────────────────┘
         ↓
┌─────────────────┐
│      글쓰기       │
└─────────────────┘
```

1. 예비 조사 및 연구 설계

필자는 2006년 10월부터 2007년 5월까지 필자가 출석하고 있는 서울에 있는 ××교회의 성경대학에 개설된 기독교 가족상담 세미나를 인도하였는데, 참여자들은 결혼을 하지 않은 청년들로부터 결혼식 날짜를 잡고 결혼을 준비하는 청년들, 그리고 신혼기에 있는 사람들, 결혼한 지 오랜 세월이 지난 사람들, 그리고 자녀의 결혼을 앞두고 있는 사람들, 자녀들을 모두 결혼시키고 손자가 있는 사람들에 이르기까지 그 연령대가 매우 다양하였다. 가족상담 세미나는 전반부는 가족상담에 대한 강의식으로 진행되고 후반부는 강의 내용에 대한 토론의 형식으로 진행되었다. 따라서 가족구성원들의 관계문제가 많이 거론되었고 참여한 사람들은 남자는 소수인데 반하여 여자가 대다수였기 때문에 어머니와 자녀와의 관계에 대한 이야기가 많이 거론되게 되었다. 특히 자녀의 결혼을 앞두고 결혼준비를 맡아서 진행시키고 있는 어머니들의 경우는 상당한 경제적 부담감과 함께 심리적 불안에 대한 이야기를 하는 것을 볼 수 있었다.

또한 필자는 2006년 10월에 본 연구를 위한 예비조사를 실시하였다. 예비조사 대상자는 결혼식 날짜를 잡고 결혼 준비를 하고 있는 남자 청년과 그 어머니, 그리고 결혼한 지 3년이 지난 여자 성도와 그 어머니 등 4명이었으며 필자는 그 어머니들과 ○○사역을 위한 기도 모임을 통해 알고 지내는 사이였다.

예비조사 대상자들에게 본 연구의 목적과 취지를 설명한 후 면접내용에 대한 녹음을 허락받은 후 개방적인 질문을 통해 심층면접을 진행하였다. 4명을 각각 따로 만났으며 어머니들은 기도 모임 장소에서 만났고 자녀들은 커피숍에서 만나 면접을 진행하였다. 예비조사 내용을 분석한 결과, 결혼식 날짜를 잡고 결혼 준비를 하고 있는 남자 청년과 어머니의 경우는 결혼 후에 살게 될 집을 마련하는 것이 가장 큰 문제로 대두되었고, 경제적인 문제로 인해 모-자간 갈등이 생기기도 하였으며, 자녀가 어머니에게 의존하는 모습을 볼 수 있었다. 어머니 역시 경제적인 어려움을 토로하며 자녀에 대한 양가감정을 이야기하였다. 결혼을 준비하는 과정에서 어려움과 설렘이 교차하는 심정을 이야기하기도 하였다. 또한 결혼한 지 3년 된 여자 성도와 그 어머니의 경우, 자녀는 결혼을 하고 나니 생활의 모든 것이 바뀌었다고 말하였다. 결혼 전에는 자기중심의 생활을 했었는데 결혼을 하고 나니 자신보다도 배우자나 가족 전체를 중심으로 생활하게 된다고 하면서 자기개발에 대한 욕구를 충족시키지 못하는 것에 대해 아쉬움과 갈등을 느끼고 있었다. 자녀는 어머니에 대한 마음이 전보다 더 애틋해졌다고 고백하였고 어머니를 이제 더 잘 이해하게 되었고 감사하는 마음이 더 많이 생겼다고 말하였다. 자녀는 어머니와의 관계를 결혼 전과 비교해 볼 때 비록 어머니를 자주 만나지는 못하지만 심리적으로는 더 가깝게 느끼게 되었다고 말하였다. 어머니는 자녀를 결혼시키는 과정에서 하나님이 함께하신다는 것을 느꼈다고 고백하였으며, 그리하여 자녀를 결혼시킨 후 신앙생활을 더욱 열심히 하게 되었고 자녀에 대한 모든 염려나 바람을 하나님께 간구함으로써 하나님이 모든 상황을 잘 인도해 주실 것을 믿는다고 하였다.

필자는 예비조사에서 얻게 된 이러한 사전 지식을 기초로 본 연구의 연구 질문을 확립하였다. 연구 질문은 '결혼과정이 그 과정을 경험하고 있는 자녀와 어머니에게 있어서 무엇을 의미하며 그들

관계에는 어떤 영향을 주는가? 결혼과정의 신학적 의미는 무엇인가? 결혼과정을 경험하고 있는 기독교인들을 위한 목회상담 전략은 무엇인가?'이었다. 이러한 연구 질문을 가지고 본 연구에서는 첫째, 결혼과정을 통해서 본 모-자녀 관계변화를 과정적으로 탐색하고 둘째, 이러한 탐색을 통해 결혼과정에 나타나는 모-자녀 관계변화의 패턴을 발견하며 셋째, 이에 관한 신학적 성찰을 통해 목회상담 전략을 개발하기로 하였다.

또한 연구가 설계된 후 2007년 5월 연세 신학 콜로키움에서 본 연구의 목적과 방법론, 연구 진행 상황 등에 대해 발표하고 교수, 학생들로부터 피드백을 받았다.

2. 연구 대상

본 연구에서는 Strauss와 Corbin(1990)이 제시한 이론적 표본추출 (theoretical sampling) 방법에 따라 개방적 표본추출(open sampling)과 더불어 연관적이고 다양한 표본추출(relational and variational sampling), 그리고 차별적 표본추출(discriminate sampling)을 실시할 것을 고려하여 연구대상을 선정하였다. 개방적 표본추출은 개방 코딩과 관련이 있으며 잠재적으로 현상에 포함된 범주를 가능한 한 많이 발견하기 위한 것이고, 연관적이고 다양한 표본추출은 축 코딩과 관련되어 차원적 단계의 차이점 찾기를 최대화하기 위한 것이다. 또한 차별적 표본추출은 선택 코딩과 관련이 있으며 이야기 윤곽과 범주들 사이의 관계를 증명하는 기회를 최대화하면서 불충분하게 전개된 범주들을 채우기 위한 것이다. 여기서 표본추출을 한다는 것은 사람들 자체가 아니라 사건들을 표본추출한다는 것에 유의해야 한다. 따라서 표본추출을 하기에 적합한 사람들을 연구대상자로 선정하는 것에 유의하였다.

본 연구에서는 기독교인이면서 이미 결혼과정을 경험한 자녀와 그 어머니를 대상으로 연구를 진행하기로 하였다. 이는 그들의 경험을 과정적으로 탐색하기 위한 것으로, 아직 결혼을 하지 않은 상태에서 준비 중에 있는 사람들의 경우에는 과정의 어느 일부분만을 경험하고 있다고 볼 수 있으므로 이론적 표본추출을 하기에 부적합하다고 보았기 때문이다. 그러므로 필자는 필자가 출석하는 교회의 교인들 중 결혼과정을 경험한 사람들, 또한 교인들 중에서 가족상담 세미나를 통해서 만났던 사람들 가운데 결혼과정을 경험한 사람들, 그리고 기독교선교단체에서 만났던 사람들 중 결혼과정을 경험한 사람들, 그 외에도 학부모 모임을 통해 필자와 안면이 있는 기독교인들 중 결혼과정을 경험한 사람들 중에서 개방적 표본추출과 연관적이고 다양한 표본추출, 그리고 차별적 표본추출을 하기에 적합하다고 생각되는 사람들을 연구대상자로 선정하였다. 즉 예비조사 결과를 기초로 하여 '개념의 대표성'과 함께 그들이 변화하는 형태를 보여줄 수 있는 사람들을 연구대상자로 선정하였는데, 이러한 선정 작업은 필자가 그들과 안면이 있음으로 인해 그들을 관찰할 수 있었다는 사실이 본 연구에서 드러나는 개념의 대표성과 변화 형태를 보여줄 수 있는 대상을 선택하게 하는 것을 가능하게 해 준다고 보았기 때문이다. 그러나 한편으로 이러한 관계로 인해 필자의 선이해와 선입견이 그들이 말하고 드러내는 바를 듣고 탐색하는 데 있어서 그들이 표현하고자 하는 그대로를 받아들이지 못하고 필자의 주관적인 시각으로 인해 어떠한 영향을 줄 수도 있다고 생각하여 필자 자신의 생각이나 판단을 중지하는 데에 특별히 유의하며 자료에 민감해지려고 노력하였다. 즉 필자가 문헌고찰을 통해 알게 된 선이해와 관찰했던 내용들을 그대로 연구의 자료로 사용하지 않았다. 이는 기존의 이론들에 의해 영향을 받는다면 근거이론으로서의 특성이 사라지기 때문이며 관찰로 얻은 내용들을 따로 노트에 기록하여 원자료와 구분함으로써 필자의 주관적 견해가 원자료에 포함되지 않도록 하였다. 따라서 문헌고찰이나 관찰을 통해 갖게 된 지식은 반드시 연구대상자들에게 다시 질문을 통해 확인함으로써 원자료를 얻었으며 질문을 던질 때에도 필자의 관찰에 근거하지 않고 일반적인 질문으로부터 시작하여 특수한 부분으로 진행해 나갔다.

이러한 기준에 의해 기독교 가정의 결혼한 자녀 12명(아들 6명, 딸 6명)과 그들의 어머니 12명 등 총 24명이 본 연구에 참여하였다. 결혼과정에 있는 그들의 생생한 목소리를 담아낼 뿐만 아니라 결혼 후 일정한 시간이 지난 뒤 그들이 결혼과정에 대하여 어떻게 인식하고 있는지를 알아보기 위하여 결혼한 지 1개월 된 자녀로부터 결혼한 지 19년 된 자녀에 이르기까지를 연구대상에 포함시켰으며, 학력은 고졸에서 대학원 졸업자까지 포함되었다. 그들의 어머니들은 40대 후반에서 70대 초반에 이르며 학력은 초등학교 졸업자로부터 대학교 졸업자까지이다.

연구 참여자를 선정하는 과정에서 먼저 연구 참여자가 자녀와 어머니로 커플을 이루어야 하기 때문에 양쪽 당사자의 허락을 받은 후 연구 참여자로 확정을 하였다. 필자는 연구의 목적을 설명한 후 연구의 취지에 동의한 사람들만을 대상으로 면접을 실시하였다. 필자가 본 연구에의 동참을 부탁한 사람들 중에는 어머니나 자녀 어느 한쪽만을 대상으로 면접을 실시하는 것에 비해 어머니와 자녀가 함께 면접을 해야 한다는 것에 부담감을 느끼며 거절하는 경우도 있었다. 필자가 자녀와 어머니 양쪽과 모두 안면이 있는 경우는 6사례 12명이었고, 자녀와만 안면이 있는 경우는 2사례 4명이었으며, 어머니와만 안면이 있는 경우는 4사례 8명이었다. 즉 연구 참여자들 중 18명이 필자와 안면이 있었던 사이였다. 필자는 신혼기 자녀, 결혼 5년 이내 자녀, 10년 이내 자녀, 10년 이상 된 자녀들을 고루 면접하기 위하여 결혼 기간을 염두에 두었는데, 결혼한 지 오랜 시간이 지난 사람도 연구대상으로 포함한 이유는 시간의 경과에 의한 결혼과정 인식의 차이를 알아보고 결혼과정에 대한 해석적 논의의 자료를 얻기 위해서였다. 그러나 그들을 심층면접할 때에는 결혼과정을 경험했던 시기를 중심으로 면접을 진행하였으며 시간이 지나 어떤 차이가 생겼는지는 보조적 자료로 사용하여 논의의 과정에서 활용하였다. 또한 아들과 딸의 경우가 다른지의 여부에도 관심을 가지고 있었기 때문에 대상자를 아들 6명, 딸 6명으로 각각 선정하였다.

이와 같은 과정을 통해 본 연구에 참여하게 된 사람들 중 필자와 안면이 있었던 사람들로서는 필자와 같은 교회에 출석하는 사람들이 9명, 교인들 중 가족상담 세미나를 통해 만났던 사람들이 4명, 기독교선교단체를 통해 알게 된 사람이 1명, 그 외 학부모 모임에서 필자가 알고 지내던 기독교인이 4명이었고, 그들의 자녀 혹은 어머니 6명은 본 연구를 통해 처음 만나게 되었다.

본 연구에서 기독교 가정이란 연구 참여자인 어머니와 자녀가 둘 다 기독교를 믿는 경우를 지칭한다. 사례 4의 경우와 사례 11의 경우에만 자녀가 먼저 기독교를 믿은 후 어머니가 믿게 된 경우였고, 나머지 사례들은 어머니가 먼저 믿은 후 자녀들이 믿은 경우들로서 모태신앙의 경우도 여기에 포함된다 할 것이다. 면접을 실시할 때에는 솔직한 마음을 털어놓을 수 있도록 하기 위해 어머니와 자녀를 따로 면접을 하였으며, 면접을 하기 전 면접 내용은 녹음되며 전사될 것임을 밝히고 허락을 받았다.

3. 연구자의 준비

질적 연구에서 중요한 연구 도구는 연구자 자신이다. 연구 참여자와 참여할 연구 상황 및 사건을 선정하고, 관찰, 해석하는 과정에서 연구자 자신이 가장 기본적이고 신뢰할 만한 연구 도구로 활용되므로 연구자의 자질은 연구 전반에 걸쳐 영향을 미친다(신경림 외, 2004).

필자는 본 연구의 주제와 관련된 가족치료, 대상관계 세미나, 회심 세미나, 목회상담학 등의 강의와 더불어 임상진단방법론, 상담연구방법론, 목회신학방법론 등의 강의를 수강함으로써 본 연구의 수행을 위한 이론적인 준비를 하였고, 연세의료원에서의 임상목회 교육과정(C. P. E.)과 연세상담코칭지원센터, 연세대학교 상담센터, 반포종합사회복지관 및 한국자살예방협회에서의 현장상담과 영동세브란스병원에서의 심리검사 훈련을 통해 전화, 인터넷, 면접, 집단, 가족상담을 하며 임상적인 준비를 하였다.

또한 필자의 석사학위 논문인 「수험생어머니의 불안과 가족경계에 관한 목회상담 연구(2003)」 및 연구논문인 「신학생의 신학하기에 대한 목회상담적 연구: 학부대학 신학 전공자를 대상으로(2007)」

를 근거이론으로 작성한 바 있으며, 교회와 지역공동체 및 각종 모임을 통해, 또한 서울가정법원에서의 가사 조정위원으로서의 활동, 대학에서의 가족치료 및 대인관계치료 과목의 강의활동 등을 통해 결혼과정에서의 모−자녀 관계에 대해 많은 사람들의 이야기를 들을 수 있는 기회를 가질 수 있었으며, 이를 본 연구의 수행을 위한 민감성을 향상시키는 자원으로 활용할 수 있도록 노력하였다.

제4절 자료 수집 방법

본 연구의 자료 수집은 주로 심층면접(in−depth interview)을 통해 이루어졌다. 필자와 안면이 있어 관찰(observation)이 가능했던 참여자들의 경우에도 필자의 주관적 관점을 가능한 한 배제하기 위하여 관찰한 내용을 토대로 면접 진행 시 직접 질문을 함으로써 그들의 언어로 표현된 자료를 수집하고자 하였다.

연구 참여자들 중 필자와 안면이 있었던 사람들의 경우에는 면접을 통해서 분석을 위한 주요 자료를 얻는 것과 더불어 면접 이전과 이후에도 필자의 관찰을 통한 보조 자료를 얻을 수 있었다. 이러한 관찰은 본 연구만을 위하여 진행된 경우도 있었지만 본 연구를 의도하지 않은 상태에서 수 년 동안 진행되어 온 경우도 있었다. 그러나 의도하지 않은 경우의 관찰도 본 연구를 수행하는데 도움이 되었음을 밝힌다.

이러한 관찰을 기초로 하여 이론적 표본추출을 함으로써 연구 참여자들을 선정할 수 있었다. 즉 개방적 표본추출과 연관적이고 다양한 표본추출, 그리고 차별적 표본추출을 염두에 두고 연구 참여자를 선정해 나갔으며, 일단 연구 참여자가 선정이 되면 연구의 목적과 절차에 대해 설명하고 면접을 위한 약속을 미리 한 후 면접을 하였다. 면접을 실시하기 전에 면접의 내용이 녹음될 것이며 그 내용을 전사한 후 분석을 하게 된다는 것과 면접 내용은 본 연구를 위한 용도 이외의 다른 용도로는 사용되지 않는다는 점, 그리고 모든 내용은 익명으로 처리될 것이라는 점을 설명하고 동의서를 받은 후 녹음을 하였다.

필자는 본 면접 이전에 연구 참여자들에 대한 평소 관찰과 예비조사 대상자에 대한 면접으로 면접지침의 초안을 마련하였으며 면접이 진행되어 감에 따라 질문의 내용을 수정, 보완하였다. 참여자들에 대한 관찰은 같은 교회에 출석하는 교인들의 경우에는 예배 후 친교시간이나 교회 식당에서 식사를 하면서 혹은 기도모임을 하면서, 성가대 연습시간을 통해 또는 청년들의 소그룹 활동에 함께 참여하면서 이루어졌다. 한편으로는 자녀의 결혼과 자녀와의 관계에 대한 이야기를 하는 교인들의 대화 내용을 접하면서, 또 한편으로는 그들이 자녀들을 대하는 태도를 보면서, 그리고 결혼식을 준비하면서 보여주는 그들의 태도와 결혼식을 한 후 시간이 지남에 따라 보여주는 태도의 변화를 보면서, 필자는 참여자들의 모-자녀 관계에 있어서의 공통점과 상이점을 관찰할 수 있었다. 또한 교인들 중 가족상담 세미나를 통해 알게 된 사람들의 경우에는 세미나 시간 및 세미나가 끝난 후에 질문과 토론을 통해 오가는 대화 속에서 그들의 모-자녀 관계에 대한 정보를 알 수 있었으며, 기독교선교단체를 통해 알게 된 참여자의 경우에는 정기적인 모임을 통해 결혼하기 전의 기대에 찬 모습과 결혼한 후의 갈등과 실망하는 모습을 볼 수 있었고 그러한 과정 속에서 일어난 일들에 관한 이야기를 들을 수 있는 기회가 있었다. 그 외에도 학부모 모임에서 필자가 알고 지내던 기독교인 참여자들로부터도 자녀를 결혼시킬 준비를 하는 과정에서 느끼는 점들과 결혼 후 시간이 지나면서 느끼는 점들에 대한 이야기와 그들이 보여주는 태도들을 통해 필자는 그들을 직·간접적으로 관찰할 수 있었다.

이러한 관찰은 1회기적인 면접을 통해 자료를 얻을 때 생길 수 있는 빈 공간을 메워주는 데 좋은 자료가 될 수 있다. 그러나 심층면접을 할 때 연구자는 자기 인식을 점검하고 가치 판단을 중지하며, 개방적이고 수용적인 자세를 가져야 한다(신경림 외, 2003). 따라서 본 연구에서는 이러한 관찰이 필자의 주관적 판단으로 치우지지 않도록 관찰한 내용들에 근거하여 심층면접을 할 때 참여자들에게 질문을 통해 확인해 보고 그들의 생생한 목소리가 드러나도록 유의하였다. 이와 더불어 필자는 면접 중 탐색할 내용의 방향에 대한 기본적인 지침은 가지고 있지만 개방적인 태도를 유지함으로써 연구 참여자로부터 자료를 수집하는 데 방해가 되지 않도록 유의하였다. 이를 통해 심층면접의 묘미를 살릴 뿐만 아니라 필자가 미처 생각하지 못했던 내용까지도 연구 참여자로부터 얻을 수 있기 때문이다.

또한 면접 시 연구 참여자인 자녀와 어머니가 서로 솔직한 입장을 얘기할 수 있도록 따로 면접을 진행하였다. 면접 장소는 참여자들의 편의를 최우선적으로 고려하였다. 참여자와 상의를 한 후 교회의 친교실, 조용한 커피숍 등을 이용하였고 면접 시간도 참여자가 부담을 느끼지 않도록 자녀들의 경우에는 퇴근 시간 이후로

잡은 경우가 대부분이었고 어머니들의 경우에는 낮과 밤 중 선호하는 시간에 면접을 진행하였다. 면접을 마친 후에는 감사의 표시로 문화상품권을 증정하였다.

2006년 10월에 실시된 예비조사에서 얻게 된 사전 지식을 기초로 본 연구의 연구 질문을 확립하여 본 면접을 실시하였다. 본 면접을 실시하는 도중에도 즉각적인 자료 분석을 통해 면접 질문을 지속적으로 수정시켜 나갔다. 본 면접은 2007년 1월부터 5월까지 진행되었다. 필자는 범주의 포화가 일어날 때까지 자녀 12명(아들 6명, 딸 6명)과 그들의 어머니 12명 등 총 24명을 대상으로 면접을 실시하였는데 각 면접에 소요된 시간은 평균 1시간 30분가량이었다. 가장 짧은 경우로는 40분인 경우가 한 명 있었는데 모든 질문에 대해 매우 방어적인 태도로 기독교교리를 말하는 듯한 답변을 하는 어머니의 경우였다. 또한 가장 긴 경우는 2시간 30분에 걸쳐 면접이 진행되었으며 두 명의 자녀와 한 명의 어머니의 경우가 그러했다.

본 연구의 초점은 결혼이라는 사건이 무엇이며 어떻게 일어나는가에 있는 것이 아니라 결혼과정이 자녀와 어머니에게 어떻게 인식되고 있는가, 그에 대한 신학적 의미는 무엇인가에 있다. 먼저 자녀와 어머니가 그들의 관계를 어떻게 느끼고 있는지 알아보기 위하여 결혼 전과 후의 그들의 관계 인식에 대한 질문을 포함시켰고, 다양한 관계 역동을 알아보기 위하여 다른 가족들과의 관계에 대한 질문도 포함시켰으며, 결혼과정을 경험하면서 그들이 상황을 어떻게 인식하는지, 어떤 감정이었는지, 또한 상황에 어떻게 대처했는지에 대한 질문과 함께 결혼을 한 후 생활적인 면에서 실제적으로 달라진 부분은 무엇인지, 그리고 그에 대한 대처방법은 무엇인지에 대한 질문을 포함시켰다. 또한 신앙적 측면의 질문과 하나님 인식에 대한 질문을 포함시켜 결혼과정이 그들의 신앙에 어떠한 영향을 주는지 알아보고자 하였다. 한편 결혼과정을 지나오면서 이제 어려운 일이 생길 경우에 어떻게 대처할 것인지에 대한 질문을 통해 그들의 심리적, 경제적 의존 대상을 알아보고자 하였으며, 자신에 대한 정체감을 알아보는 질문을 포함시켜 자기인식이 결혼과정에 어떤 영향을 주는지 알아보고자 하였다.

그러나 이는 기본적인 질문의 범주일 뿐이며 개방적인 태도를 유지하여 참여자들의 이야기 흐름을 방해하지 않기 위해 노력하였다. 필자가 자세한 질문지 목록을 가지고 질문을 할 경우, 필자에 의한 축 코딩이 이미 되어 있는 상태에서 연구가 진행될 수 있을 가능성에 주의를 기울이며 면접을 진행하였다. 또한 관찰한 내용들을 확인하기 위한 질문들이 연구 참여자들 개인에 따라 각기 다른 질문의 형태로 추가되었음을 밝힌다. 다음은 면접의 기본적인 질문 범주이다.

<자녀에 대한 면접의 기본 질문 범주>

1. 결혼 전 어머니와는 어떤 사이였는가? 다른 가족들과의 관계는 어떠했는가? 가족분위기는 어떠했는가?
2. 결혼을 준비하는 과정은 어떠했는가? 순탄했는가? 어려움이 있었는가? 만일 있었다면 어떻게 해결했는가?
3. 결혼을 한 후 어머니와의 관계는 어떠한가? 변화가 있는가? 만일 있다면 무엇이 달라졌는가?
4. 결혼을 한 후 자신의 생활에 대해 어떻게 느끼고 있는가? 무

엇이 달라졌는가? 그것에 대해 어떻게 대처하는가?

5. 신앙생활은 어떻게 하고 있는가? 결혼을 한 후 변화가 있는가? 만일 있다면 무엇 때문이라고 생각하는가?

6. 어려운 일이 생기면 어떻게 하는가?

7. 자신에 대해 어떻게 생각하는가?
- 자녀로서
- 배우자로서
- 신앙인으로서

8. 신앙생활을 하면서 하나님은 어떤 분이라고 생각해 왔는가? 결혼을 한 후 하나님 인식에 변화가 있는가?

9. 결혼을 무엇이라고 생각하는가?

<어머니에 대한 면접의 기본 질문 범주>

1. 자녀가 결혼하기 전 자녀와는 어떤 사이였는가? 다른 가족들과의 관계는 어떠했는가? 가족분위기는 어떠했는가?

2. 자녀의 결혼을 준비하는 과정은 어떠했는가? 순탄했는가? 어려움이 있었는가? 만일 있었다면 어떻게 해결했는가?

3. 자녀가 결혼을 한 후 자녀와의 관계는 어떠한가? 변화가 있는가? 만일 있다면 무엇이 달라졌는가?

4. 자녀가 결혼을 한 후 자신의 생활에 대해 어떻게 느끼고 있는가? 무엇이 달라졌는가? 그것에 대해 어떻게 대처하는가?

5. 신앙생활은 어떻게 하고 있는가? 자녀가 결혼을 한 후 자신의 신앙생활에 변화가 있는가? 만일 있다면 무엇 때문이라고 생각하는가?

6. 어려운 일이 생기면 어떻게 하는가?

자녀가 어려운 일이 생기면 어떻게 할 거라고 생각하는가?

7. 자신에 대해 어떻게 생각하는가?

- 어머니로서

- 배우자로서

- 신앙인으로서

8. 신앙생활을 하면서 하나님은 어떤 분이라고 생각해 왔는가?

자녀가 결혼을 한 후 자신의 하나님 인식에 변화가 있는가?

9. 자녀의 결혼이 어머니 자신에게 있어서 무엇이라고 생각하는가?

제5절 자료 분석 방법

본 연구에서는 자료 분석방법으로서 앞서 논의된 근거이론 방법을 사용하였다. 이는 수집된 자료를 분석하고 개념화시켜 새로운 방식으로 재조합하는 과정으로, 본 연구에서 채택하고 있는 분석방법을 단계별로 설명하면 다음과 같다.

1) 1단계: 원자료화

자료분석방법은 면접으로 수집된 녹음자료를 축어록으로 필사한 후 이를 원자료로 사용하는 방식을 택하였다. 내담자의 비언어적 표현이나 말투 등도 추가적으로 기입하였다. 한 사례당 A4용지로 8장에서 25장 사이였으며, 총 315장 분량의 축어록이 분석의 원자료로 사용되었다.

2) 2단계: 자료의 개념화 및 범주화

원자료의 개념화를 위하여 축어록을 읽어 가면서 응답 내용에 따라 그 현상에 대해 '개념(concepts)의 명명화'를 시도하였다. 처음에는 참여자가 사용한 말을 거의 그대로 축약하여 속성으로 잡고 다시 원자료와 확인하며 필자의 민감성을 살려 좀 더 정련된 개념으로 명명화하였다. 이는 개방 코딩(open coding)에 속하는 작업으로서 지속적 비교방법(constant comparative method)을 통해 관련된 개념들을 범주로 묶고, 다시 범주들을 비교하여 상위 범주로 묶어 나갔다. 범주들을 비슷한 것끼리 묶을 때에는 항상 원자료로 돌아가 확인을 하는 작업을 거쳤다. 개념의 명명화와 범주로 묶어 나가는 과정에서 자료의 객관성을 위해 다른 분석가에게 의뢰하여 결과물을 상호 비교하면서 통합하는 과정을 거쳤다. 이후 상담전문가 3명과 논의하여 범주를 확정했으며 연구 참여자 6명에게 직접 만나거나 전화로 통화하여 결과물을 알리고 승인을 받았다.

본 연구에서는 결혼과정과 관련된 개념을 알아보되 자녀와 어머니의 경우를 나누어 개념화하였다. 범주로 묶어 나가는 과정에서도 자녀와 어머니를 구분하여 진행하였는데 이는 다음 과정인 패러다임 형성 시 자녀와 어머니의 패러다임을 각기 만든 후 서로 비교해 보기 위함이다.

3) 3단계: 패러다임 형성

분석된 범주들은 근거이론의 패러다임 모형에 의해 재배치되었다. 이는 축 코딩(axial coding)에 속하는 작업으로서 개방 코딩에서 나온 결과물을 인과적 조건, 현상, 맥락, 중재조건, 작용/상호작용 전략, 결과 등으로 구분하여 6단계의 패러다임에 재배치하는 작업이다. 본 연구에서는 자녀와 어머니가 경험하는 결혼과정을 비교해 보기 위하여 Strauss와 Corbin(1990)이 제시한 바에 의거하여 각각 패러다임 모형을 만들었으며 더 나아가 두 패러다임 모형을 통합하여 결혼과정을 통해서 본 모－자녀 관계변화에 관한 통합 패러다임 모형을 만들어 제시하였다.

4) 4단계: 연구결과에 따른 근거이론 제시

사례 이야기의 흐름과 개요를 파악하면서 패러다임이 형성되는 동안 범주의 속성과 차원 사이에서 반복되는 관계들인 "유형(pattern)"을 발견하는 단계이다. 이는 근거이론의 선택코딩(selective coding)에 해당되는 분석방법으로서, 본 연구에서는 어머니와 자녀의 경우 각각에 대한 이야기 윤곽과 통합된 이야기 윤곽을 통해 핵심 범주를 찾아내고, 가설적 정형화를 거쳐 가설적 관계진술문을 만든 후 사례 간 유형화를 통해 유형을 발견하여 본 연구에서 탐구한 결혼과정을 통해서 본 모－자녀 관계변화에 관한 근거이론을 제시하였다.

5) 5단계: 상황 모형

상황 모형은 주어진 현상과 관계있는 많은 상황과 결과들을 이해하는 데 매우 강력한 도구이다(Strauss & Corbin, 1990). 이는 현상을 맥락적 혹은 그것이 포함되어 있는 거시적 및 미시적 조건의 위치를 범위 내에서 찾아내고, 이어지는 작용/상호작용에서 그 결과에 이르기까지 관계를 추적하는 것을 가능하게 해 준다(Strauss & Corbin, 2001).

제6절 연구의 평가

본 연구의 평가를 위해 Strauss와 Corbin(2001)이 제시한 네 가지 방법을 사용하였다. Strauss와 Corbin은 질적 연구에 대한 두 가지 일반적 평가 방법을 사용할 뿐만 아니라 근거 이론 평가에 적합한 두 가지 방법을 덧붙여서 다음과 같이 제시하였다.

첫째, 타당성, 신뢰성, 그리고 신빙성
둘째, 이론 그 자체에 대한 판단
셋째, 연구 과정의 적절성
넷째, 연구의 경험적 근거

먼저 본 연구의 타당성, 신뢰성, 그리고 신빙성(Guba, 1981; Kidder, 1981; Kirk & Miller, 1986; LeCampte & Goetz, 1982; Miles &

Huberman, 1984; Sandelowski, 1988)에 대해 살펴보고자 한다. 근거 이론 방법론을 통해 실체 이론을 구축함에 있어서는 일반화의 가능성에 초점을 맞추는 것이 아니라 예측 가능성을 중요시하며 이를 위해 연구로부터 발전된 이론의 형성에 대해 서술하는 동안 특정 현상을 일어나게 한 조건들, 현상들과 이를 다루기 위해 사용한 전략이나 작용/상호작용들을 구체적으로 밝히고 이러한 작용/상호작용으로 인해 나타난 결과에 대해서 설명하게 된다. 실체 이론의 가치는 일반적인 폭넓은 명제를 설명하는 데 있다기보다는 그것이 나오게 된 표본 집단에 대해 구체적으로 말할 수 있는 능력이며, 또한 그 집단에 재적용될 수 있는 능력이다(Strauss & Corbin, 2001).

본 연구에서는 삼각검증법(triangulation of the material)을 실시하여 이러한 타당성과 신뢰성을 평가하였다. 자료 분석 과정에서 근거 이론 연구 경험이 있는 분석가 1명과 필자가 각기 자료를 분석한 후 분석된 결과물을 서로 비교하며 충분한 토의를 거쳐 코딩 과정을 진행하였다. 또한 완성된 분석 자료를 상담전문가 3명과 연구 참여자 6명, 그리고 본 연구에 참여하지는 않았지만 결혼과정을 경험한 자녀와 어머니 4명에게 보여주며 검증하도록 하였다. 분석 자료에 대한 참여자들의 동의를 얻은 후 자료의 분석을 확정하였으며 보충적 타당성(supplemental validation)을 위해 문헌을 활용하여 연구결과를 검증하며 논의하였다.

또한 이론 자체에 대한 판단을 위해 Strauss와 Corbin(2001)은 "어떤 조건에서 이론이 현실과 일치하는가? 이해를 제공하는가? 유용한가?"라는 질문을 제기하였다. 즉 적합성(fit), 이해, 유용성(utility)이 중요하다는 점을 강조한다(Creswell, 1998). 본 연구에서는 연구결과물을 참여자에게 알려 검증을 받고 그들로부터 자신의 삶을 더 잘 이해하게 되었다고 피드백을 받았으며 연구결과물을 기초로 하여 목회상담 전략을 개발하였으므로 본 조건을 충족시킨다고 본다.

한편 연구 과정의 적절성을 위한 다음의 기준들은 근거 이론을 평가하는 데 필수적이다(Strauss & Corbin, 1990).

기준1: 처음 표본은 어떻게 선정되었는가?

기준2: 어떤 주된 범주들이 나타났는가?

기준3: 주된 범주로 지정된 사건, 행동 등은 무엇인가?

기준4: 어떤 범주에 근거하여 이론적 표본추출이 이루어졌는가? 자료 수집은? 이 범주들은 대표적인 것으로 증명이 되었는가?

기준5: 개념적 관계(즉 범주들 사이에서의)에 관련된 가설들은 무엇인가? 가설들은 어떤 근거에서 형성되고 검증되었는가?

기준6: 가설이 실제로 나타난 것을 지지해 주지 못하는 경우가 있는가? 이러한 차이는 어떻게 설명되었는가? 또 가설에 어떤 영향을 미쳤는가?

기준7: 핵심범주는 어떻게, 왜 선택되었는가? 갑작스러운 것이었나 혹은 점진적인 것이었나? 어려웠나 혹은 쉬웠나? 어떤 근거에서 분석적 결정이 내려졌나?

본 연구의 진행과정과 연구결과에 대한 보고인 본 연구의 내용 중에는 위의 7가지 기준을 만족시키는 부분들이 명시되어 기록되어 있다. 따라서 본 연구는 근거 이론 방법론으로서의 연구 과정의 적절성을 확보하였다고 본다.

또한 연구의 경험적 근거 역시 근거 이론을 평가하는 중요한 기준이다. 경험적 근거를 가지고 연구가 진행되었는지를 평가하기 위한 기준은 다음과 같다(Strauss & Corbin, 1990).

기준1: 개념들이 생겨났는가?

기준2: 개념들이 체계적으로 연결되었는가?

기준3: 개념적 연결이 많은가? 범주가 잘 발달되었는가? 개념적 밀집성이 있는가?

기준4: 이론이 많은 다양성을 반영하는가?

기준5: 연구 중인 상황에 영향을 미치는 더 광범위한 조건들이 설명되었는가?

기준6: 과정이 고려되었는가?

기준7: 이론적 발견들이 의미 있어 보이는가? 어느 정도까지 그러한가?

이상의 7가지 기준을 만족시키기 위해 필자는 분석의 각 과정마다 다른 연구자와 위 기준들을 만족시키는지에 관해 논의하며 수정 보완 작업을 하였고 상담전문가의 확인과 검증을 거쳐 연구를 진행하였다. 따라서 본 연구는 근거 이론으로서의 적절한 경험적 근거를 가지고 있다고 말할 수 있다.

제4장

연구결과

제1절 연구 참여자의 일반적 특성

본 연구는 기독교 가정의 결혼한 자녀 12명(아들 6명, 딸 6명)과 그들의 어머니 12명 등 총 24명을 대상으로 하였다. 이들의 연령 분포는 자녀들이 만 24세에서 만 49세까지이며, 어머니들은 만 52세에서 만 72세까지이다. 학력은 자녀들이 고등학교 졸업에서 대학원 졸업까지, 어머니들은 초등학교 졸업에서 대학교 졸업까지 포함되었다. 직업은 자녀와 어머니 양쪽 모두 무직, 시간제, 직장생활 등 다양하게 분포되어 있었다. 결혼 기간은 자녀들의 경우, 1개월에서 19년까지로, 1년 미만 4명, 2~3년이 3명, 5~10년이 3명, 10년 이상이 2명이었고, 어머니들의 경우는 30년 미만이 1명, 30년 이상 40년 미만이 8명, 40년 이상이 3명이었다. 연구 참여자들은 자녀서열로 볼 때 맏이, 중간, 막내 등 그 서열이 다양하였으며, 거주형태 역시 분가, 시부모와 동거, 친정부모와 동거 등 다양한 거주형태를 보여주었다. 신앙생활 기간은 자녀의 경우 모태신앙인 경우가 많았으며 신앙생활 기간이 짧은 경우가 20년이었고, 어머니의 경우 모태신앙인 경우로부터 시작하여 신앙생활 기간이 가장 짧은 경우가 7년이었다. 이상의 내용을 <표 1>, <표 2>로 정리하였다. 모든 연구 참여자들의 이름은 가명임을 밝힌다.

<표 1> 연구 참여자의 일반적 특성 1

사례	1		2		3		4		5		6	
구분	딸	어머니	아들	어머니	아들	어머니	아들	어머니	딸	어머니	딸	어머니
이름 (가명)	정은아	김선희	김정식	박은영	서영준	이정미	조상민	이상숙	나미란	박선자	최서연	백지희
연령	27세	59세	31세	57세	32세	55세	34세	57세	33세	58세	33세	59세
학력	대졸	고졸	대졸	대졸	대학원졸	대졸	대졸	대졸	대학원졸	고졸	대졸	고졸
직업유무	유	무	유	유	유	무	유	유	시간제	무	시간제	무
결혼기간	4개월	30년 1개월	1개월	29년 8개월	2년 9개월	32년	2년 6개월	33년	10년	37년	6년	37년
가족관계	남편, 본인	남편, 본인, 아들1, 딸1	본인, 아내	남편, 본인, 아들2	본인, 아내, 아들1	남편, 본인, 아들1, 딸1	본인, 아내, 아들1	남편, 본인, 아들2, 딸2	남편, 본인, 딸1, 아들1	남편, 본인, 딸2, 아들1	남편, 본인, 딸1	남편, 본인, 딸2, 아들.1
거주형태	분가		분가		분가		분가		친정부모와 8년 동거 후 분가		분가	
종교	기독교	기독교	기독교	기독교	기독교	기독교	기독교	기독교	기독교	기독교	기독교	기독교
신앙생활기간	22년	15년	20년	24년	모태신앙	모태신앙	25년	18년	모태신앙	37년	26년	모태신앙

<표 2> 연구 참여자의 일반적 특성 2

사례	7		8		9		10		11		12	
구분	아들	어머니	딸	어머니	딸	어머니	아들	어머니	딸	어머니	아들	어머니
이름 (가명)	성덕우	이순옥	배나은	김연미	박아영	전희옥	이민식	김영숙	안미리	고경애	민명진	나선미
연령	49세	72세	24세	48세	31세	60세	27세	52세	39세	69세	35세	61세
학력	대학원졸	대졸	대졸	고졸	전문대졸	고졸	고졸	초졸	전문대졸	초졸	고졸	고졸
직업유무	유	무	유	무→4개월 전부터 유	유→출산 후 무	유	유	유	무	유	유	무
결혼기간	19년	50년	10개월	28년	2년	35년	1개월	30년	6년	50년	13년	45년

사례	7		8		9		10		11		12	
가족관계	본인, 아내, 아들1, 딸1	본인, 아들2	남편, 본인	남편, 본인, 아들1, 딸1	남편, 본인, 아들1	남편, 본인, 아들1, 딸1	본인, 아내	남편, 본인, 딸1, 아들1	남편, 본인, 딸2	본인, 아들2, 딸1	본인, 아내, 딸1, 아들1	남편, 본인, 아들2, 딸1
거주형태	부모와 1년 동거 후 분가		분가		시부모와 동거		분가		분가→시부모와 동거→분가		분가	
종교	기독교	기독교	기독교	기독교	기독교	기독교	기독교	기독교	기독교	기독교	기독교	기독교
신앙생활기간	모태신앙	모태신앙	모태신앙	28년	모태신앙	40년	모태신앙	27년	33년	7년	25년	27년

제2절 개방 코딩: 근거 자료 분석에 의한 개념 및 개념의 범주화

근거 자료의 분석을 통해 자녀의 경우는 50개의 개념을 얻을 수 있었으며, 비슷한 개념끼리 서로 묶은 결과 얻게 된 범주는 25개가 나타났다. 어머니의 경우는 50개의 개념과 28개의 범주가 나타났다.

먼저 자녀의 경우에 나타난 50개의 개념으로는 '심리적 갈망', '이상 추구', '자기중심적 사고', '충동적 태도', '어머니에 대한 양가감정', '어머니에 대한 인식', '신앙적 모델링', '어머니의 희생', '어머니에 대한 원망 및 갈등', '밀착된 경계', '명확한 경계', '원활한 의사소통', '거절당한 경험', '경직된 경계', '배우자에 대한 원망 및 갈등', '아버지에 대한 원망 및 갈등', '생활의 변화', '환경의 변화', '부정적 정서', '긍정적 정서', '경제적 어려움', '시부모의 통제', '어머니의 통제', '변화를 못 느낌', '배우자의 신앙 유무', '원가족의 응집된 관계', '친구와의 응집된 관계', '배우자와의 응집된 관계', '하나님 인식', '의지관철을 위한 싸움', '신앙생활의 공유', '신앙에 의지', '갈등 회피', '관심의 분산', '독립적 태도', '사고의 전환', '억제', '의식적인 행동', '책임감 형성', '합리화', '현실을 우선시함', '심리적 거리감', '좋은 부모가 되고 싶은 욕구', '핵가족에 대한 애착', '어머니에 의지', '의존적 태도', '상호적 관계', '어머니에 대한 관심', '어머니와 응집된 관계 형성', '신앙생활의 변화' 등이 있다.

이상의 개념을 비슷한 개념끼리 묶어서 나온 25개의 범주로는 '욕구충족적 성향', '어머니에 대한 이미지', '어머니의 모델링', '어머니에 대한 원망 및 갈등', '밀착된 경계', '명확한 경계', '경직된 경계', '가족에 대한 원망 및 갈등', '상황적 변화', '정서적 변화', '경제적 문제', '(부모, 시부모의) 통제', '변화인식 부재', '배우자의 신앙상태', '응집된 관계의 경험', '하나님 인식', '투쟁', '신앙적 대처', '의식적 대처', '현실적 태도', '심리적 분리', '나만의 가족에 대한 애착', '의존', '상호적으로 전환', '신앙적 변화' 등이 나타났다.

어머니의 경우에 나타난 50개의 개념으로는 '자녀를 위한 희생', '자녀에 대한 원망 및 갈등', '완전한 어머니가 되고 싶은 욕구', '충분히 좋은 어머니가 되고 싶은 욕구', '밀착된 경계', '명확한 경계', '경직된 경계', '가족 간의 갈등', '고부갈등', '남편에 대한 원망 및 갈등', '미래에 대한 불안', '부정적 정서', '분리불안', '신앙생활의 공유에 대한 욕구', '자녀에 대한 염려', '정서적 만족', '자녀 결혼에 대한 양가감정', '경제적 부담', '거주 지역의 분리',

'변화를 못 느낌', '사위(며느리)의 신앙 유무', '가족 간의 응집된 관계', '자녀의 서열과 성에 따른 차이', '전통적 결혼관', '자녀의 의지관철을 위한 싸움', '며느리와 경쟁관계', '사돈과 경쟁관계', '자녀에 대한 욕심', '하나님 인식', '사고의 전환', '독립적 태도', '의식적인 행동', '책임감 증가', '합리화', '현실을 우선시함', '신앙에 의지', '며느리와의 동일시', '자녀와의 동일시', '경제적 지원', '신앙적 지원', '상호적 관계', '자녀와 응집된 관계 형성', '자녀에 의존', '자녀에 대한 주도권', '신앙생활과 효도의 동일시', '흔들리는 통제권', '신앙생활의 분리', '신앙에 몰두', '신앙적 재발견', '가족구성원의 증가' 등이 있다.

또한 이를 비슷한 개념끼리 묶어서 나온 28개의 범주로는 '어머니로서의 모델링', '자녀에 대한 원망 및 갈등', '좋은 어머니가 되고 싶은 욕구', '밀착된 경계', '명확한 경계', '경직된 경계', '가족에 대한 원망 및 갈등', '정서적 변화', '경제적 문제', '물리적 분리', '변화인식 부재', '사위(며느리)의 신앙상태', '응집된 관계의 경험', '자녀에 따른 차이(서열별, 성별)', '자녀의 투쟁', '경쟁심', '하나님 인식', '의식적 대처', '현실적 태도', '신앙적 대처', '동일시', '자녀에 대한 지원', '상호적으로 전환', '의존', '자녀에 대한 통제', '통제권의 상실', '신앙적 변화', '가족의 확대' 등이 나타났다.

자료의 분석을 통해 나타난 개념 및 범주들은 분석의 다음 단계인 축 코딩 과정에 모두 포함되어 나타나므로 본 절에서는 논의를 생략하고자 한다.

제3절 축 코딩: 근거 이론 패러다임에 따른 범주 분석

근거이론의 개발과정 중 축 코딩의 단계에서는 범주들을 패러다임 모형, 즉 인과적 조건, 현상, 맥락, 중재조건, 작용/상호작용 전략, 결과에 따라 연결한다. 따라서 본 절에서는 본 연구 자료의 개방코딩 분석 결과 나온 범주들을 패러다임 모형의 순서에 따라 제시하고자 한다. 각 범주들은 개념들로 설명되고, 또한 각 개념들은 다양한 속성들로 설명된다.

먼저 자녀의 경우를 살펴본 후 어머니의 경우를 살펴보기로 한다.

1. 자녀 관점에서의 패러다임 모형

1) 인과적 조건

인과적 조건은 현상을 일으키거나 발전시키는 사건들로 구성되며 맥락 안에서 현상을 드러나게 만드는 요인이 된다.

본 연구에서는 자녀의 근거자료를 분석하여 '욕구충족적 성향', '어머니에 대한 이미지', '어머니의 모델링', '어머니에 대한 원망 및 갈등' 등 4개의 범주가 현상을 유발하는 자녀의 인과적 요인임을 밝혀내었다.

이를 구성하는 개념들을 살펴보면, '심리적 갈망', '이상 추구', '자기중심적 사고', '충동적 태도', '어머니에 대한 양가감정', '어머니에 대한 인식', '신앙적 모델링', '어머니의 희생', '어머니에 대한 원망 및 갈등' 등이다.

(1) 욕구충족적 성향

① 심리적 갈망

연구 참여자들은 행복해지고 싶어서 결혼했다고 하는 경우가 있었으며, 시부모에게서 비난받고 싶지 않은 마음, 성공하고 싶은 마음, 부모와 떨어져 살고 싶은 마음을 표현하기도 하였고, 결혼을 한 후에도 신앙이 좋아 보이는 사람에게 이성적으로 끌리는 경우도 있었으며, 완벽한 배우자가 되고 싶은 욕구 등을 가지고 있었다. 즉 행복에 대한 욕구, 인정욕구, 성취욕구, 분리욕구, 애정욕구 등을 가지고 있었다. (아래 진술 사례는 필자가 연구 참여자들에 대해 심층면접한 결과를 축어록으로 작성한 내용 중에서 본 개념과 관련된 부분 중 일부를 예시한 것이다. 사례번호는 <표 1>, <표 2>에 표시한 연구 참여자인 모 - 자녀 쌍의 번호를 말하며 '딸' 뒤의 번호는 해당 연구 참여자에 대한 축어록상의 대화내용 번호를 의미한다. 이하 동일하다.)

결혼 전에는 결혼을 할 거라는 생각을 하지 않았을 때는 뭔가 나 혼자만의 어떤 일이나 그런 거에 굉장히 포부를 갖고, 어떻게 어떻게 성공해야지…… 하는 마음이 강했거든요. [정은아: 사례 1 - 딸 - 22]

어~ 그게 이제 제 일이 점점 줄어들면서 내가 왜 결혼을 했을까? 인생에 있어서 결혼을 꼭 해야 되나? 다른 사람들은 어떻게 사나? 내 인생은 앞으로 어떻게 될 것인가에 대한 두려움이 좀 있었던 것 같아요. 엄마, 아빠처럼 연세가 드실 때까지 가정을 꾸려 나가야 되는데 내가 과연 그렇게 연세가 많을 때까지 엄마 아빠처럼 그 연세가 됐을 때 나 같은 모습의 자식을 키워낼 수 있을까? [최서연: 사례 6 - 딸 - 23]

나를 위한 어떤 시간이 없잖아요. 모든 게 자식이나 뭐 남편의 가정, 남편의 가족, 그 사람들의 기분을 맞추느라고 내 기분을 무시해야 될 때가 너무 많으니까 내가, 어떨 땐 내가 시집을 왜 왔을까, 결혼을 왜 했을까, 결혼이란 게 뭘까. 그런 거에서 의문이…… 결혼을 할 때 행복하고 싶어서 하는데 뭐야 이 게, 내가 뭐 며느리가 무슨 종도 아니고 이런…… [안미리: 사례 11-딸-6]

② 이상 추구

자녀들 중에는 이상적인 신앙적 가정을 추구하는 경우가 있었는데, 추상적으로 막연히 그러한 생각을 가지고 있기도 하였다.

이제 앞으로는 교회에 믿음의 가정을 이뤄서, 제 가정이 교회라는 더 큰 가정에 좋은 일원이 될 수 있고, 봉사하는 일원이 될 수 있고, 좋은 모범이 되는 그런 가정이 될 수 있도록 그렇게 신앙생활하는 게 목표가 되는 것 같아요. [김정식: 사례 2-아들-44]

③ 자기중심적 사고

자녀들은 자기를 찾기 위한 노력에 집중하거나, 어머니의 희생을 그냥 그러려니라고 생각하는 등 자기중심적인 면을 보이기도 하였다.

우리 엄마는 마지막까지 희생한 거예요. 그게 지금 생각하면 내가 철딱서니가 없었는데 그때는 그냥 그거를 그러려니 하고 생각하고 넘어갔던 거 같애. [안미리: 사례 11-딸-41]

④ 충동적 태도

배우자의 언변에 끌려서 사귀게 되거나, 인내심이 부족하여 문제가 생겼을 때 견디지 못하고 빨리 다른 탈출구를 찾는 경우가 있었다.

그때 말을 제가 되게 못 하기 때문에 말을 잘하는 거에 대해서 동경 이런 게

있었거든요. 그래서 되게 끌렸던 거 같아요. [나미란: 사례 5 - 딸 - 28]

(2) 어머니에 대한 이미지

① 어머니에 대한 양가감정

자녀들은 어머니가 답답하면서도 불쌍하게 여겨진다거나, 어머니가 자녀의 의견을 존중하는 것은 좋지만 한편으론 즉각적인 조언을 해 주지 않는 것에 대한 불만도 있다고 하였다.

> 엄마는 음 불쌍한 사람이죠. 시집을 왔는데 폭군한테 온 거야 폭군. 굉장히 성격이상자. 그래가지고 어른들에 의해서 결혼을 한 거잖아요. 옛날에는. 와서 보니까 남편이 자기 마음대로 안 되면 때리는 그런 사람인 거예요. 그런 사람하고 살다 살다가 멀리 도망가고 다시 붙잡혀 오고 또 살다가 도망가고 그러다 또 붙잡혀서 나를 또 가지고. 저를 그래서 오빠들하고 텀이 길어요. 나를 가졌을 때 17년 결혼했는데 같이 산 건 11년이래요. 아빠가 마약도 하셨고, 돌아가실 때도 되게 마흔네 살에 돌아가셨는데 그런 후유증으로 돌아가신 거 같아요. 잘은 모르지만. 엄마가 항상 남편을 그런 남편을 만난 것에 대해서 자기 인생이 그렇게 흘러간 것에 대해서 인생에 대해서 부정적이예요. 굉장히 생활력이 강하고 어쨌거나 대학을 보내주셨고, 어머님 혼자의 힘으로. 대신 융통성이 없고. 자기 자존심이 강하다 보니까 남의 얘기 안 듣고, 친구도 별로 없고, 젊을 때 보면. 좀 어떻게 보면 막혀 있죠. 저는 그런 게 너무 답답했고, 엄마에 대해서, 엄마가 불쌍하면서도 엄마가 참 안됐으면서도 그런 것 때문에 항상 부담스럽고. [안미리: 사례 11 - 딸 - 20]

② 어머니에 대한 인식

자녀들은 어머니에 대해 다양하게 인식하고 있었다. 까다로운 어머니, 수용적인 어머니, 신뢰할 수 있는 어머니, 존경스러운 어머니, 불쌍한 어머니, 강한 어머니, 사랑해 주는 어머니, 악착같은 어머니 등으로 다양하게 인식하고 있음을 볼 수 있었다. 그중 일부를 소개하면 다음과 같다.

엄마는 사랑이 되게 많으시구요. 이해를 많이 해 주시고 그랬던 거 같아요. 제가 애를 키우면서 저는 애한테 화를 되게 잘 내거든요. 근데 내가 똑같은 상황이었었을 때 나를 보면서 엄마는 이렇게 안 했었던 거 같은데 이런 생각을 많이 하게 되더라구요. 엄마 참 이해를 많이 해 주시고 그랬던 거 같아요. [나미란: 사례 5-딸-9]

딱 제가 세상에서 제일 존경하는 사람이 저희 어머니니까요. 그리고 제가 아빠를 되게 싫어하는 건 아닌데, 그러니까 아빠라고 생각하면 일단 너무 많은 가족에게 상처를 준 그런 장본인이라는 생각이 많이 들어서…… 그리고 또 엄마가 한없이 불쌍한 사람이라고 많이 느껴져서 그런지…… 그리고 엄마가 하는 생각이랑, 엄마가 행동하는 게 저한테는 다 옳게 느껴졌거든요. [배나은: 사례 8-딸-26]

(3) 어머니의 모델링

① 신앙적 모델링

항상 기도하는 어머니의 모습과 성경말씀에 의존하는 어머니의 모습을 보면서 자녀들은 어머니의 신앙을 전수받게 된다.

엄마한테 받은 신앙심도 되게 많은 것 같고요. 엄마가 그렇게 기도할 수밖에 없는 상황을 제가 아니까요. 저도 그냥 많이…… 그렇게 하나님 붙잡으려고 했던 것 같아요. [배나은: 사례 8-딸-26]

어렸을 때부터 집에서 항상 어머니가 기도를 하셨어요. 그런데 항상 우리가 잠들고 나면 어머니가 방에서 기도를 많이 하시고 그랬는데, 기도소리가 되게…… 저희가 잠들기 전에 그 기도소리가 항상 들렸기 때문에 일단 우리를 위해서 기도해 주시는 소리도 많이 들리고, 가정을 위해서라든지 주위 사람들을 위해서 기도해 주시는 거를 계속 듣다 보니까 아무래도 그런 게 있는 것 같아요. [이민식: 사례 10-아들-19]

② 어머니의 희생

자녀들은 혼자 살림을 책임지고 자녀들을 양육하는 어머니의 모

습을 보면서, 교회에 나가야 자녀가 결혼할 수 있다는 말을 듣고
는 예전에는 그렇게 반대하던 교회에 나가는 어머니의 모습을 보
면서, 자녀의 결혼자금 마련을 위해 살던 집까지 내놓는 어머니의
모습을 보면서 또는 평소 항상 헌신적인 어머니의 모습을 보면서
어머니의 희생을 느끼게 된다.

> 자녀를 위해서 희생하는 분이라고 생각을 하고 있지. 자신의 것을 많이 양보
> 하시고 희생하는 분이다. [성덕우: 사례 7 - 아들 - 15]

> 엄마는 뭐 완전히 뭐 그러니까 우리 엄마는 마지막까지 희생한 거예요. 그게
> 지금 생각하면 내가 철딱서니가 없었는데 그때는 그냥 그거를 그러려니 하고
> 생각하고 넘어갔던 거 같애. 내가 정말 몰라도 많이 몰랐구나. [안미리: 사례
> 11 - 딸 - 39]

(4) 어머니에 대한 원망 및 갈등

① 어머니에 대한 원망 및 갈등

자녀들은 성격적으로 예민한 어머니와의 잦은 갈등, 칭찬에 인
색한 어머니에 대한 원망, 어머니와의 싸움, 형제간 차별대우를 하
는 어머니에 대한 원망, 결혼에 반대하는 어머니와의 갈등, 어머니
와의 신앙적 갈등, 어머니가 너무 교회 중심으로만 생활하여 제대
로 돌봄을 받지 못했다는 불만, 어머니에 대한 반발심, 배우자에
대해 어머니가 불만족스러워하는 것에 대한 불편함, 배우자가 고부
갈등을 느끼는 것에 대한 어려움 등을 표현하였다.

> 이제 좀 부정적인 언어를 많이 썼어요. 욕도 잘하고 (딸한테?) 그럼. 딸한테도
> 자기가 지금 뭐가 화가 나거나 그러면 무슨 년, 무슨 년 욕도 잘하고 그렇게.
> 칭찬 같은 거 별로 안 하셨어요…… 엄마가 뭐 나를 이뻐했다는 걸 알겠는데

그래서 모든 걸 다 해 주셨는데 두서가 없는 교육이죠. 엄마가 왜냐면 먹고사는 걸 책임져야 됐기 때문에 계획을 가지고 교육을 시킬 수 있는 정신적인 여유가 없었겠죠. 엄마랑 그랬어요. 엄마랑 되게 많이 싸우고, 뭐 그렇잖아요. 뭐 딸이랑 엄마랑. 그렇게 제가 다정다감한 딸은 아니었던 거 같아요. [안미리: 사례 11 - 딸 - 21]

정직하고, 아파서 그런지는 몰라도 깐깐도 하시고, 성격 자체가 예리하다고 그럴까…… 그러니까 제 성격은 그냥 친구들하고 같이 있어도 그냥 둥글게 둥글게 넘어가는 성격인데, 그런 부분에서 크면서 부닥치는 게 좀 있었던 것 같아요. 결혼 후에도 가끔 가다가 그럴 때가 있고요. [민명진: 사례 12 - 아들 - 15]

이상의 내용을 표로 정리하면 <표 3>과 같다.

<표 3> 자녀의 결혼과정: 인과적 조건

개념	범주	패러다임
심리적 갈망	욕구충족적 성향	인과적 조건
이상추구		
자기중심적 사고		
충동적 태도		
어머니에 대한 양가감정	어머니에 대한 이미지	
어머니에 대한 인식		
신앙적 모델링	어머니의 모델링	
어머니의 희생		
어머니에 대한 원망 및 갈등	어머니에 대한 원망 및 갈등	

2) 맥락

맥락은 어떤 현상에 속하는 특정한 속성, 즉 차원의 범위에 따라 어떤 현상에 속하는 사건들의 위치를 나타내며, 현상이 놓여 있는 장을 말한다. 앞에서 언급한 인과적 조건은 이러한 범주들이 속해 있는 맥락 안에서 현상과 작용/상호작용 전략이 일어나도록 연결된다.

본 연구에서는 '밀착된 경계', '명확한 경계', '경직된 경계', '가족에 대한 원망 및 갈등' 등 4개의 범주가 맥락으로 나타났다.

이를 구성하는 개념으로는, '밀착된 경계', '명확한 경계', '원활한 의사소통', '거절당한 경험', '경직된 경계', '배우자에 대한 원망 및 갈등', '아버지에 대한 원망 및 갈등' 등이 있다.

(1) 밀착된 경계

① 밀착된 경계

자녀가 어머니와 친구 같은 관계를 유지하고 많은 것을 공유하는 경우와 어머니에게 심리적으로 의존하고 가족 중에서 어머니와 가장 가까웠던 경우, 배우자보다 어머니의 의견을 우선시하는 경우, 부모의 갈등이 있을 때 어머니의 편을 들어주는 경우 등을 통해 어머니와 자녀 사이의 밀착된 경계를 볼 수 있었다.

> 커가면서 엄마랑 많은 얘기를 같은 여자이기 때문에 나누고 되게 많이 저 같은 경우는 더 많이 엄마랑 많은 것을 공유한 편이었어요. 사사로운 감정이나 이야기 같은 거를 다 얘기하는 편이었구, 그래서 되게 장난도 많이 치고, 애교도 많은 편이어서, 엄마랑 굉장히 다른 친구들이나 관계 이상이라고 굉장히 특별하게 많이 봤거든요. [정은아: 사례 1 - 딸 - 3]

> 가급적이면 그래도 부모님이 나는 우선이니까. 부모님의 의견을 우선으로 잡고 하지. 어쨌든 또 같이 계속 같이 살 사람. 부인, 부부도 같이 오래 살아야 되니까 그런 문제도 고민을 해야 되고. 똑같이 부딪힐 경우는 부모님의 의견을 우선으로 하고. [성덕우: 사례 7 - 아들 - 12]

> 그리고 예전에 아버지의 모습을 보면 늘 갈등 사유가 됐었거든요. 그러니까 제가 이해도 잘 못 하고, 어머니도 되게 힘들어 하셨고, 힘들어 하시는 어머니를 보니까 딸인 제가 더 그거를 품지 못하고 더 엄마 편에서 더 속상했던 것

도 많거든요. [배나은: 사례 8 - 딸 - 6]

(2) 명확한 경계

① 명확한 경계

자녀가 이야기를 할 때 따뜻한 관심을 가지고 이야기를 잘 들어주는 어머니의 모습이나 특별히 부족하거나 넘침이 없는 어머니다운 어머니의 모습을 보여주는 사례를 통해서, 또한 자녀의 의견을 존중하는 어머니의 모습을 통해서 어머니와 자녀 사이에 분명한 경계가 형성되어 있는 경우를 볼 수 있었다.

> 엄마는 엄마다운 엄마죠. 요즘 뭐. 그렇게 특별나지도 않고 모자라지도 않고…… 저희가 많이 실수를 해도 그냥 이건 이거다 저희 의견을 존중해서 그런 건지 모르겠는데…… 생활 면에서 엄마는 저의 성격을 잘 아시니까 제가 만약 신랑이랑 싸웠을 때 나쁘게 말하면 방관을 하시고 좋게 말하면 너희들끼리 풀어라 이렇게 보실 수 있을 것 같아요. [최서연: 사례 6 - 딸 - 7, 8]

② 원활한 의사소통

자녀가 어머니에게 자신의 의사나 불만을 표현하는 경우와 대화를 통해 서로의 마음을 알게 되어 문제를 해결하는 경우 등이 이러한 개념에 포함된다고 볼 수 있다.

> 신혼집을 구할 때 이럴 때도 워낙 집값이 비싸니까, 전세를 얻는 것조차도 워낙 비싸니까…… 그런 거 때문에 저는 죄송해서 부모님께 제대로 말도 못했는데. …… 부모님도 마음은 더 많이, 더 좋은 조건에서 시작하도록 해 주고 싶은데, 최선을 다해 주셔도 더 못해 주신다는 생각 때문에 부모님은 많이 속상해하시고…… 그랬는데 이제 대화를 통해서 …… 해 주실 수 있는 최선의 상황을 해 주셨다는 걸 제가 아니까…… 그런 걸 저는 부모님께 감사하다고…… 부모님은 더 많이 해 주시고 싶은데 더 많이 해 주지 못해서 미안하다 하시면서 이제 서로 그런 걸 마음을 아니까요, 그런 걸 통해서 해결이 된

것 같아요. [김정식: 사례 2 - 아들 - 26]

(3) 경직된 경계

① 거절당한 경험

과거에 부모에게 한번 도움을 요청했다가 거절당한 경험이 있는 자녀는 힘든 일이 있을 경우, 어머니에게 이야기를 한다고 하더라도 도움을 받지 못할 것이라는 생각을 하고 있었다.

> 저까지 얘기하면 힘들다는 생각도 했고, 얘기해야 뭐 나오지 않을 것 같다는 생각도 반은 있고…… 그냥 가볍게 농담식으로 흘려서 얘기했는데, 그때 커트 당한 것 같아요. 진실 되게 얘기는 안 했고, 한번 살짝 얘기했을 때…… 부담 없는 강도로 얘기는 한번 해 봤던 것 같아요. [민명진: 사례 12 - 아들 - 41, 44]

② 경직된 경계

연구 참여자들 중에는 어머니와 대화가 없는 편이라거나 자신의 잘못은 어머니에게 아예 말을 하지 않고 숨기는 경우가 있었으며, 어머니의 양육 스타일이 방임하는 스타일임에도 어머니와의 관계에 거리감을 느끼는 경우도 있었다. 또한 어머니의 사고방식이 편협하다고 생각하며 어머니는 자신의 대화상대가 되지 못한다고 여기는 자녀도 있었다.

> 부모님은 부모님 일이 있구나…… 부모님은 저한테 이거 해라 저거 해라 그러는 스타일이 아니시거든요. 니가 알아서 해라 그런 스타일이세요. 그래서 제가 이제 혼자 알아서 한다는 거에 대한…… 그래서 음악 좋아하고, 기타 같은 거 치고 그런 걸로 스트레스를 풀었죠…… 엄마는 조금 생각을 넓게 안 하시고 좁게 하시기 때문에, 옛날부터 봐왔기 때문에…… 상의가 좀 안 돼요. 엄마하고는…… 그래서 내가 독단적으로 해버리는 게 더 나아요…… [박아영: 사례 9 - 딸 - 26, 49]

(4) 가족에 대한 원망 및 갈등

① 배우자에 대한 원망 및 갈등

배우자에 대한 원망 및 갈등을 나타내는 속성으로는 배우자에게 이해받지 못한다는 느낌과 신앙관의 차이, 의견의 차이, 부부싸움을 하며 인신공격하기, 성격이나 가치관의 차이, 배우자의 이기적인 모습, 남녀 불평등, 결심하고 작정하고 싸우기, 배우자의 일에 대한 불만, 갈등과 포기의 반복, 그리고 작은 마찰에서부터 이혼위기에 이르기까지 다양한 모습으로 나타났다.

> 나는 지금 남편한테 사실 요구하는 거지 힘이 되 주는 건 별로 없어요. 난 니 와이프고 난 니 새끼들의 엄마다. 그래서 난 지금 최선을 다해서 니 새끼들을 키우고 있고. 최선을 다해서 어쨌거나 이 달콤하지 않은 결혼 생활을 영위하려고 한다. 그 자체로 난 굉장히 버겁고 힘들다. 그런데다가 시댁도 껴 있다. 너무나 긴밀한 네트웍을 가진 집에 누구는 일 년에 한두 번 만나면 땡인 시댁을 날마다 전화하고, 용을 쓰면서 간다고 일일이 간섭받고 그러고 사는 걸로 나는 지친다. 너는 나한테 뭐 바라지 말아라. 너나 남편 노릇 똑바로 하고, 가장으로서 역할 제대로 해라. 뭐 이런 식으로 협박을 하는 거예요…… 날마다 바가지 긁고 소리 질러요…… [안미리: 사례 11 - 딸 - 43]

② 아버지에 대한 원망 및 갈등

연구 참여자들 중에서 아버지가 도박에 빠졌거나 딴 살림을 차려 가정을 돌보지 않았던 경우에 아버지에 대한 원망과 함께 아버지와의 대화가 단절되었으며, 또한 아버지의 잔소리가 싫었던 경우와 아버지로부터 상처를 받은 경우, 그리고 어머니를 고생시키는 아버지에 대한 미움과 딸 역할을 포기하려는 감정적 단절, 원망스런 아버지와는 반대인 배우자를 원하는 등 아버지에 대한 원망 및 단절이 있는 경우를 볼 수 있었다.

저는 싫었어요. 왜냐면 너무 굉장히 많이 가정적이시라고 봐야 되나요? 잔소리. 보이시는 게 많고 그러니까 잔소리가 좀 있으셔서 그 부분에 대해서는 제가 굉장히 싫어했어요. 말씀이 많은 거에 대해서. 너무 섬세하게 모든 게 다 보여서 당신의 마음에 안 드는 거에 대해서 얘기하는 게 싫어서. 저희 신랑 같은 경우에는 잔소리를 안 해서 그거만큼은 되게 좋았어요. 자기가 안 하기 때문에 잔소리를 안 하거든요. 그래서 아버지하고는 그거 때문에 별로 안 좋았던 거 같아요. [나미란: 사례 5 - 딸 - 26]

(아버지에 대한 원망이) 일단은 그런 게 되게 심했었어요. 군대 갔다 와서도 그런 게 되게 많이 있었어요. [이민식: 사례 10 - 아들 - 39]

이상의 내용을 표로 정리하면 <표 4>와 같다.

〈표 4〉 자녀의 결혼과정: 맥락

개념	범주	패러다임
밀착된 경계	밀착된 경계	맥락
명확한 경계	명확한 경계	
원활한 의사소통		
거절당한 경험	경직된 경계	
경직된 경계		
배우자에 대한 원망 및 갈등	가족에 대한 원망 및 갈등	
아버지에 대한 원망 및 갈등		

3) 현상

현상은 일련의 작용/상호작용 전략이나 관계 작용에 대한 중심 생각이나 사건들을 말한다. 이러한 현상은 결혼과정 전체를 통해서 볼 때, 앞에서 살펴본 맥락 안에서 인과적 조건에 의해 드러나게 된다.

본 연구에서는 '상황적 변화', '정서적 변화', '경제적 문제' 등 3개의 범주가 현상으로 나타났다.

이를 구성하는 개념들을 살펴보면, '생활의 변화', '환경의 변화', '부정적 정서', '긍정적 정서', '경제적 어려움' 등이다.

(1) 상황적 변화

① 생활의 변화

자녀들은 결혼을 통해 생활의 많은 부분이 달라졌음을 언급하였다. 퇴근 후 집에 일찍 귀가하는 경우, 배우자나 자녀 뒷바라지 위주의 삶, 집안일을 모두 감당하는 것, 역할의 변화, 친구를 만나는 일 등의 사생활에 대한 제약, 자유가 없어지는 것, 재정관리를 배우자에게 맡기는 것, 가정을 위해 자신의 일을 줄이는 경우, 인생의 새로운 계획이 시작된다고 느끼는 경우 등 생활의 변화를 직접적으로 체험하고 있음을 알 수 있었다.

> 예를 들면, 제가 집에서는 사실 먹고 뭐 정돈 정도 수준만 했으면 됐는데, 지금은 뭐 제가 설거지부터 빨래 청소까지…… 그런 역할을 하는 그런 거부터 달라진 것 같고요. 생활에서 오는 게 절실하구요. 그리고 일단 부모님을 잘 뵐 수 없으니까요, 그런 거가 많이 달라진 것 같아요. [배나은: 사례 8 - 딸 - 3]

> 일단 사생활이 조금 제약을 많이 받아요. 아무래도 결혼하기 전에는 친구들 만나고 싶고 그러면 아무 때나 친구들 만나고 늦게까지 놀고 싶으면 늦게까지 놀고 이런 게 편했는데, 지금은 이제 친구를 만나더라도 일단은 뭐 이성친구도 있고 동성친구도 있는데, 이성친구 같은 경우는 거의 뭐 못 만나다시피 하고 있고, 동성친구도 아무 때나 만나고 싶다고 나가는 게 아니라 와이프가 또 혼자 있으니까 못 나가는 경우도 많이 있고…… 그런 제약이 많이 있어요. [이민식: 사례 10 - 아들 - 6]

② 환경의 변화

결혼을 한 후 원가족과 떨어져 분가하는 경우, 시댁에서 사는 경우, 내집 마련을 위해 경제적인 이유로 친정에서 사는 경우, 또한 분가 후 시댁과 합치는 경우, 시댁에서 살다가 분가하는 경우 등 연구 참여자들은 다양한 거주환경의 변화를 경험하였다.

> 일상생활에서 변화면 아무래도 떨어져 있기 때문에 생활에 있어서 예전 가족이라고 생각했던 가족들이랑 같이 생활하지 않기 때문에…… [정은아: 사례 1 - 딸 - 1]

> 제가 남편이 좀 자리. 마음을 잡기를 바라는 마음으로 제가 그 집을 팔고, 시댁으로 들어간 거예요. 애기를 가지고, 첫애를 데리고, 남편이 ***로 가고. 그래서 이제 그렇게 들어간 거죠. 어머니도 들어오길 원했고. [안미리: 사례 11 - 딸 - 11]

(2) 정서적 변화

① 부정적 정서

자녀들은 결혼에 대한 회의, 맏아들에 대한 부모의 기대로 인한 부담감, 어머니에 대한 미안함, 시어머니에 대한 부담감, 남편에게 요구만 할 뿐 힘이 되어 주지 못하는 자신에 대한 자책감, 아이들을 제대로 돌보지 못한 것에 대한 자책감, 낮은 자존감, 자기 자신이 없는 종 같은 생활을 한다는 것에 대한 우울감, 배우자가 자신을 다른 사람과 비교함으로써 갖게 되는 열등감, 하나님께 제대로 신앙생활 못 하는 것에 대해 혼날까 두려운 신앙적인 불안, 자신이 원하던 일을 하지 못하게 된다는 것에서 오는 좌절감, 인생의 미래에 대한 두려움, 배우자에게 맞춰야 한다는 것과 한꺼번에 다양한 일을 해야 하는 것에서 오는 부담감, 원가족으로부터 떨어짐으로써 느끼게 되는 외로움 등을 표현하였다.

이제 부모님이 해 주실 수 있는 최선을 다해서 해 주시는 걸 보면서 저는 이제 그것 때문에 부모님께 죄송하고…… [김정식: 사례 2-아들-26]

키워 낸 후에 나는 어떤 모습을 하고 있을까? 그거에 대한 두려움이 좀 있었어요. [최서연: 사례 6-딸-23]

그러니까 제가 상담하면서 느낀 건데 남편이 그런 **의 방향을 잃어버린 거가 제 탓이라고 많이 생각하는 거예요. 제가 그거 때문에 제가 굉장히 많이 죄책감을 가졌어요…… 딸로서도 너무나 나쁜 딸이죠. 다정다감하지 못하고 물질적으로 도와주지도 못하고. 아마 많이 후회할 거예요. 엄마가 돌아가시면. [안미리: 사례 11-딸-43]

② 긍정적 정서

자녀들은 결혼준비과정 중에 느꼈던 기쁨과 아이를 갖게 됨으로써 얻은 기쁨, 사랑하는 사람과 항상 함께할 수 있다는 만족감, 심리적인 안정, 신앙 좋은 이상적인 배우자와 결혼한 것에 대한 만족감 등을 느낀다고 하였다.

즐거운 점은 사랑하는 사람이랑 같이 있고, 연애할 때보다 더 많은 대화를 할 수도 있고, 항상 같이 있으니깐요. 총각 때는 보고 싶어도 잘 못 보고 하는데, 이제는 계속 같이 있고 하니까. 그런 게 좋은 것 같아요. [김정식: 사례 2-아들-6]

아내는 그런 부분에 대해서 조금…… 이해를 해 줘요. 그래서 조금 그런 부분은 정신적으로는 솔직히…… 편안해졌어요. [조상민: 사례 4-아들-3]

그리고 결혼해서 또 즐거운 점은…… 저희 아버지가요 기독교적이지는 않잖아요. 믿음이 되게 좋진 않으시거든요. 근데 그런 거에서 오는 힘든 점이 되게 많았어요. 결혼하기 전에…… 딸로서요…… 그런 부분을 이제 결혼하고 나서는 아빠의 반대적인 부분을 남편을 통해 보니까요. 그런 거에 대한 거는 사실 기쁨이 되더라고요. [배나은: 사례 8-딸-4]

(3) 경제적 문제

① 경제적 어려움

연구 참여자들은 결혼을 준비하면서 결혼 후 살게 될 집에 대한 고민을 하였으며 결혼식을 준비하는 과정 중에서도 경제적인 어려움을 겪는 경우가 있었다. 그리하여 신혼생활을 월세로 시작하여 힘들었던 경우와 자영업을 시작하면서 자금이 없어 매우 힘들었던 일을 상기하였다.

> 돈이 좀 많이 들고 이런 게…… 만약에 웨딩드레스를 하면 평균 한 이백 얼마 한다…… 근데 한 오백 들었거든요. 좀 오바되는 거라든지…… [박아영: 사례 9 - 딸 - 44]

> 결혼 준비하면서부터도 저희 와이프하고 저하고 돈 조금 있던 거 그거 가지고 시작했던 것 같아요. 큰 욕심 없이. 월세로 그렇게 시작했던 것 같아요, 처음부터…… [민명진: 사례 12 - 아들 - 50]

이상의 내용을 표로 정리하면 <표 5>와 같다.

〈표 5〉 자녀의 결혼과정: 현상

개념	범주	패러다임
생활의 변화	상황적 변화	
환경의 변화		
부정적 정서	정서적 변화	현상
긍정적 정서		
경제적 어려움	경제적 문제	

4) 중재조건

중재조건은 현상과 관련되어, 주어진 맥락 안에서 취해지는 작용/상호작용 전략을 촉진하거나 억제하는 범주를 말한다. 이러한 중재조건에 의해 결혼과정의 현상에 대한 자녀의 작용/상호작용 전략이 촉진되기도 하고 억제되기도 하는 것을 볼 수 있었다.

본 연구에서는 '(부모, 시부모의) 통제', '변화인식 부재', '배우자의 신앙상태', '응집된 관계의 경험', '하나님 인식' 등 5개의 범주가 중재조건으로 나타났다.

이를 구성하는 개념으로는, '시부모의 통제', '어머니의 통제', '변화를 못 느낌', '배우자의 신앙 유무', '원가족의 응집된 관계', '친구와의 응집된 관계', '배우자와의 응집된 관계', '하나님 인식' 등이 있다.

(1) (부모, 시부모의) 통제

① 시부모의 통제

박아영(사례 9의 딸)과 같이 시부모와 동거하거나 안미리(사례 11의 딸)와 같이 시부모의 경제적 지원을 받는 경우, 시어머니가 결혼한 아들의 진로문제에 간섭을 하거나 자녀의 결혼생활에 있어서 중요한 역할을 하고 있었으며, 자녀의 집안일을 결정할 뿐만 아니라 며느리가 친정에 다녀오는 것도 시어머니의 허락을 받아야 하였다.

> 부모님이 연륜이 있으시고 하니까, 집안일이라든지 그런 일에 있어서는 부모님이 딱딱 결정을 해 주세요. 이건 이렇게 해야 된다…… 이렇게 하는 게 좋지 않겠냐 이런 식으로 말씀을 하시거든요. 그러면 그대로 하면 참 좋아요…… 우리가 부모이기 때문에 니들은 자식 같기 때문에, 자식을 데리고 사는 거다. 이렇게 말씀을 하시더라고요. 그러니까 큰 울타리 역할을 해 주시는 거죠. [박아영: 사례 9-딸-11]

② 어머니의 통제

어머니가 집안일의 결정을 주도적으로 하거나 자녀의 교회도 어머니가 결정해 주고 결혼 준비도 어머니가 다 알아서 준비해 주며, 자녀의 갈등을 다른 사람에게는 말하지 못하게 하는 등 자녀를 통제하는 경우도 있었다. 또한 자녀의 진로문제나 교회를 옮길 것을 권유하는 등의 조언을 하고, 믿는 배우자를 얻을 것을 주장하기도 하였다.

> 거의 엄마가 많이 이끌어 가고, 아버지나 저는 거의 쫓아가는 입장이고, 형이 그 다음에 좀 많이 그러고, 그랬던 것 같아요. [민명진: 사례 12 - 아들 - 18]

> 그전에도 *** 활동할 때 얘는 뭐 신학교를 보내야 된다는 건 아니고, 너 뭐 될래. 너 신학교가면 내가 다 해 주겠다. 그렇게 뭐 목사님이 된다는 얘기를 한마디도 한 적이 없거든요? 그런데 그거를 부모님들이 넘겨짚고 생각하고, 계속 그렇게 주입을 시키는 거에요, 막. 스트레스를 주는 거에요. [조상민: 사례 4 - 아들 - 40]

(2) 변화인식 부재

① 변화를 못 느낌

연구 참여자들 중에는 결혼을 했어도 어머니와의 관계가 달라진 것이 없다고 느끼거나 혹은 결혼 자체에 대한 실감을 하지 못하는 경우가 있었다.

> 초반에는 얼떨결에 이제 결혼을 해야 된다는 얘기가 나오고 그래서 그 과정까지 오게 됐는데, 사실 가족 모두 실감하지 못했어요. [정은아: 사례 1 - 딸 - 5]

(3) 배우자의 신앙상태

① 배우자의 신앙 유무

자녀들 중에는 같은 교회의 교인끼리 결혼한 경우가 있는가 하면, 어머니가 반드시 믿는 배우자를 얻었으면 좋겠다고 했음에도 불구하고 믿지 않는 배우자와 결혼을 한 경우도 있었다.

> 같이…… 교회에서 만났으니까 같이 교회를 다니고…… [서영준: 사례 3-아들-16]

> 저희 아내는 (신앙을) 갖고 있지 않았었어요. 그래서 그런 부분이 고민이 좀 됐었죠.[조상민: 사례 4-아들-25]

(4) 응집된 관계의 경험

① 원가족의 응집된 관계

자녀들은 원가족의 화기애애한 가족분위기, 가족끼리 외식과 대화를 많이 했었던 기억, 그리고 힘든 일이 있을 때에는 가족과 함께 상의했던 기억을 가지고 있었다.

> 분위기는 그냥 일반 가정에서 근데 그런 가정이 또 많이 없다는 걸 나중에 알았는데 굉장히 가족 간에 외식도 많이 하고 대화도 많이 하고 그랬던 것 같아요. [최서연: 사례 6-딸-13]

② 친구와의 응집된 관계

친구들과 즐겁게 어울리고 친구 위주로 생활하며, 응급상황이 발생했을 때 친구들의 도움을 받아 무사히 회복된 경험을 가진 연구 참여자는 힘든 일이 있을 경우에도 친구와 상의를 한다고 하였다.

친한 친구들한테는 얘기를 많이 하고요. 힘든 일은 집사람한테는 잘 얘기를 안 해요. 마음 아파할까 봐. 힘들어 하고 그럴까 봐…… 친한 친구들한테는 서로 얘기하고…… [민명진: 사례 12-아들-45]

③ 배우자와의 응집된 관계

연구 참여자들 중에서는, 어려운 일이 있을 때에는 배우자와 상의하고, 집안일을 공유하며, 대화를 통해 서로를 이해하고, 자신에게 적합한 배우자라는 확신을 가지며, 화목한 가족분위기를 만드는 경우들을 볼 수 있었다.

마음은 더 좋은 곳에서 신혼집을 구해서 하고 싶지만, 제가 저희 집 형편을 뻔히 아니까 마냥 뭐 그걸 다…… 와이프가 바라는 걸 다 채워줄 수는 없는 거고, 앞으로 둘이 열심히 살아서 그런 걸 하나하나…… 예를 들어 아파트 평수를 조금씩 조금씩 늘려가는 재미로 사는 거죠. 그래서 그런 식으로 하자고 얘기를 해서 이제 서로 이해하고…… [김정식: 사례 2-아들-27]

(신랑이랑) 거의 집안일은 같이하는 편이에요. [정은아: 사례 1-딸-61]

(5) 하나님 인식

① 하나님 인식

자녀들은 결혼과정을 통해 나름대로 자신의 경험이 반영된 하나님 인식을 가지고 있는 경우도 있는 반면, 여전히 계시적인 하나님 인식을 가지고 있는 경우도 있었다.

언제나 지켜봐 주시는 분인 것 같아요. 내가 좋은 일을 하든, 나쁜 일을 하든, 물론 하나님은 제가 나쁜 일을 할 때 저를 치실 수도 있지만, 인내하시는 분이기 때문에 일단은 지켜보고 계시고, 그러신 분 같아요. [이민식: 사례 10-아들-24]

아유 어려워라. 하나님은…… 굉장히 위태위태해요. 나의 하나님은. 만약에 하나님이 개인적으로 나에게 어떤 분인가라는 게 내가 잡힌다면 내가 사는 게 되게 쉽겠죠. 그걸 소망할 수 있으니까. 근데 막 여러 하나님은 많은데요. 지금 내가 어떤 걸 붙잡아야 될지 잘 모르겠어. 그냥 하지만 그냥 제가 그 일상에서 일어나는 여러 가지 부조리한 일들 예수를 믿지만 예수를 믿는 사람에게도 닥치는 불행이나 이런 고난 그런 것들을 보면서 두려움이 많이 있거든요. 그래서 하나님을 믿는다는 게 이 세상에서 어떤 것일까 거기에는 물론 내가 개인적인 뭐라 그럴까 성화 그런 것도 관련이 있고 그렇겠지만 저는 인간과 하나님의 관계는 살짝 이기적인 관계다. 강자와 약자기 때문에 한 분은 구원을 주실 수 있는 분이고, 하나는 구원이 없이는 살 수 없는 존재이기 때문에 정말 그런 관계에서 하나님을 하나님이라는 분이 나에게 실제적으로 현실 이 실생활에서 나를 구원하시지 못한다면 그 하나님이라는 게 나한테 어떤 의미가 있는 것인가 고민을 많이 해요…… 이런 여러 가지 내가 조금 편안하게 지구촌에 태어났다는 것이지 지금도 너무 많은 고난과 악이 공존하는 곳에서 하나님이 내게 복을 주신다는 건 어떤 의미고 내가 정말 하나님을 우러르면서 감사하면서 기쁨으로 살아간다는 것은 어떤 의미인가? 그렇다고 내가 현실을 완전히 무시하고 하나님이 내게 영적인 기쁨만을 주신다. 내게 영적인 기쁨을 주시기 때문에 내가 정말 이 현실도 잊혀질 수 있다 그 정도의 자신도 없고, 영적인 것만을 영적인 부분만의 하나님은 아니라고 보는데 그런 것에서 굉장히 저는 날마다 고민이 되요. 잠재적으로 항상…… [안미리: 사례 11-딸-33]

이상의 내용을 표로 정리하면 <표 6>과 같다.

<표 6> 자녀의 결혼과정: 중재조건

개념	범주	패러다임
시부모의 통제	(부모, 시부모의) 통제	
어머니의 통제		
변화를 못 느낌	변화인식 부재	
배우자의 신앙 유무	배우자의 신앙상태	중재조건
원가족의 응집된 관계		
친구와의 응집된 관계	응집된 관계의 경험	
배우자와의 응집된 관계		
하나님 인식	하나님 인식	

5) 작용/상호작용 전략

작용/상호작용 전략은 현상을 다루고 조절하고 실행하는 것에 대처하도록 고안된 전략들이다. 자녀들은 결혼과정에서 나타나는 현상에 대해서 중재조건의 영향을 받으면서 다음과 같은 작용/상호작용 전략을 사용하였다.

본 연구에서는 '투쟁', '신앙적 대처', '의식적 대처', '현실적 태도' 등 4개의 범주가 작용/상호작용 전략으로 나타났다.

이를 구성하는 개념으로는 '의지관철을 위한 싸움', '신앙생활의 공유', '신앙에 의지', '갈등 회피', '관심의 분산', '독립적 태도', '사고의 전환', '억제', '의식적인 행동', '책임감 형성', '합리화', '현실을 우선시함' 등이 있다.

(1) 투쟁

① 의지관철을 위한 싸움

자녀들 중에는 결혼을 반대하는 어머니와 극렬하게 싸움으로써 결혼승낙을 받은 경우와 단식투쟁을 함으로써 결혼승낙을 받은 경우가 있었다.

> 결혼할 때도 반대가 좀 심하셨구요. 저는 그렇게 생각해요. 자기 기준에 안 맞으면 무조건 반대부터 하고 보시는…… 그런 생각을 예전부터 갖고 있었구요. 역시 반대를 하셨구요. 그때 뭐 제가 아주 뭐 난리를 쳤죠. 그래가지고 겨우 결혼 승낙을 받았죠. [조상민: 사례 4 - 아들 - 20]

(2) 신앙적 대처

① 신앙생활의 공유

자녀가 결혼한 후에도 어머니가 출석하는 교회에 다니는 경우들을 볼 수 있었는데, 이들은 교회가 부모를 규칙적으로 만날 수 있는 장소로서의 역할을 한다는 것에 큰 의미를 부여하고 있었다.

> 일단 가족끼리 간다는 게 큰 저거일 것 같고, 나 같은 경우 이제 부모님을 모시고 있지 않은 상황이기 때문에 같이 적어도 일주일에 한 번씩은 반드시 뵈니까 그런 점이 오히려 나쁘게 하는 모습은 아닐 거라고 보고…… [성덕우: 사례 7 - 아들 - 29]

② 신앙에 의지

자녀 중에는 결혼을 반대하는 어머니에 대항하여 기도를 하거나 신앙서적을 읽으면서 하나님의 메시지를 발견하여 결혼을 관철시킨 경우가 있었다.

> 그냥 부딪치다가 집에 와서 많이 울고…… 그리고 또 나가서 또 부딪치고 집에 와서 많이 울고 그랬던 것 같아요. 근데 그때는 진짜 기도 안 할 수가 없었거든요. 그리고 되게 서적도 되게 많이 보게 됐어요. 근데 서적에 정말 하나님께서 딱 보여주시더라고요. 제가 그냥 보통 하루에 한 권 정도 읽었던 것 같아요, 그때는. 책만 정말 많이 읽었었는데, 그 책을 읽을 때마다 하나님이 정말 그게 응답이라고 생각했어요. 정말 아빠랑 싸웠을 때는 아빠랑 싸웠던 그런 내용이 책에 얘기가 나오더니만…… 그럼에도 불구하고 부모가 그랬을 때 하나님이 원하시는 바를 먼저 찾아라 그런 메시지가 되게 많았고…… 정말 신기하게 그렇게 많이 접하게 되더라고요. 그리고 집사님들이랑 부딪치고 속상해서 집에 와서 책 읽으면, 속상했을 때 마음을 다스리게 되는 그런 책들 보게 되고…… 그러면서 많이 또…… 마음을 털어버리게 됐던 것 같아요. [배나은: 사례 8 - 딸 - 39]

(3) 의식적 대처

① 갈등 회피

자녀들 중에는 어머니와 의견충돌하지 않기 위해 노력하며, 신앙적인 갈등이 있어도 이를 회피하고 신경 쓰지 않는 경우가 있었으며, 원망스러운 아버지에 관해서도 포기해 버리는 등 갈등에 대한 구체적 해결을 위한 노력을 하기보다는 그러한 갈등을 회피해 버리려는 모습을 볼 수 있었다.

> 근데 저희 시어머니께서 조카 얘기를 하셨을 때, 성당을 보내야지 하셨을 때 사실은 너무 놀랐어요. 그 문제로 제가 신랑이랑 얘기를 해 보고 했는데, 저는 무조건 교회를 데려갈 거다, 그랬는데…… 그건 그래서 차후의 문제로 생각하고 있어요. [정은아: 사례 1 - 딸 - 74]

> 예를 들어서 집안 행사나 이런 게 있을 때 가끔 제 생각이랑 안 맞을 때, 부닥치는 게 아니라 제가 그냥 안 부닥치려고 노력을 하죠. [민명진: 사례 12 - 아들 - 16]

② 관심의 분산

결혼 전에는 어머니에게만 관심이 있었는데 결혼을 함으로써 어머니와 배우자 모두에게 관심을 두게 되었다고 말하는 연구 참여자도 있었다.

> 큰 영향은 안 미쳤다고 생각은 하지만 아무래도 이제 결혼하기 전에는 대상이 한 분 어머니라는 분한테 나의 관심이 있는 반면에 지금은 이제 그게 갈렸다고나 할까? 반씩이나 6:4나 이런 식으로. [성덕우: 사례 7 - 아들 - 64]

③ 독립적 태도

연구 참여자 중에는 결혼을 준비하는 과정에서 부모로부터 아예

경제적인 도움을 받지 않은 경우도 있었으며, 힘든 일이 있을 때
에도 부모나 배우자와 상의하지 않고 혼자 해결한다거나, 신앙생활
도 부모의 간섭이나 타인의 시선에 아랑곳하지 않고 자신의 의사
에 따라 결정하는 경우를 볼 수 있었다.

> 제가 얘기 안 했어요…… 왜냐하면 저희 어머니는 ******이셨잖아요. 근데 저
> 한테 어떤 얘기를 하셨는지 무슨 얘기를 하셨는지 그런 얘기까지 다 하게 되
> 면, 엄마가 너무 힘들어질 것 같더라고요…… 그런 분들이 그런 얘기 나한테
> 했어 그렇게 얘기하면…… 저희 어머니는 또 되게 힘드셨을 것 같더라고
> 요…… 그래서 안 했어요. [배나은: 사례 8 - 딸 - 56]

> 어렸을 때부터 집도 힘든데 나까지 손을 빌리고 그러면 아버지가 더 힘들어
> 할까 봐. 그런 마음을 어렸을 적부터 되게 많이 가졌어요…… [민명진: 사례
> 12 - 아들 - 39]

④ 사고의 전환

자녀들은 결혼과정을 통해 열심히 살고자 하는 동기가 부여되고,
자기중심 사고가 가족중심 사고로 바뀌며, 부정적인 사고가 긍정적
인 사고로 바뀌고, 그동안 원망해 왔던 아버지에 대해서도 미워하
지 않고 긍정적으로 보려고 노력하게 되었다고 말하는 경우가 있
었다.

> 어렸을 때는 부정적인 견해가 더 많이 지배를 했어요. 아 저걸 하면 뭘 하
> 나…… 이런 생각을 많이 했었거든요. 근데 지금은 당연히 저걸 해 봐야겠구
> 나 하는 긍정적인 마인드로 바뀌었어요. 애도 생기고 하니까. [박아영: 사례 9
> - 딸 - 66]

> 예배 다 끝나고 이제 안수기도 해 주시는데, 기도를 막 하다가 어제 그 생각
> 이 딱 나가지고, 눈을 딱 떠서 아버지를 딱 찾아봤는데, 목사님이 아버지를 안
> 수기도를 해 주시고 있는 거예요. 이제 그때 아버님이 제가 어제 기도하면서

봤던 그 광경을 똑같이 아버지가 눈물을 흘리시면서 기도를 받고 계신 거에요. 그 장면을 딱 보고 나서, 아 내가 아버지를 미워할 사람이 아니구나…… 그런 생각도 많이 들고, 또 그 이후로 아버지께서도 많이 변하셨어요. 그래서 그 계기가 제일 컸던 것 같아요. [이민식: 사례 10 - 아들 - 40]

⑤ 억제

자녀들은 자신의 기분을 무시하며 억압하는 경우와 집안에서 자신의 의견을 내놓지 않는 경우, 그리고 어머니와의 갈등 속에서 그저 참기만 하는 경우 등이 있었다.

글쎄요. 그냥 참았죠. 뭐. 그 방법밖에 없지요. 뭐. [조상민: 사례 4 - 아들 - 18]

⑥ 의식적인 행동

자녀들의 이야기를 통해 그들이 시댁에 최선을 다하는 경우, 시부모의 눈치를 보는 경우, 결혼 후 친정어머니에게 의식적으로 잘하려는 경우, 자신의 이성교제로 인해 갈등하게 된 배우자에게 의무감으로 사랑한다고 말하는 경우, 어머니와의 관계를 개선하려 노력하는 경우, 시댁의 장점을 그러한 장점이 없는 친정에 적용하여 친정을 개선시키려는 경우 등을 볼 수 있었다.

갑작스럽게 딸이 딱 떠나는 게 아니라, 저도 마찬가지로 근처에 살고 …… 그리고 결혼하고 나서도 제가 의식적으로 더 신경을 쓰려고 노력하는 부분도 있는 것 같아요. [정은아: 사례 1 - 딸 - 36]

아무래도 물질적인 면에서 가장이 가장으로서 역할을 못 하면 아무래도 시부모님이 간섭을 하시게 되고 그러니까 뭐가 자연스럽게 자기의 목소리가 작아지고, 그만큼 저는 눈치 봐야 되는 사람이 더 많아지니까. 실제적으로 모든 부분에서 제가 눈치를 보고 살았어요. 옷도 제대로 못 사 입고, 뭐 해먹고 싶은 것도 못 해먹고, 친구도 못 만나고. 다 간섭을 하시니까. 하다못해 애들 데리고 어디 밖에는 못 나가고 혹시 감기라도 걸리면 그런 거에 대해서 너무 그러시니까. [안미리: 사례 11 - 딸 - 9]

⑦ 책임감 형성

자녀들은 결혼을 함으로써 가장으로서 부양가족에 대한 책임감을 느끼며, 자녀교육에 관해서도 책임감을 느끼게 되고, 가족에 대한 부양을 잘해야 한다는 생각으로 직장을 변경하기도 하였다.

아, 되게 책임감이 굉장히 느껴지기도 하구…… 한 가정을 이루다 보니까 책임감을 훨씬 더 많이 느껴지는 것 같애요. [정은아: 사례 1 - 딸 - 24]

내가 열심히 일을 해야 되고, 열심히 살아야겠다는 동기부여가 된 것 같아요. 결혼을 통해서 내 와이프가 있고, 앞으로 내 2세도 태어날 거고, 내가 이런 부양해야 할 가족들이 있기 때문에 더 열심히 일을 해야 되고 더 열심히 살아가야겠다는 그런 건 생긴 것 같아요. [이민식: 사례 10 - 아들 - 23]

⑧ 합리화

배우자와의 심각한 갈등이 있는 경우에 이것이 사랑 없이 결혼했기 때문이라거나 배우자를 위한 기도를 안 했기 때문이라거나, 오히려 하나님이 주신 신앙적인 기회 혹은 사탄이 틈탔기 때문이라고 하는 경우가 있었으며, 결혼 후 신앙생활이 게을러진 이유는 사회생활 때문 또는 믿지 않는 남편 때문이라고 합리화하기도 하였다.

너무 어불성설이고 제가 앞뒤 안 맞고 행동과 생활 그 마음이 많이 안 맞긴 했는데 제가 추구하는 거는 그쪽이었는데 또 저의 그 약한 부분을 사탄이 그걸 꼭 그것을 틈타드라구요. 그래서 제가 거기에 항상 약해져서 자꾸 넘어가기는 하는데…… [나미란: 사례 5 - 딸 - 51]

일단 움직이고 모임에 나가고 혼자 예배보고 찬송하고 이런 게 쉽지 않은 거 같더라구요. 큐티를 한다는 것도 맨 날 아침에 일어나서 책을 보고 하는 것도 바지런하지 않으면 안 되는데, 가장 좋은 거는 기도 모임에 참가하고 많이 듣고, 그렇게 하는 게 제일 좋은 거 같아요. 교육을 받고. 성경말씀도 혼자 보는 것보다는 아시는 분한테 설명을 듣고 이해를 하고 정말 학교 공부처럼 해야지 혼자 보면 잘못된 성경 말씀 이해를 하면 그것도 안 되겠더라구요. 근데 일단 그런 모임에 못 나가니까 그게 제일 또…… 아니면 사회생활에 이런저런 핑계를 대는 것 같아요. 스스로. 난 이러니까 못 가 이런 식으로. 신랑의 반대도 있고. [최서연: 사례 6 – 딸 – 19]

(4) 현실적 태도

① 현실을 우선시함

결혼을 한 자녀들은 경제적인 안정을 최우선으로 고려하는 경우가 많았다. 경제적인 안정을 이룬 후 출산을 원하는 경우가 있었으며, 여러 가지 상황을 고려하면서도 맞벌이를 선택하고 있음을 볼 수 있었다.

저도 이제 결혼을 준비하면서 여러 가지 어려운 점도 있고 많은 것을 경험해서 내가 벌써 이런 것 때문에 고민하고 이런 것 때문에 살아오면서 한 번도 느껴오지 못했던 현실적인 것들 때문에 고민도 많이 하는 아이가 되었구나 하는 걸 많이 느꼈는데…… [김정식: 사례 2 – 아들 – 47]

결혼했으니까 좀 더 돈에 신경 쓰게 되고요, 현실적으로…… [서영준: 사례 3 – 아들 – 35]

일단은 저희가 경제적으로 좀 안정을 한 다음에…… 일단은 3년 정도 둘 다 일을 해서 같이 돈을 번 다음에, 그 집을 팔고 좀 큰 집으로 이사를 간 후에 애기를 낳기로 했거든요. [이민식: 사례 10 – 아들 – 32]

이상의 내용을 표로 정리하면 <표 7>과 같다.

〈표 7〉 자녀의 결혼과정: 작용/상호작용 전략

개념	범주	패러다임
의지관철을 위한 싸움	투쟁	작용/상호작용 전략
신앙생활의 공유	신앙적 대처	
신앙에 의지		
갈등 회피	의식적 대처	
관심의 분산		
독립적 태도		
사고의 전환		
억제		
의식적인 행동		
책임감 형성		
합리화		
현실을 우선시함	현실적 태도	

6) 결과

결과는 작용/상호작용 전략에 의한 결과를 말한다. 자녀들은 앞에서 살펴본 '상황적 변화' 등의 현상에 대해, '(부모, 시부모의) 통제' 등의 중재조건의 영향을 받아, '투쟁' 등의 작용/상호작용 전략을 사용하여 다음과 같은 결과를 나타내었다.

본 연구에서는 '심리적 분리', '나만의 가족에 대한 애착', '의존', '상호적으로 전환', '신앙적 변화' 등 5개의 범주가 결과로 나타났다.

이를 구성하는 개념을 살펴보면 '심리적 거리감', '좋은 부모가 되고 싶은 욕구', '핵가족에 대한 애착', '어머니에 의지', '의존적 태도', '상호적 관계', '어머니에 대한 관심', '어머니와 응집된 관계 형성', '신앙생활의 변화' 등이 있다.

(1) 심리적 분리

① 심리적 거리감

자녀가 결혼을 한 후, 부모는 구시대적 사고방식을 가지고 있다고 생각하여 더 이상은 부모와 상의를 하지 않는 경우, 부모에게 점점 더 소홀해지며 신경을 덜 쓰게 되는 경우, 대화가 점점 더 없어지는 경우, 떨어져 살게 되어 관심도 줄어드는 경우 등을 볼 수 있었다.

> 솔직히 별로 결혼하고 많은 얘기를…… 그러니까 뭐 좀 그래요. 제가 회사를 한 번 그만둬서 회사를 옮긴 적이 있는데, 아버님한테 얘기를 했는데, 아버지는 그런 또 옛날식의 사고를 가지고 계셔 가지고…… 영…… 뭐 뭐라고 하시니까 싫더라고요. 그래서 제가 다 결정하죠. 부모님하고는 크게 뭐 그렇게 결혼하고…… [조상민: 사례 4 - 아들 - 37]
> Out of sight, out of mind 아냐? [성덕우: 사례 7 - 아들 - 64]

(2) 나만의 가족에 대한 애착

① 좋은 부모가 되고 싶은 욕구

자신이 부모로부터 공평한 대우를 받지 못했다고 느끼는 자녀의 경우에는 자신의 아이들만큼은 공평하게 키우려 노력하고 있었으며, 어머니로부터 심하게 통제를 받고 자라온 자녀의 경우에는 자신의 아이들은 자유롭게 키우겠다고 하였다.

> 제가 우리 애들한테는 잘해 주려고 많이 노력하는 편이에요. 제가 그렇게 못 받아왔기 때문에…… 뭐가 2개가 있으면 딸하고 아들하고 하나씩 공평하게 주려고 항상 그거를 염두에 두고 있어요. 항상 어렸을 때부터 그런 거에 대한 스트레스를 되게 많이 받아왔거든요. [민명진: 사례 12 - 아들 - 73]

② 핵가족에 대한 애착

자녀들은 자신의 아이들에 대한 애착이나 자신이 꾸린 자기 자
신만의 가족인 핵가족에 대해 애착을 가지고 있었으며, 그러한 소
중한 자신의 가족을 신앙적인 가족으로 이끌어 가고 싶어 하였다.

> 근데 아무래도 결혼을 함으로써 배우자가 생김으로써 의지도 하게 되고 고민
> 도 다 같이 털어놓게 되면서 미래 설계를 같이하다 보니까 되게 가족 중심으
> 로 미래를 생각하게 되는 것 같아요. 혼자가 아니라…… 그리구 이제 아기나
> 그런 거에 대해서 예전에는 상상하지도 않았던 일들이 얼마 남지 않았을 수도
> 있는 거잖아요. 그래서 내가 지금까지 자라왔던 친정이 가족이라면, 그런 가족
> 이 이제 또 하나 생기는구나…… 또 하나 더 이렇게 나만의 가정이 생기는구
> 나라는 걸 쪼끔씩 느껴지는 것 같아요. [정은아: 사례 1 - 딸 - 22]

> 결혼하고 나서 가족이란 게 생기고 나다 보니까, 제가 가족에 대한 애착은 되
> 게 커요. 제 와이프나, 딸이나, 아들이나…… 그런 부분에서 많이 달라진 것
> 같은데요. 철도 좀 든 것 같고. [민명진: 사례 12 - 아들 - 47]

(3) 의존

① 어머니에 의지

자녀들은 자신과 어머니의 의견이 서로 다른 경우에 어머니의
의견을 따라 결정을 내리는 경우가 있었으며, 다른 사람과 상의해
서 해결이 잘 안 될 경우 어머니가 해결사 역할을 하는 경우도 있
었다. 또한 결혼준비과정도 전적으로 어머니에게 의지하는 경우가
있었고, 어려울 때는 어머니에게 신앙적으로 의지하며 기도 요청을
하기도 하였는데, 아예 어머니에게 자신의 기도를 미루는 경우까지
도 있었다. 또한 맞벌이를 하는 경우에는 무엇보다도 자녀양육문제
에 대해서 어머니에게 의지하는 모습을 보여주고 있었다.

애들은 거의 큰 애는 거의 엄마가 키우셨구요. 제가 학교 다녔기 때문에. 그리고 둘째 같은 경우에 그때 제가 아무 일도 안 했었기 때문에 거의 제가 키웠지만 주말에 교회 갈 때는 부모님이 봐주셨으니까요. [나미란: 사례 5 - 딸 - 15]

항상은 아니지만 말씀을 갑자기 듣다가 이러다가 아니면은 방송으로 예배 가끔 보거든요. 그런 거 보면서 어후 정말 어떡하지! 아니면 구역예배 가끔 참가해서 교육받다가 말씀을 많이 듣고 나면 아우 진짜 큰일 났다고. 그러면서도 또 뒤돌아서면 기도를 안 해요. 그때만 자극을 받고 불안해하면서 남한테 미루는 거죠. 에이 엄마가 기도해 주겠지. 이런 식이 돼 버리는 거예요. [최서연: 사례 6 - 딸 - 18]

우리 어머니 기도가 응답받는 걸 옆에서 많이 보니까 그런 것이 나한테 아 내가 어려운 일이 그런 걸 할 때는 기도요청도 할 수 있고. [성덕우: 사례 7 - 아들 - 42]

② 의존적 태도

자녀들은 배우자나 가족, 친척들에게 심리적, 경제적 도움을 받기를 원하였으며, 또한 실제로도 도움을 받고 있었고, 처가에 자녀양육을 의지하는 경우도 있었다. 그리고 현재는 떨어져 살지만 장차 자녀양육을 위해 부모와 함께 살 가능성이 있음을 언급하기도 하였다. 또한 시부모의 말씀에 따라 일을 처리하면 무슨 일이든 잘된다고 믿고 있는 경우도 볼 수 있었다.

내가 이 세상을 살아가면서 평생 서로 믿고 의지할 수 있는 사람이 생겼다…… 그런 사람이 있다는 거…… [김정식: 사례 2 - 아들 - 24]

남편이 사역에 대한 회의가 와가지고 이제 좀 진로에 대한 고민을 많이 하면서 job을 논 상태에서 공부를 한다는 상황에서 저희가 이제 남편이 가장으로서의 역할을 못한 거잖아요. 시댁 원조를 받은 거예요. [안미리: 사례 11 - 딸 - 9]

(4) 상호적으로 전환

① 상호적 관계

자녀 중에는 결혼 전에는 어머니가 일방적으로 사랑을 주었던 모-자녀 관계가 결혼 후에는 상호적인 사랑의 관계로 바뀌었다고 인식하는 경우가 있었으며, 어머니가 마음속의 이야기를 자신에게 많이 한다고 생각하는 자녀의 경우도 볼 수 있었다.

> 가장 포인트가 되는 거는 어머니의 사랑이 원 way였던 것이 이제 한 way가 더 생겼다고 할까. [성덕우: 사례 7-아들-69]

② 어머니에 대한 관심

자녀들은 결혼을 한 후 어머니에 대해 결혼 전보다 더 많이 생각하는 경우들이 있었는데, 결혼을 했으니까 어머니에게 효도를 해야 한다는 생각과 무언가 어머니에게 보답을 해야 하며 도움이 되어 드려야 한다는 생각을 하고 있었다. 또한 어머니가 외로워 보인다고 느끼며 그러한 점으로 인해 어머니에 대해 염려하는 모습을 보여주는 등 어머니에 대한 관심이 증가된 모습을 보여주었다.

> 아들로서도, 제가 장남이니까 부모님께 지금보다 더 많이 효도하고 신경도 많이 쓰고, 가정에서도 장남의 역할을 할 수 있도록 더 노력을 많이 해야 될 것 같아요. 여태까지는 제가 총각 때는 별로 어머니 아버지한테 걱정을 끼쳐드리지 않는 게 효도하는 거라고 생각을 했거든요? …… 이제 제가 제 관련된 거에만 관심을 쓰는 게 아니라, 제가 관심을 갖고 있고, 제가 하고 싶은 일, 그런 걸 위해서 제 인생을 잘 설계하고, 제 자신을 위해서 살아가는 거에 추가해서, 부모님이 어떤 고민을 하고, 또 집에 어떤 문제가 있고, 뭐 그걸 위해서 내가 어떻게 해서 그런 문제를 해결하는 데에 도움이 될 수 있는 아들이 되나 이런 것들까지도 제가 이제 생각을 해야 되고…… [김정식: 사례 2-아들-42]

지금에선 엄마가 좀 외로우신 게 아닌가라는 생각이 들어요. 좋게 말하면 여유고 아니면 자식들은 다 출가를 했고 엄마의 삶에 있어서 엄마를 위해서 뭐 남은 건 없는 거 같아요. 직업이 있으신 것도 아니고 그렇다고 아빠랑 여행 다니시고 이런 거는 또 한때잖아요. 엄마의 삶을 위해서 뭘 하신 게 없으니까 좀 외로워 보이실 때도 있어요. 저희는 저희 가정이 있으니까 각자 나는 데리고서 그냥 올라오면 끝이니까 외로워 보이세요. 아빠는 일이 있으시니까 바쁘신데 엄마는 좀 그러신 것 같아요. 교회생활을 빼시면 허전하다는 느낌이 좀 들어요. [최서연: 사례 6 – 딸 – 10]

③ 어머니와 응집된 관계 형성

자녀들은 분가 후 어머니와의 갈등이 감소한 경우, 결혼 후 어머니와의 관계가 안정되고 여유가 생긴 경우, 어머니를 더 이해하게 되고 관계가 편해지며 돈독해지는 경우가 있었다.

결혼은 나와 어머니와의 관계를 좀 더 친밀하게…… 좀 더 돈독하게 만들어 주었다고…… [박아영: 사례 9 – 딸 – 75]
엄마와의 관계는 조금 더 좋아졌어요. (어떤 면에서요?) 그게 뭐 내가 인격적으로 더 좋아져서 이런 게 아닌 거 같고, 상황이. 엄마가 나를 바라보는 상황이 더 편해진 거죠. 노처녀가 아니라 남편과 자식이 있는 부모는 다 자식이 빨리 결혼하고 안정된 가정을 찾기를 원하잖아요. 그런 눈으로 나를 봐주고, 그런 시선이 나를 편안하게 한 거고, 나 또한 엄마가 원하는 또는 남들이 다 하는 어떤 안정된 상황을 일구었기 때문에 엄마를 대하는 게 편안한 거죠. 그러니까 훨씬 결혼하면서 엄마를 더 많이 이해하게 된 것은 사실인 것 같아요. 자식도 낳고, 엄마를 더 정말 남편은 제2의 인생일 수도 있는 거잖아요. 결혼하고 나서 내가 엄마를 한번 정말 깊이 안아준 적이 있거든요. 엄마가 우리 집에 왔다가 집에 갈 때 엘리베이터 앞에서 울었던 기억이 있고. 엄마를 안고서. [안미리: 사례 11 – 딸 – 24]

결혼 전보다는 좀 나아진 것 같아요. 생각이 좀 여유롭고 좀 나아진 것 같아요, 제가. 엄마에 대한 생각이…… 결혼 전에는 매일 같이 살고 그러다 보니까 사소한 것에서부터 얘기하면 스트레스를 좀 많이 받았었는데요. 따로 떨어져서 살고 있으니까 그런 부분들이 가끔 가다 보니까. 결혼 전에는 스트레스일 수 있는데, 가끔 얘기하다 보니까 자연스럽게 넘어갈 수도 있고, 그런 부분

이 따로 살면서 많이 변한 것 같은데요. [민명진: 사례 12 - 아들 - 20]

(5) 신앙적 변화

① 신앙생활의 변화

연구 참여자들 중에는 결혼으로 인해 신앙생활에 변화가 생겼다는 이야기를 하는 경우가 많았다. 결혼을 준비하면서 연애하느라 신앙생활을 게을리한 경우도 있었고, 준비 과정 중에 겪은 부모나 친척의 질병을 하나님의 메시지로 인식하여 신앙생활을 더 열심히 하기로 다짐하는 경우도 있었으며, 결혼을 하게 됨으로써 신앙적으로 갑갑해졌다는 보고를 하는 자녀가 있는 반면, 오히려 규칙적인 신앙생활을 하게 되었다는 자녀도 있었다. 또한 믿지 않는 배우자와 결혼함으로써 신앙생활에 커다란 제약을 받게 된 경우, 교회에서 해 오던 봉사를 중단하게 된 경우, 신혼의 단꿈에 젖어 하나님을 덜 찾게 되었다는 경우, 목회자에 대한 불만을 가진 배우자로 인해 교회를 옮겨야 하는지에 대해 갈등을 하게 되었다는 경우, 임신으로 인해 가까운 곳으로 교회를 옮긴 경우, 결혼 후 자신과 배우자의 수입을 더하니 수입이 많아져 십일조에 대해 고민하게 되었다는 경우 등을 볼 수 있었다.

근데 이제 여기 오면서 교회를 안 나가고 있어요…… 그게 주말에 워낙 맞벌이를 하다 보니까 유일하게 같이 식사를 한 끼라도 하고, 너무 정신이 없는 바람에 일과 관계된 걸로 해서…… 핑계일 수도 있지만 자꾸 마음을 이렇게 놓게 되더라고요…… 얼마 전에도 친구들 만나서 제 친구들도 다 크리스천이거든요. 얘기하다 보면 되게 그냥 마냥 부끄럽기만 해요, 저는. 되게 소극적이게 되어버렸어요, 신앙적인 면에 있어서…… [정은아: 사례 1 - 딸 - 19, 25]

일단은 결혼해서 변한 건 일단 남편이 ***니까 예전에는 가정예배를 사실 많이 못 드렸거든요. 근데 지금은 남편이랑 가정예배 드리게 되고, 그리고 매일 새벽예배를 같이 나가야 되고, 그리고 제가 **이니까 저 스스로가 성경 많이 보려고 노력하고, 그리고 또 최대의 적인 아버지가 사라지면서 그런 기도하고 말씀 생활하고 항상 돌아오면 아빠한테 받았던 그런 것들 때문에 다시금 와르르 무너지는 게 많았거든요. 근데 지금은 오히려 남편이랑 더 말씀 얘기 많이 나누고 그러니까 믿음 생활 부분으로서는 훨씬 좋은 것 같아요. [배나은: 사례 8 - 딸 - 15]

아 기도를 많이 못 하는 거 같아요. 결혼 전에는 새벽기도도 가고, 금요기도회 도 가고, 내가 원하는 어떤 좋은 프로그램이나 세미나나 뭐 좋은 강사분이 오시면 찾아가서 듣고 이랬는데 지금은 그러지 못하는 게 너무 갑갑한 거예요. 그래서 교회를 얼마나 자주 옮겼는지 몰라요. [안미리: 사례 11 - 딸 - 27]

이상의 내용을 표로 정리하면 <표 8>과 같다.

〈표 8〉 자녀의 결혼과정: 결과

개념	범주	패러다임
심리적 거리감	심리적 분리	
좋은 부모가 되고 싶은 욕구	나만의 가족에 대한 애착	
핵가족에 대한 애착		
어머니에 의지	의존	
의존적 태도		결과
상호적 관계	상호적으로 전환	
어머니에 대한 관심		
어머니와 응집된 관계 형성		
신앙생활의 변화	신앙적 변화	

지금까지 살펴본 자녀의 패러다임 모형을 정리하면 <표 9>와 같다.

<표 9> 자녀의 결혼과정 패러다임

개념	범주	패러다임
심리적 갈망	욕구충족적 성향	인과적 조건
이상추구		
자기중심적 사고		
충동적 태도		
어머니에 대한 양가감정	어머니에 대한 이미지	
어머니에 대한 인식		
신앙적 모델링	어머니의 모델링	
어머니의 희생		
어머니에 대한 원망 및 갈등	어머니에 대한 원망 및 갈등	
밀착된 경계	밀착된 경계	맥락
명확한 경계	명확한 경계	
원활한 의사소통		
거절당한 경험	경직된 경계	
경직된 경계		
배우자에 대한 원망 및 갈등	가족에 대한 원망 및 갈등	
아버지에 대한 원망 및 갈등		
생활의 변화	상황적 변화	현상
환경의 변화		
부정적 정서	정서적 변화	
긍정적 정서		
경제적 어려움	경제적 문제	
시부모의 통제	(부모, 시부모의) 통제	중재조건
어머니의 통제		
변화를 못 느낌	변화인식 부재	
배우자의 신앙 유무	배우자의 신앙상태	
원가족의 응집된 관계	응집된 관계의 경험	
친구와의 응집된 관계		
배우자와의 응집된 관계		
하나님 인식	하나님 인식	

개념	범주	패러다임
의지관철을 위한 싸움	투쟁	작용/상호작용 전략
신앙생활의 공유	신앙적 대처	
신앙에 의지		
갈등 회피	의식적 대처	작용/상호작용 전략
관심의 분산		
독립적 태도		
사고의 전환		
억제		
의식적인 행동		
책임감 형성		
합리화		
현실을 우선시함	현실적 태도	
심리적 거리감	심리적 분리	결과
좋은 부모가 되고 싶은 욕구	나만의 가족에 대한 애착	
핵가족에 대한 애착		
어머니에 의지	의존	
의존적 태도		
상호적 관계	상호적으로 전환	
어머니에 대한 관심		
어머니와 응집된 관계 형성		
신앙생활의 변화	신앙적 변화	

또한 이를 패러다임 모형으로 도식화하면 <그림 2>와 같다.

〈그림 2〉 결혼과정을 통해서 본 모–자녀 관계변화: 자녀의 패러다임 모형

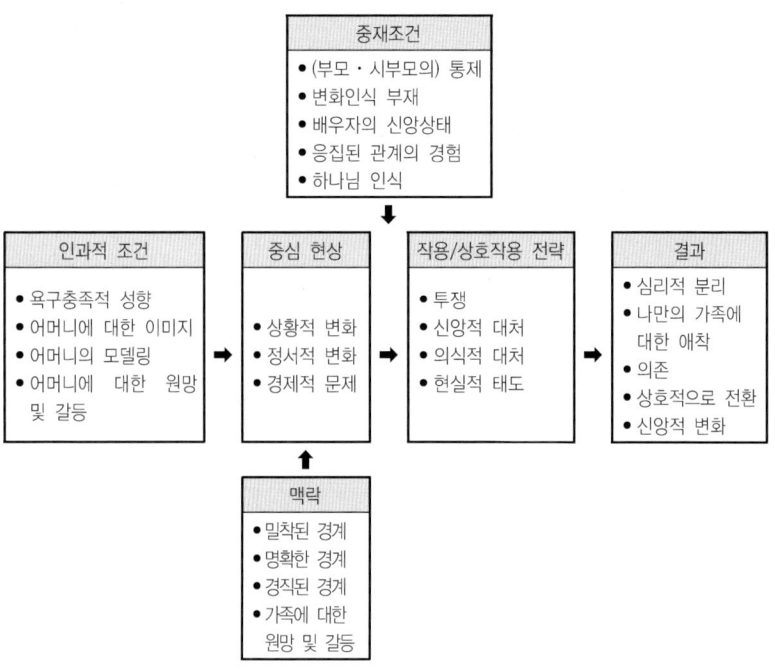

2. 어머니 관점에서의 패러다임 모형

1) 인과적 조건

본 연구에서는 어머니의 근거자료를 분석하여 '어머니로서의 모델링', '자녀에 대한 원망 및 갈등', '좋은 어머니가 되고 싶은 욕구' 등 3개의 범주가 현상을 유발하는 어머니의 인과적 요인임을 밝혀내었다. 이러한 인과적 조건은 맥락 안에서 현상을 드러나게 만드는 요인이 된다.

이를 구성하는 개념들을 살펴보면, '자녀를 위한 희생', '자녀에 대한 원망 및 갈등', '완전한 어머니가 되고 싶은 욕구', '충분히 좋은 어머니가 되고 싶은 욕구' 등이다.

(1) 어머니로서의 모델링

① 자녀를 위한 희생

자녀를 결혼시키려면 교회에 나가야 된다는 말을 듣고 그동안 자녀가 교회에 나가는 것을 반대해 오던 어머니가 교회에 나가기도 하고, 자신이 살고 있는 집의 전세금을 빼서 자녀를 결혼시킨 경우도 있었으며, 평소 자녀에 대해 헌신적으로 돌보아 온 어머니의 경우도 볼 수 있었다.

> 그때 2천만 원 전세 살다가 살다가 빼가지고 여위었죠. 빼가지고 시집보냈어요. 다른 집 딸들은 지가 벌어서 다 가고 그럽디다만 내가 복이 없는지 지가 돈 한 푼 안 벌어 놔서 내가 그놈 빼서 300에 10만 원짜리 방 한 칸, 부엌 한 칸 나 살라고 얻어놓고 나머지 다 여위었어요. 그러니까 조금 해서 여위었죠.
> [고경애: 사례 11 - 어머니 - 36]

(2) 자녀에 대한 원망 및 갈등

① 자녀에 대한 원망 및 갈등

어머니들은 결혼을 할 때까지 돈을 벌지 않아 어머니 자신을 경제적으로 힘들게 한 자녀에 대해서, 성격이 급하여 제멋대로라고 느껴지는 자녀에 대해서, 어렵게 길렀음에도 불구하고 아무런 보답이 없는 자녀에 대해서, 또한 친구들과 휩쓸려 다니는 것으로 보이는 자녀에 대해서, 그리고 어머니의 마음에 들지 않는 배우자와 결혼하겠다고 하는 자녀에 대해서 불만스러워하기도 하고 또한 원망스러워하기도 하였다.

그래서 뭐 결혼도 처음에는 우리 아들 같은 경우에는 며느리가 세 살 위에야. 그래서 처음에 깜짝 놀랐어요. 그런데 1년을 고민했던 모양이더라고, 우리 아들이. 그런데 고민한 이유가 아버지는 문제없는데, 엄마가 반대할 거다 생각을 한 거예요. 근데 나도 반대를 했지만, 우리 아빠가 더 반대를 한 거야. 반대를 하는데, 내가 이제 생각을 해 본 거예요. 내가 만일에 반대를 해 가지고 결혼 생활이 만일에…… 그렇게 안 해도 힘들 텐데, 나중 가서 잘 못 살 경우에는 그 원망이 또 돌아오겠다. 그래서 내가 일주일 만에 손들었거든요? [이상숙: 사례 4 - 어머니 - 24]

그러니까 지가 좀 벌었으면 얼마나 좋을까 지금도 내가 이거 대출 받아서 전세 얻었잖아요. 처음에는 전세 살다가. 그거 지가 조금 벌어서 시집갔으면 내가 지금 전세금이라도 있겠지 그런 생각도 들고 그래요. 원망스런 저기도 들어요. [고경애: 사례 11 - 어머니 - 38]

(3) 좋은 어머니가 되고 싶은 욕구

① 완전한 어머니가 되고 싶은 욕구

어머니들은 자녀에게 할 수 있는 한 모든 걸 다 해 주고 싶다고 하였으며, 자녀가 어머니에게 의지하기를 바라고 있었다. 또한 자녀의 그림자가 되어 뒷바라지하고 싶다는 경우도 있었으며, 좋은 어머니로 자녀에게 기억되기를 바라고 있었다.

저는 그냥 제 바람이 있다면, 돈 벌고 그런 거는 이제 안 했으면 좋겠어요. 그냥 **의 길 가는데 기도나 해 주고, 그렇게 뒷일을 이렇게 해 줬으면 좋겠어요. 그런 일을 해 주면서 뒤에서 살림도 도와줘가면서…… 맛있는 것도 해 줘가면서…… 하고 싶은데…… 어쩔 수 없이 제가 그냥…… 아주 그냥…… **가 이제 만약에 **을 한다면 뒤에서 숨어서 일해 주고 싶은 엄마…… 교회를 위해서 항상 기도해 주고…… **를 위해서 항상 기도해 주고…… 집사님을 위해서 기도해 주고…… 그 밑에서 그림자처럼 있고 싶은 마음이 은근히 있어요. 나중에 그렇게 할 것 같기도 하고……[김연미: 사례 8 - 어머니 - 57,

60, 61]

엄마로서는 걔네들 이제 가정을 꾸렸으니까, 엄마하고는 이제 좀 거리가 있을 테고, 지네들이 뭐 어떤 거를 원할지 모르지만, 그냥 걔네들 해달라면, 내가 할 수 있는 한 다 해 줘야겠다, 그런 마음이에요. [김영숙: 사례 10-어머니-48]

② 충분히 좋은 어머니가 되고 싶은 욕구

자녀를 독립시키면서 필요할 때만 돕고 싶다는 어머니도 있었다. 이는 충분히 좋은 어머니의 개념으로 볼 수 있다.

앞으로 나야 이제 애들을 독립해서 떠나보내는 거니까, 나는 별 참견은 안 하지. 그냥 애들 있는 대로 보면서 지네들이 필요로 할 적에 내가 도움 줄 수 있는 건 도움 주고, 못 하는 건 뭐 할 수 없는 거고, 나는 이제 기도를 좀…… 기도 생활을 많이 해야 되겠다…… 내가 해 줄 수 있는 것은 이제 기돈데…… 기도를 해 줘야 되겠다 이런 생각이 들어. [이정미: 사례 3-어머니-57]

이상의 내용을 정리하면 <표 10>과 같다.

〈표 10〉 어머니의 관계변화 인식과정: 인과적 조건

개념	범주	패러다임
자녀를 위한 희생	어머니로서의 모델링	인과적 조건
자녀에 대한 원망 및 갈등	자녀에 대한 원망 및 갈등	
완전한 어머니가 되고 싶은 욕구	좋은 어머니가 되고 싶은 욕구	
충분히 좋은 어머니가 되고 싶은 욕구		

2) 맥락

본 연구에서는 결혼과정에서의 어머니의 맥락이 자녀의 맥락과 동일하게 나타났다. 즉 '밀착된 경계', '명확한 경계', '경직된 경계', '가족에 대한 원망 및 갈등' 등 4개의 범주가 맥락으로 나타났다. 그러나 구체적인 개념에 있어서는 자녀의 경우와 상이한 면이 보인다.

맥락을 구성하는 개념으로는, '밀착된 경계', '명확한 경계', '경직된 경계', '가족 간의 갈등', '고부갈등', '남편에 대한 원망 및 갈등' 등이 있다.

앞에서 언급한 인과적 조건은 이러한 범주들이 속해 있는 맥락 안에서 현상과 작용/상호작용 전략이 일어나도록 연결된다.

(1) 밀착된 경계

① 밀착된 경계

어머니들 중에는 남편의 잦은 출장으로 인해 자녀와 밀착되어 있거나, 자녀에게 필요한 것을 미리 알아서 다 해결해 주는 경우가 있었으며, 자녀를 위해 자신은 최선을 다했다고 인식하는 등 자녀와 친밀한 관계를 보여주는 사례들이 있었다. 이는 어머니와 자녀 사이의 밀착된 경계를 보여준다고 할 수 있다.

> 그것도 이유가 있는 게…… 우리 남편하고도 많이 떨어져 살았어요. 우리 남편이 한국에서는 ******에 다녔거든요. 첫 직장이 거긴데…… 늘 출장을 다녔어요. 현장으로…… 그래서 그런 일들 때문에 늘 출장을 다녔고, *****로 먼저 1년 반 먼저 가서 있었고, 거기서도 15일은 현장에…… 늘 비행기를 타고 15일은 있고, 그러면서 지냈거든요. 그래서 자연적으로 애들하고 똘똘 뭉칠 수밖에 없었어요. [김선희: 사례 1 - 어머니 - 49]

> 알아서 하고, 미리 알아서 필요한 거…… 그런 거 해 주고, 만일에 내가 미처 몰랐을 경우에는 얘기하면 해 주고…… 그런 관계…… 그 이상으로 막……
> [이상숙: 사례 4 - 어머니 - 10]

(2) 명확한 경계

① 명확한 경계

어떤 어머니들은 자녀를 신뢰하며 원만한 관계를 이루고 있었으며, 자녀가 스스로 알아서 능동적으로 결정하는 것을 인정하고, 자녀의 교회선택 문제도 자녀에게 맡기는 등의 분명한 경계를 이루고 있음을 보여주었다. 또한 힘든 문제의 경우에 있어서도 어느 정도 자신이 처리할 수 있는 문제는 자신이 처리하며 자녀에게 부담을 느끼지 않도록 하려는 모습도 보여주었다.

> 종교…… 그 교회는…… 자유로는 거는 괜찮다는 생각이 드는데…… 그 교회는 자유로운 것은 나는 그거는 괜찮다고 생각해. [이정미: 사례 3 - 어머니 - 36]

(3) 경직된 경계

① 경직된 경계

어머니들은 자녀와 부딪치지 않기 위해서 대화를 회피하거나 우회적으로 대화를 하기도 하였으며, 때로는 자녀가 어머니의 도움을 받는 것을 거절하는 경우도 있었다. 또한 어려운 일이 있더라도 자녀와 상의를 하지 않는 경우, 분주한 교회일로 인해 자녀를 등한시하는 경우도 있었다.

> 실제적인 생활에 있어서는 완전히…… 엄마와 아들하고의 관계에서 이제 모든 생활 싸이클을 며느리 쪽으로…… 그러니까 뭔 얘기를 하려면 며느리를 통해서 그렇게 얘기가 되죠. [이상숙: 사례 4 - 어머니 - 4]

> 지가 걱정된 말들은 부모한테 잘 말 안 하죠. 근데 내가 또 교회 일로 분주하

고 그러면 아이들한테 등한시한 점이 참 많아요. [전희옥: 사례 9 - 어머니 - 19]

(4) 가족에 대한 원망 및 갈등

① 가족 간의 갈등

본 연구에 참여한 어머니들 중에서 남편이 집안에서 제대로 아버지 역할을 하지 않고 도박 등에 빠진 생활을 한 사례의 경우, 자녀들도 아버지를 아버지로 인정하지 않는 모습을 보인다고 언급하였으며, 항상 가족끼리 부딪치며 갈등하는 가족이었음을 이야기하는 참여자도 있었다.

> 항상 항상 부딪히기를 보면 잘 부딪혔죠. (어떤 면에서 부딪치셨나요?) **보고 돈 안 번다고 오빠가 때리고 그런 게 항상 얼른 시집가면 저 꼴을 안 볼 텐데 그냥 항상 그냥 속이 상했죠. 그래서 큰 아들하고 같이 살지를 못 했죠. 매일 그냥 그런 일이 벌어지니까. [고경애: 사례 11 - 어머니 - 9]

② 고부갈등

어머니들 중에는 연애 결혼한 아들이 데려온 며느릿감이 마음에 들지 않았던 경우와 며느리가 빈손으로 시집온 데에 대해 불만스러워했음을 이야기하는 경우가 있었다.

> 며느리도 학교 다녔었거든. 박사과정하면서 했으니까. 그래서 그걸 내가 늦게 깨달았어. 음~ 몇 년, 2, 3년인가 4, 5년인가? 그걸 빨랑 깨달아야 할 텐데. 그리고 나서부터는 아 내가 너무 아둔했구나! 내가 좀 예수 믿으면 하나님의 자녀는 뭐가 좀 달라야 되잖아. 똑같은 사람 똑같이 이기적으로 그냥 그렇게 할 것도 아니고. 시집올 때 빈손으로 왔다시피 했어도 제일 처음에는 그게 좀 별로였지만 그랬는데 나는 그거까지 깨달았어. 그리고 내 새끼가 귀여운데, 내 새끼가 사랑스러운데 저 집, 저거 하나 바라보고 키워서 보냈는데 부모가 보

낸 것만도 안쓰러운데 내가 딸이 없어서 조금 늦게 깨달은 거야. 내가 딸이 있었으면 벌써 깨달았지 그랬어. [이순옥: 사례 7 – 어머니 – 7]

③ 남편에 대한 원망 및 갈등

면접을 통해 세상적으로 사는 남편에 대한 원망과 자녀가 결혼하는 데도 관여하지 않는 무책임한 남편에 대한 불만, 대화가 통하지 않는 점, 그리고 퇴직한 남편에게 미래를 의지하기보다는 불안을 느끼는 마음 등을 알 수 있었는데, 이러한 것이 어머니와 자녀의 관계를 더욱 밀착시키는 요인이 되기도 하였다.

그때 이제 아빠를 보면, 우리 나이가 다 그렇잖아. 어떤 희망이나 비전이 안보이잖아, 남편한테서는…… 그치만 자녀들은 젊기 때문에…… 무한한 가능성을 갖고 있잖아요. 그러니까 애들을 보면 좀 힘이 나고…… 남편을 보면 정말 자꾸 가슴이 불안해지고, 두렵고…… 그래서 제가 그 우울증…… 치료를 받고 있고 그래요. 지금도 약은 먹고 있어요. 근데 그때처럼 막 심하지는 않지만…… 많이 내가 마음으로…… 자꾸 내가 컨트롤을 내가 혼자 스스로 하면서, 내가 이만큼 살아가는 것도 다른 사람에 비하면 나보다 못 한 사람들도 얼마나 더 많은데…… 나는 정말 누리고 사는 거다…… 옛날 같진 못하지만…… 누리고 산다고 내가 자꾸 내 마음을, 스스로를…… 자위를 해요. [김선희: 사례 1 – 어머니 – 6]

순탄하지는 않았죠. 쟤네 아버지가 내가 결혼하는데 이렇게 이렇게 물질이 필요하다 이렇게 말을 하면, 그러면 나보고 어떻게 하란 소리야 이런 식으로 끝내고 끝내고 하니까…… 제가 그걸 다 감당해야 되니까 그런 데서 좀 많이 힘들었어요. [김영숙: 사례 10 – 어머니 – 36]

이상의 내용을 정리하면 <표 11>과 같다.

개념	범주	패러다임
밀착된 경계	밀착된 경계	맥락
명확한 경계	명확한 경계	
경직된 경계	경직된 경계	
가족 간의 갈등	가족에 대한 원망 및 갈등	
고부갈등		
남편에 대한 원망 및 갈등		

3) 현상

본 연구에서는 '정서적 변화', '경제적 문제', '물리적 분리' 등 3개의 범주가 현상으로 나타났다. 이러한 현상은 자녀를 결혼시키는 어머니의 결혼과정 전체를 통해서 볼 때, 앞에서 살펴본 맥락 안에서 인과적 조건에 의해 드러나게 된다.

이를 구성하는 개념들을 살펴보면, '미래에 대한 불안', '부정적 정서', '분리불안', '신앙생활의 공유에 대한 욕구', '자녀에 대한 염려', '정서적 만족', '자녀 결혼에 대한 양가감정', '경제적 부담', '거주 지역의 분리' 등이다.

(1) 정서적 변화

① 미래에 대한 불안
어머니들은 건강이나 경제문제, 노후 등 미래에 대한 불안을 느끼고 있었다.

> 그러니까 들어와 보니까 어디 설 자리가 없는 거야…… 그런 job을 찾지 못하고 많이 방황을 하고 또 들어와서 다른 데다 투자도 하고 그러면서 또 돈도 없앴는데. 지금은 인제 작게 뭐 ****회사다 해서 도와 달라 해서 지금 거기에

나가고 있어요. 근데 이제 안 되면 우리 그냥 **집 팔아서 먹고 살려고. [김선희: 사례 1 - 어머니 - 18]

② 부정적 정서

어머니들은 자녀가 결혼한 후 허전함과 상실감 및 박탈감을 느끼는 경우가 많았으며, 이 외에도 경제적으로 충분히 지원해 주지 못한 것에 대한 미안함과 자책감, 자녀에 대한 섭섭함 등을 느끼고 있었다.

> 근데 이제 시간이 갈수록 얘가 정말 우리 집을 떠났구나. 얘 빈 방을 보면서 그런 게 자꾸 더 이렇게 느껴지고. 가끔 자주 만나도 그런 생각이 들더라고요. 그래서 뭔가 이렇게 허전하고 뭔가 잃어버린 거…… 상실감이라고 그럴까? 그런 마음이 들고…… 그랬어요. [김선희: 사례 1 - 어머니 - 2]

> 아, 준비시키면서 마찰이 좀 생기더라고…… 부모가 생각했던 노선과 전혀 다른 방향으로 가야 되더라고…… 그러니까 나는 여태까지 뭐…… 예수를 믿는 가정이지만, 그냥 늘 교회 안에서 우리는 사랑하는 자식이지만 청지기 역할을 해라…… 인격 하나를 만들어 주고 그 아이를 잘 인도해 주는, 맡아서 키워주고 인도해 주는 그런 입장만 하라고 했는데, 막상 결혼을 시키면서 보니까 그게 아니더라고. 그래도 내 거라는 소유적인 생각이 많았었는데, 그렇기 때문에 집도 내가 이렇게 해 주면 될 것이야 이 정도 선이면 될 것이야 이렇게 다 계획했던 것들이, 새로운 식구를 만나면서 그 궤도가 다 수정이 되어야 되고, 내가 인정하지 않으려고 해도 그냥 어쩔 수 없이 끌려가게 되더라고. [박은영: 사례 2 - 어머니 - 13]

> 크게 뭐 변화됐다는 거는 별로 모르겠는데 좀 허전한 마음이 있는 거. 그런 거 같아요. 한 가정을 이뤄서 나갔으니까 이제 내가 놔줘야겠다. 그런 생각하면 조금 허전한 마음이에요. [김영숙: 사례 10 - 어머니 - 10]

③ 분리불안

어머니들은 현재는 자녀와 사이가 좋지 않지만 앞으로 힘든 일이 일어난다면 자녀들과 상의하고 싶다고 하거나, 비록 자녀가 결혼은 했지만 아버지와 지속적으로 상의를 했으면 좋겠다는 생각을 하고 있었으며, 자녀와 다른 교회를 다니게 되어 자녀를 잘 못 보게 될 것이라는 우려를 하는 경우가 있었다. 또한 자녀를 결혼으로 인해 떠나보내기가 싫었다고 고백하기도 하였다.

> 그런데 이제 아쉬운 점은, 종교⋯⋯ 그 교회는⋯⋯ 자유로는 거는 괜찮다는 생각이 드는데. 이제 그렇게 되면 애하고 점점 볼 시간이 없다는 거. 그게 이제 더 큰 문제지. [이정미: 사례 3 - 어머니 - 36]

> 나이도 어린데 아 진짜 보내기 싫었죠. [김연미: 사례 8 - 어머니 - 15]

④ 신앙생활의 공유에 대한 욕구

어머니들 중에는 온 식구가 함께 같은 교회에 다니기를 원하는 경우가 많았으며, 그럴 경우 같은 목회자 아래에서 비전을 공유할 수 있을 것이라고 말하였다.

> 그래도 **이가 어느 한 모퉁이는 그래도 채울 수 있는 인물이 되어야 되는데. 그거를 못 할 것 같아서 내가 지금 영 마음이 불편해서⋯⋯ 나는 이제 기도 중에, 저도 이제 기도를 하는 중인데, 며느리보고 내가 얘기를 했더니 어렵더라도 일주일에 한 번이니까 **동에서 **동에서 멀리서 다니시는 분들도 많은데 그냥 엄마 다니는 교회를 정해서 끝까지 승리를 하면 어떨까 했더니. 얘는 아직 썩 뭐라고 싫다 좋다 감히 못 하지. 그이가 결정을 해야 되고, 어머니 **이가 건강이 치료되어 가는걸 보면서 어떻게 해야 되겠죠? 그리고 그냥 말꼬리를 내리더라고. 그래서 지금은 다른 문제는 하나도 없는데, 걔네 가정이 우리 교회로부터 떨어져 나가야 되지 않나 그런 갈등 때문에 지금⋯⋯ 그게 좀 어려워요. [박은영: 사례 2 - 어머니 - 31]

⑤ 자녀에 대한 염려

어머니들은 자녀가 결혼하는 것을 보면서 물가에 내놓는 것 같은 걱정스런 마음을 느끼기도 하였고, 자녀가 결혼을 한 후 교회에 정착을 하지 못하는 것을 보며 염려하기도 하였다.

> 근데 뭐가 가장 큰 걱정이냐면 또 결혼을 했으면 8개월 정도 됐으니까 임신을
> 해야 되는데 아직 애기가 없는 게 가장 큰 걱정이 되고…… 그리고 항상 물
> 가에 앉아 있는…… **의 길이라는 게 그런 거 같아요. 딸이 항상 물가에 앉
> 아 있는 것 같은…… 그런 마음…… [김연미: 사례 8 – 어머니 – 11]

⑥ 정서적 만족

어머니들 중에는 자녀를 결혼시키면서 자신이 앞으로 하나님 일
에 더 충실할 수 있게 되었다고 좋아하는 경우도 있었고, 흡족한
며느리나 사위를 얻었다고 기뻐하는 경우도 있었으며, 홀가분한 마
음, 안심, 대견하게 생각하며 만족감을 느끼는 경우 등이 있었다.

> 어려운 건 없었고요. 난 참 좋았어요. 우리 사위들이 다 믿는 사람들이었거든요.
> 그리고 다 학교에서 만났고…… 큰 딸도 학교에서 만났는데도 그 집이 기독교
> 가정이었고 그랬어요. 그래서 참 좋았어요. [박선자: 사례 5 – 어머니 – 27]

> 그냥 우리 아들래미가 부족한 점이 많은데, 좋은 며느리를 줘서 그게 참 감사
> 하고 기뻤어요. 정말 이 세상적으로 봤을 때는 정말 우리 아들이 대학도 못
> 가고, 또 **는 4년제 대학을 나와서 ****도 하고 그러는데, 정말 우리가 세상
> 적으로 봤을 때 그렇다고 우리 **가 물질이 많은 것도 아니고. 지가 정말 벌
> 어서 혼자 하는 건데. 저런 아이한테 어떻게 하나님이 저렇게 훌륭한 배필을
> 주셨을까. 너무 감사하다. 그런 마음이 정말 감사하고 좋고 그랬어요. 우리 같
> 은 가정에, 형편을 봤을 때 우리 아빠도 그렇지, 정말 집안으로 봤을 때는 너
> 무 보잘것없는 가정이었는데 너무 훌륭한 며느리가 들어온다. 그러면서 진짜
> 많이 좋았어요. [김영숙: 사례 10 – 어머니 – 37]

> 아무튼 시집갔으니까. 시집보냈으니까 좋더라구요. [고경애: 사례 11 – 어머니 – 37]

⑦ 자녀 결혼에 대한 양가감정

어머니들은 자녀의 결혼에 대해 홀가분함과 동시에 섭섭함, 후

련함과 동시에 조심스러움, 섭섭함과 동시에 다 주고 싶은 마음 등의 양가감정을 느끼고 있었다.

> 일상생활에서는 조금 가뿐해졌다는 거지? 걔가 배우자 만나서 생활을 하니까, 지 나름대로의 길을 걸어가니까 좀 마음이…… 이제 독립시킨 거니까 좀 가뿐해지면서도 또 한편으로는 조금 인제 애들 떠나보내는 거니까 엄마 마음이 조금 섭섭한 마음? 그런 것도 있긴 있지만…… 그건 당연한 거니까…… [이정미: 사례 3 – 어머니 – 2]

(2) 경제적 문제

① 경제적 부담

아들을 결혼시키는 어머니는 집을 마련해 줘야 한다는 경제적 부담을 크게 느끼고 있었으며, 가정형편이 어려운 경우 결혼준비 자금이 부족하여 힘들었다고 이야기하였다. 또한 경제적으로 힘든 상태에서 어렵게 자녀를 결혼시킨 후 빚이 남게 되었다거나 전세에서 월세로 집을 옮기게 되는 경우도 있었다.

> 준비 과정은 그냥…… 제가 상황이…… *** 집사님 같은 경우는 그렇더라고요. 연말에 사실은 3천만 원 해 주겠다, 그 선에서 해 봐라 그랬어요. 그래서 그 돈이 나올 줄 알고 상견례 했고, 또 그렇게 결혼식…… 그쪽에서 집도 조그마한 거 하나 사주더라고요. 그래서 그랬는데, 저희가 돈이 안 나와 가지고 굉장히 제가 힘들었어요. 그래서 막 카드로 막 시집보내고 돈 때문에 제가 말려서 결국 **까지 내려온 동기도 그렇게 됐거든요. 시집을 안 보냈으면 제가 이제 이렇게까지 쪼임이 안 왔을 텐데 또 이렇게 입으로 뱉고 또 *** 님을 생각할 때에는 하기로 했는데 그걸 번복하기가 그렇더라고요. 그래가지고 그렇게 돈 때문에 제가 조금 힘들었어요. 어려운 상황에서…… 애가 졸업하고 나서 바로 갔기 때문에 돈 같은 것도 하나도 안 번 상태에서…… 그래도 기본적인 거는 다 해야 되잖아요. 시댁 부모님들이 워낙 사람이 좋으셔서 그냥 사람만 줘도 감사하다 그 정도로 했었으니까 그렇지, 만약에 따지는 부모였으면 정말 중도하차 시켰을지도 몰라요. [김연미: 사례 8 – 어머니 – 18]

** 결혼할 때 갑자기 막 부도나고 난리 났는데. 이제 남자는 집을 마련해 줘야 하잖아요. 그러니까 돈이 얼마나 힘들어요…… 그런데 그래도 어떻게 하나님께서 그냥 방 한 칸은 만들어주시게끔…… 방 한 칸에서 시작했어요. 그래서 그 당시에는 저희가 물질로 너무 힘들었는데. 하나님께서 감당할 시험밖에 안 주시더라고요. 그래서 저희가 결혼을 4년 동안에 세 명을 시켰어요. 그러니까 그 과정은 저희가 말도 못 하게 힘든 과정이었어요. [나선미: 사례 12 – 어머니 – 28]

(3) 물리적 분리

① 거주 지역의 분리

자녀가 직장 근처로 집을 얻어 분가를 한다거나, 지역적으로 먼 곳에 거주하게 된다거나 혹은 딸의 경우 시부모와 동거함으로 인해서 친정어머니가 자주 볼 수 없게 되는 경우가 있었다.

**에 살아…… **이 직장이 바로 거기야. [이정미: 사례 3 – 어머니 – 101]

이상의 내용을 정리하면 <표 12>와 같다.

〈표 12〉 어머니의 관계변화 인식과정: 현상

개념	범주	패러다임
미래에 대한 불안	정서적 변화	현상
부정적 정서		
분리불안		
신앙생활의 공유에 대한 욕구		
자녀에 대한 염려		
정서적 만족		
자녀 결혼에 대한 양가감정		
경제적 부담	경제적 문제	
거주지역의 분리	물리적 분리	

4) 중재조건

본 연구에서는 '변화인식 부재', '사위(며느리)의 신앙상태', '응집된 관계의 경험', '자녀에 따른 차이(서열별, 성별)', '자녀의 투쟁', '경쟁심', '하나님 인식' 등 7개의 범주가 중재조건으로 나타났다.

이를 구성하는 개념으로는, '변화를 못 느낌', '사위(며느리)의 신앙 유무', '가족 간의 응집된 관계', '자녀의 서열과 성에 따라 다름', '전통적 결혼관', '자녀의 의지관철을 위한 싸움', '며느리와 경쟁관계', '사돈과 경쟁관계', '자녀에 대한 욕심', '하나님 인식' 등이 있다.

이러한 중재조건에 의해 결혼과정의 현상에 대한 어머니의 작용/상호작용 전략이 촉진되기도 하고 억제되기도 하는 것을 볼 수 있었다.

(1) 변화인식 부재

① 변화를 못 느낌

어머니들은 자녀의 결혼을 실감하지 못하는 경우, 결혼 후에도 별로 달라진 것이 없다고 느끼는 경우, 생활이나 신앙생활에도 변화가 없다고 느끼는 경우, 자녀와의 관계에도 변화가 없다고 느끼는 경우들이 있었다.

> 이제 결혼을 딱 하고 나니까 처음에는 모르겠더라고요. 결혼했을 때는…… 그냥 옆에 동네 사니까…… 얘가 결혼을 해서 집을 떠났다라는 어떤 그런 느낌이 딱 와 닿지는 않았어요. [김선희: 사례 1-어머니-2]

내 신앙생활자체가 꾸준해. 꾸준해. [이순옥: 사례 7 - 어머니 - 15]

(2) 사위(며느리)의 신앙상태

① 사위(며느리)의 신앙 유무

사위나 며느리의 조건은 믿음만 있으면 된다고 했던 어머니가 믿지 않는 남편의 영향으로 인해 믿지 않는 사위나 며느리를 얻게 되는 경우도 있었고, 목회자 사위를 얻으면 딸이 너무 고생하게 된다고 결혼을 반대하다가 결국은 딸의 고집을 꺾지 못하고 결혼을 승낙한 어머니도 있었다. 어머니들은 사위나 며느리의 신앙상태를 결혼의 중요한 조건 중 하나로 생각하고 있었다.

> 즐거운 일이 있다면은 며느리를 얻으나 사위를 얻으나 내가 주장해 본 것이 하나도 없고. 그저 안 믿는 가정에서 사람들을 택했기 때문에 나는 하나님을 잘 믿었으면 그거밖에 바라는 것이 없다. 그래서 이렇게 떨어져 있어도 지네들이 교회만 주일만 지키고 왔다고 그러면 그렇게 그게 즐겁더라구. [백지희: 사례 6 - 어머니 - 8]

> 그래서 제가 사실은 결혼을 처음에 말렸다가 나중에 포기한 것도 그런 부분 (신앙이 좋은 것)도 조금 깔려 있어요. [김연미: 사례 8 - 어머니 - 50]

(3) 응집된 관계의 경험

① 가족 간의 응집된 관계

자신의 가족이 다복하고 행복한 가정이었다고 기억하는 어머니는 자신의 자녀가 그런 행복한 가정 안에서 양육되었음을 이야기하였다.

> 분위기는 우리는 좋았지. 분위기는 참 재미있었어. 애들 자랄 때도 그렇고. 남

들이 부러워할 정도로 저희 아빠가 교회만 안 나갔지 참 가정적으로는 다복하고 행복했지. [백지희: 사례 6-어머니-16]

(4) 자녀에 따른 차이(서열별, 성별)

① 자녀의 서열과 성에 따른 차이

어머니들은 딸이 결혼할 때와 아들이 결혼할 때 자신의 마음에 좀 차이가 있다고 이야기하였으며, 맏이와 그렇지 않은 자녀에 대한 차이도 있다고 하였다. 남편과의 관계에서 갈등과 고생이 많았던 어머니들의 경우에는 결혼시키는 딸에 대한 마음이 매우 애틋하였다.

그냥 아들은 지가 벌어서 살으라고 했으면 좋겠고, 딸은 그냥 이렇게 벌어서 그냥 이쁘게 ** 하나 지어서 편하게 그냥 저기 했으면 좋겠다는 생각을 가끔 한 번씩 해요. [김연미: 사례 8-어머니-55]

② 전통적 결혼관

딸은 출가외인이므로 결혼을 한 이후에는 친정의 일은 생각하지 말고 시댁에만 잘하라고 조언하는 어머니의 경우도 볼 수 있었다.

결혼을 하면 네가 ** 가문의 며느리이기 때문에 최선을 다하고 친정을 생각하지 말아라. 단지 우리는 기도로 통할 뿐이고…… [전희옥: 사례 9-어머니-47]

(5) 자녀의 투쟁

① 자녀의 의지관철을 위한 싸움

어머니가 결혼에 반대하자 자녀가 단식을 하고 그로 인해 수술도 받게 되는 등 강력하게 자신의 주장을 관철해 나가 결국은 어머니가 자녀의 뜻을 받아들이게 된 경우도 있었다.

> 굉장히 힘들었어요. 굉장히 반대도 많이 했고, **하고 그때 결혼하기 전에 많이 싸웠어요. 많이 싸웠고, 또 그렇게 **가 많이 굶어가지고, 밥 안 먹고 그러는 바람에 부정맥도 나타나 가지고 수술도 하고 그랬었거든요. 어렸을 때부터 있었다는데 그걸 그냥 몰랐어요. 그랬다가 애가 이제 막 9일씩 안 먹고 그러다 보니까 부정맥이 몸이 약할 때 나타나나 보더라고요. 그래서 수술도 시켰고 그랬는데…… 부모 입장에서는 편하게 살고 그렇게 해 주고 싶더라고요. 그래서 반대를 많이 했었었는데…… 두 가지 결정을 했어요. 빨리 결혼을 시키냐 아니면 끝까지 말리냐. 굉장히 고민을 많이 하다가 아 그래도 나중에는 제가 진 거죠. 결혼시키는 거는. [김연미: 사례 8 - 어머니 - 12]

(6) 경쟁심

① 며느리와 경쟁관계

어머니는 결혼을 준비하는 과정에서 며느리의 요구를 거절하지 못하면서 신앙적으로 긴장관계에 놓이기도 하고, 며느리가 경제적 관리를 제대로 할 수 있을 것인가에 대해 염려하기도 하며, 며느리가 어머니의 자리를 이제 대신 차지하게 되었다고 느끼는 경우도 있었다.

> 그러니까 그것도 지금으로서는 욕심을 내지 않도록 자꾸 연습을 해야겠다는 생각이 들어. 어느 순간엔가는 나보다 이제. 내가 있었던 자리를 자기 아내가 차지할 거고, 또 이제 걔도 결혼 생활을 하다 보면 자기 자식이 생기면 아 내 부모가 나한테 이렇게 사랑을 쏟았구나 하는 걸 알겠지만, 그 앎과 동시에 자기 자식한테 그 사랑이 다 내려가거든. 그때 돼서는 나는 이제 걔한테는 찬밥이 되는 거겠지. [박은영: 사례 2 - 어머니 - 42]

② 사돈과 경쟁관계

어머니 중에는 결혼을 준비하는 과정에서 경제적으로 우월한 사돈에게 위축되고, 결혼식 절차도 대형교회에 다니는 사돈 중심으로 진행되는 것에 위축되어 있었으나, 결혼식 당일에 자신의 교회 교인들이 환하게 웃는 표정과 질서 있는 모습을 보여줌으로써 자신의 교회가 승리했다고 생각하는 등 사돈과 경쟁관계로 느끼는 경우도 있었다.

그런 마음이 와서 우리 목사님을 기도를 해 달라고 했어요. 그쪽에 목사님은 설교하고 우리 목사님은 기도를 해 주시고…… 우리 교회 대학부들 찬양을 해 주십시오. 그랬는데 그걸 놓으라고 하는 거예요. 왜 그러냐고 하니까 그 목사님은 멀리서 하객들이 오는데 막 길게 기도를 해버린다거나 그러면 즐거운 결혼식을 깬다. 자기들이 하는 스타일이 있으니까 그런 식으로 하겠다는 거예요. 그런데 그래도 이쪽 목사님 기도가 안 들어가니까 뭔가 서운하고 아 이런 문제 놓고 이럴 때 집중 기도가 필요하구나 싶어서 기도는 했는데, 결국은 우리 목사님 기도 못 했죠. 그런 점들이 서운한 게 있었죠. 그래서 그 교회는 뭐 만 명이 모이는 교회다 해 가지고 축도를 했지만, 되려 우리 **교회가 승리했죠. (어떤 점에서 승리하셨다고 생각하시는 건가요?) 결혼식 날에 아 우리 교회 성도님들이 아주 질서 정연하게 자리라던가…… 그런 게 너무너무 잘되어 있고요. 그리고 우리 교회 성도님들이 너무 환하게 웃으면서 결혼 자리를 축하해 주신 것을 볼 때 아 하나님은 우리 **교회 모든 성도님들을 너무 사랑하시는구나…… 그런 것들을 느꼈죠. [전희옥: 사례 9 - 어머니 - 26]

③ 자녀에 대한 욕심

어머니 중에는 장남에게 크게 기대를 하고 요구를 하거나, 며느리가 아들의 단점을 보완해 줄 것이라고 기대를 하는 경우가 있었으며, 또한 자신의 자녀가 남보다 잘나야 한다는 생각을 가지고 있었음을 표현하기도 하였다.

자식이 남보다 앞장서야 되고. 물질 같은 거는 내가 고통이 없이 살아서 그런 거는 없고, 그저 뭐든지 1등, 잘해야 된다는 거, 남보다 잘나야 된다는 거. 그런 욕심이 많았지. 자존심도 강하고. [백지희: 사례 6 - 어머니 - 25]

(7) 하나님 인식

① 하나님 인식

어머니들은 자녀의 결혼과정을 통해 경험했던 어려움이나 그동안의 삶 속에서의 다양한 경험들로 인해 나름대로의 하나님 인식을 가지고 있었다. 자신의 체험을 통해 하나님을 인식하는 경우도 있는 반면, 여전히 계시적인 하나님 인식을 가지고 자신의 성찰없이 하나님에 대해 모범답안처럼 이야기하는 경우도 있었다.

하나님은 말씀대로 전지전능하시고 만물을 창조하시고, 항상 버리고 사시는 분 아니신가? 빈손으로 버리고 사시는 분이 아니신가? 근데 우리는 빈손이 아니고 항상 채우려고 하잖아. [백지희: 사례 6 - 어머니 - 27]

하나님은 우주 만물의 주인공이시면서 항상 저와 함께하시며 하나님은 정말 우리 이 땅에 많은 영혼들을 구원하러 오신 구원자시고, 첫째 구원자시고, 이 모든 죄 문제를 해결하시기 위해서 이 땅에 오셨다고 생각합니다. 전능하신 하나님은 못 하실 일이 없으시지만…… 참 정말 이 하나님은 저의 평생의 정말 최고의 신으로 생각하고 있죠. [전희옥: 사례 9 - 어머니 - 24]

이상의 내용을 정리하면 <표 13>과 같다.

〈표 13〉 어머니의 관계변화 인식과정: 중재조건

개념	범주	패러다임
변화를 못 느낌	변화인식 부재	중재조건
사위(며느리)의 신앙 유무	사위(며느리)의 신앙상태	
가족 간의 응집된 관계	응집된 관계의 경험	
자녀의 서열과 성에 따른 차이	자녀에 따른 차이(서열별, 성별)	
전통적 결혼관		
자녀의 의지관철을 위한 싸움	자녀의 투쟁	
며느리와 경쟁관계	경쟁심	
사돈과 경쟁관계		
자녀에 대한 욕심		
하나님 인식	하나님 인식	

5) 작용/상호작용 전략

본 연구에서는 '의식적 대처', '현실적 태도', '신앙적 대처', '동일시', '자녀에 대한 지원' 등 5개의 범주가 작용/상호작용 전략으로 나타났다.

이를 구성하는 개념으로는 '사고의 전환', '독립적 태도', '의식적인 행동', '책임감 증가', '합리화', '현실을 우선시함', '신앙에 의지', '며느리와의 동일시', '자녀와의 동일시', '경제적 지원', '신앙적 지원' 등이 있다.

어머니들은 결혼과정에서 나타나는 현상에 대해서 중재조건의 영향을 받으면서 위와 같은 작용/상호작용 전략을 사용하였다.

(1) 의식적 대처

① 사고의 전환

자녀를 결혼시키는 과정에서 생긴 경제적 어려움이나 심리적 갈등을 해결하기 위하여 어머니가 자신부터 변해야 한다고 생각하며 적극적으로 대처하고, 자녀에게는 섭섭한 마음을 갖지 않으려고 노력하는 모습을 보였다.

> 그러니까 그것도 지금으로서는 욕심을 내지 않도록 자꾸 연습을 해야겠다는 생각이 들어…… 그러니까 그럴 때 내가 섭섭한 마음을 가지지 말아야 되겠다. 아 이것도 기도의 한 제목이구나. 자꾸자꾸 그런 것이 떠올라. [박은영: 사례 2-어머니-42]

② 독립적 태도

어머니들은 자녀에게 의지하고 싶은 마음이 없다고 이야기하기도 하였다.

> 그냥 너희들 가서 잘 살면 부부끼리 부딪치지 않고 잘 살면 그게 부모 도와주
> 는 거고, 그게 행복이다. 그냥 그런 생각을 주로 많이 했어요. 지금도 걔들한
> 테 기대고 그런 마음은 전혀 없어요. [김영숙: 사례 10 - 어머니 - 23]

③ 의식적인 행동

어머니들은 며느리의 시선을 의식하기도 하고, 아들보다도 며느
리와 더 가까워지려 애를 쓰기도 하였다.

> 그러니까 그게 어느 순간엔가 나이를 먹어서…… 남자들도 나이가 먹으면 잔
> 소리가 심해지거든. 그러니까 그 잔소리가 시작이 되면서, 자기도 이제 애들도
> 결혼을 했으니까 나도 은연중에 내 부권을 차지해야 되겠다 그런 생각이 들었
> 는지, 그런 걸로 좀 마찰을 해. 그래서 내가 이건 아니지, 내가 조심해야 되는
> 일이지 하고 참기는 참는데, 참으면서 화가 나는 거 있지, 내가. 여태까지 내
> 멋대로 하다가, 그게 이제 자존심이 상한다고 느껴지는 거야. 그래서 내가 이
> 거 이렇게 생각하지 말자, 저 사람도 충분히 반항하고 대항하고 이럴 줄 아는
> 사람인데 여태까지 안 했을 뿐이고, 여태까지는 나를 편안하게 해 줬던 사람
> 인데 이제는 아 자기 할 말을 하겠다는 거냐 뭐냐 이런 생각을 해 가지고 순
> 간적으로 화가 나서 막 그러다가, 아 내가 바꾸자 하고서는…… 왜냐하면 혹
> 시 또 그걸 애들한테 보이면 그건 아니잖아. [박은영: 사례 2 - 어머니 - 47]

④ 책임감 증가

자녀의 결혼은 어머니 자신이 책임져야 할 식구가 늘었음을 의
미한다고 여기는 어머니도 있었다.

> 또 반대로 지금부터 또 내가 책임져야 될 다른 한 식구가 늘었구나 하는 생
> 각…… [박은영: 사례 2 - 어머니 - 2]

⑤ 합리화

어머니들 중에는 남편이 세상적으로 사는 것도 어머니 자신의 신앙이 부족한 탓이라고 여기거나 자신이 하나님 일을 하지 않아서 문제가 생긴 것이라고 인식하는 경우가 있었으며, 교회활동을 하는 자녀를 돕는 것이 바로 하나님 일을 하는 것이라고 합리화하는 경우 등을 볼 수 있었다.

교회에…… 하나님 나라에…… 하나님 일을 한다고 생각했어요. 내가 애기를 봐주는 것도 나도 이제 하나님 일을 한다는 마음을 가지고 애기를 봐준 거죠. [박선자: 사례 5 - 어머니 - 11]

하나님 몰랐다면 거기로 빠졌을 것 같아요. 뭐 술 먹고 놀러가고. 근데 저는 그렇게 안 했으니까, 그런 게 싫고. 하나님 교회 가는 게 재밌고, 너무 즐겁고 그러니까 그런 건 아무 상관이 없고. 남편도 그래…… 내가 하나님 앞에 바로 못 서서 저렇게 고생해. 그렇게 불쌍한 마음이 들고…… 그랬어요. [김영숙: 사례 10 - 어머니 - 38]

(2) 현실적 태도

① 현실을 우선시함

자녀가 결혼을 함으로써 자녀에게 지출하던 부분이 없어지게 되었고, 맞벌이하는 며느리로 인해 경제적인 여유를 느끼게 되기도 하였으며, 혼수보다는 집 장만을 위주로 결혼준비를 한다거나, 신앙보다는 현실 문제를 우선시하는 현실 우선적 태도를 보여주는 어머니들의 이야기를 들을 수 있었다.

다행스럽게 고마운 게. 우리 며느리가 우리 딸들 같지 않고, 우리 딸들 같았으면 막 우기고 할 텐데, 며느리는 그러니까 시어머니가 동대문에서 하자 드레스고 뭐고 아는 사람 있어서 싼 데 가볼래 그러면 전화번호만 주면 지가 알아

서 하고, 그러면 내가 돈은 계산하고…… 이러고 하는데 그냥 그런 걸 감사하
면서 받더라고. 그래서 어려운 점은 없었어요. 그렇게 하다 보니까 며느리가
갖고 있는 전 재산이 5,000만 원이더라고. 4,000만 원 정도는 그대로 save
가 된 거야. 그래서 4,000만 원을 저축해서 지네 우리가 집 사주는 데 보탰
고, 나머지는 뭐 조금 저기하고…… 오히려 그러니까 처음에 기반을 우리가
반은 도와줬는데, 아파트 하나 샀잖아. 우리가 반 도와주고, 지네가 반 저축해
갖고. [이상숙: 사례 4 – 어머니 – 54]

(3) 신앙적 대처

① 신앙에 의지

자녀가 결혼한 후 자녀에 대한 기도의 양이 늘어나면서 신앙이
간절해지는 경우도 있었으며, 어머니 자신의 신앙이 성장하면 모든
일들이 다 잘될 것이라 생각하면서 신앙에 의지하고, 결혼을 준비
하는 과정이 경제적으로 어려웠어도 하나님이 감당할 시험밖에는
주지 않으신다는 믿음으로 결혼을 준비하는 모습을 보여주었다. 또
한 자신은 하나님 일을 할 테니 자녀들은 하나님이 맡아달라고 하
나님께 기도하는 어머니의 경우도 볼 수 있었다.

그냥 하나 결혼하고 나니까, 큰아들이 결혼 늦게 하겠다더니 그냥 아가씨를
사귀어 가지고, 집에 오지도 않고 전화를 해서 엄마 나 결혼해야겠다고 그러
는 거에요. 그래서 너 빨리 들어오라고 들어와서 말하라고, 전화로 할 얘기냐
고 그랬는데 이제 그때 전화 통화할 때 소리 한번 지르고, 그 후로는 너 왜
그런 아가씨 사귀었냐, 말았냐. 그런 소리 전혀 한마디도 입 밖에 내지 않고
40일 작정 금식 기도를 했어요. 목사님 사모님이 중간에서 믿음 보면 됐지.
막 강하게 밀어붙이는 거…… 그래서 저는 사모님한테 그랬어요. 사모님, 저
는 하나님 음성 듣고 결정할 거니까 사모님 저한테 이래라 저래라 하지 마세
요. 저는 기도하고 있습니다. 하나님이 하라면 할 것이고, 아니다면 아니에요.
인간의 목소리 안 듣겠어요. 그러니까 저한테 더 이상 그런 얘기 안 하셨으면
좋겠어요. 딱 그렇게 담대하게 했어요. 그랬더니 아니 목사님이 나보고 얘기하
라고 해서 해 그러시더라고요. 그래서 목사님한테도 그렇게 말씀하세요, 제가

기도 중이니까 하나님 응답하시는 대로 따라가겠다고 얘기하세요. [나선미: 사례 12 - 어머니 - 28]

(4) 동일시

① 며느리와의 동일시

아들이 어머니를 멀리하고 거절하는 경우, 어머니는 아들이 자기 어머니와 똑같은 아내를 얻었다고 말하며 자신과 며느리를 동일시하였다.

> 그런데 이제 다행스러운 게, 며느리를 들여놓고 보니까 재미있다고 그럴까…… 며느리가 나와 비슷한 성격이에요…… 그러니까 참 재미있는 게, 우리 아들이 절대 우리 엄마를 제일 싫어했거든요? …… 그런 얘기를 할 때 자기는 엄마 같은 여자는 누가 결혼한다고 하면 도시락 싸들고 말릴 거라고…… 그런 얘기를 했거든? …… 그래서 내가 자기 엄마를 싫어하는구나…… 그냥 엄마로서 싫은 게 아니라, 옆에 있으면 막 중압감 드는 게 싫었던 것 같아. 지가 볼 때 우리 엄마는 뭐든지 완벽하게 척척척 잘하는 사람으로, 아들이 볼 때는 엄마가 그렇게 느껴졌던 거야. 그런데 그런 사람은 절대 싫어한다고 했는데, 내가 며느리를 보니까 며느리가 굉장히 그 합리적이면서도 철저한 사람이에요. 강자에요. 그리고 내가 아 지가 싫다고 하면서도, 거기에 길들여져 있구나…… 우리 아들이 엄마를 막 싫어하면서도 엄마한테 길들여져 있으니까 엄마 같은 사람을 좋아한 거야. 그랬어요. [이상숙: 사례 4 - 어머니 - 27]

② 자녀와의 동일시

어머니 자신이 이루지 못한 것을 결혼한 자신의 딸이 이루고 있다고 생각하며 대리만족을 느끼는 어머니의 경우도 볼 수 있었다.

> 가정을 다시 내가 이루어 보지 못한 것들을 자녀들이 저렇게 해 나가는 것을 볼 때에 너무 좋다고 저는 생각이 나요. [전희옥: 사례 9 - 어머니 - 46]

(5) 자녀에 대한 지원

① 경제적 지원

어머니들은 자녀의 빚을 아버지 몰래 대신 갚아준다거나, 자녀 결혼에 맞추어 전세금을 마련해 준다거나, 자녀가 집을 장만하는 데 경제적으로 도움을 주고 있었다.

> 어쨌든 부모가 댔지요. 부모가. 부모가 대고, 1억짜리 전센데, 3천은 대출을 받았고 7천은 그냥 그동안에 푼푼히 모은 거, 그리고 **이가 직장생활을 하면서 한 2년 동안 한 달에 100만 원씩 곗돈을 들어가지고 2,400만 원 목돈 탄 거⋯⋯ 이렇게 해가지고 다 취합해 가지고⋯⋯ [박은영: 사례 2 - 어머니 - 9]

② 신앙적 지원

어머니들은 자녀를 위해 기도를 하였다. 이는 신앙적으로 자녀를 지원하는 것이라 할 수 있다.

> 계속 **의 길로 가다 보니까 기도를 더 해 줘야 되겠다. 그래서 **를 위해서 더 많은 기도를 했거든요. [김연미: 사례 8 - 어머니 - 31]

> 저는 애들 어렸을 때도 제가 못 보살폈잖아요. 엄마 손에 길렀고, 엄마 안 계실 때는 유모까지 뒀어요. 그 정도로 제가 몸이 약했어요. 그랬기 때문에 항상 미안하고. 때로는 물질로도 많이 도와야 되겠지만, 그럴 입장이 못 되니까 내가 느그들한테 지금 현재로써 도울 거는 기도밖에 없다. 그렇게 하면서 애들한테는 그냥 그렇게 하고 있어요. [나선미: 사례 12 - 어머니 - 20]

이상의 내용을 정리하면 <표 14>와 같다.

〈표 14〉 어머니의 관계변화 인식과정: 작용/상호작용 전략

개념	범주	패러다임
사고의 전환	의식적 대처	작용/상호작용 전략
독립적 태도		
의식적인 행동		
책임감 증가		
합리화		
현실을 우선시함	현실적 태도	
신앙에 의지	신앙적 대처	
며느리와의 동일시	동일시	
자녀와의 동일시		
경제적 지원	자녀에 대한 지원	
신앙적 지원		

6) 결과

본 연구에서는 '상호적으로 전환', '의존', '자녀에 대한 통제', '통제권의 상실', '신앙적 변화', '가족의 확대' 등 6개의 범주가 결과로 나타났다.

이를 구성하는 개념을 살펴보면 '상호적 관계', '자녀와 응집된 관계 형성', '자녀에 의존', '자녀에 대한 주도권', '신앙생활과 효도의 동일시', '흔들리는 통제권', '신앙생활의 분리', '신앙에 몰두', '신앙적 재발견', '가족구성원의 증가' 등이 있다.

어머니들은 앞에서 살펴본 '정서적 변화' 등의 현상에 대해, '변화인식 부재' 등의 중재조건의 영향을 받아, '의식적 대처' 등의 작용/상호작용 전략을 사용하여 이상과 같은 결과를 나타내었다.

(1) 상호적으로 전환

① 상호적 관계

결혼을 한 후에는 자녀들이 어머니를 염려하거나 배려해 주는 경우가 늘었으며, 딸이 친정 일을 걱정할 뿐만 아니라 사위가 어머니의 경제적 어려움을 도와주기도 하였다.

> 엄마를 즐겁게 해 주려고 노력하고. 정말 한 번도 엄마 마음을 상하게 해서 먼저 풀어주지 않은 때가 없었어요. 내가 화가 나가지고 있어도 꼭 엄마 뒤에 와가지고 껴안아 주고…… 엄마 내가 잘못했어…… 그러면서…… 엄마 기분을 풀어주고…… 이런 딸이 없구나…… 내가 참 복이 많다…… 딸로 인해서 그랬어요. [김선희: 사례 1 - 어머니 - 5]

> 그래서 지도 **의 길로 갔지만. 엄마가 돈 때문에 힘든 것도 지켜봤고. 지가 돈도 안 벌고 갔던 게 너무 미안하고 그러니까 가서 이제 엄마 도와주고 싶은 마음에, 얘가 직장을 구했던 것 같아요. 바로. 목사님한테 말씀을 드렸고 그래서 거기 가서도 지가 열심히 하고 그래서 거기 ** 내에서도 인정을 받았더라고요. 그래서 **에서도 여기저기서 얘를 데려가려고…… **을 해서 힘들어서 안 되겠다 그랬더니 화, 수, 목 3일간만 하기로 하고 그렇게 또 붙들어서 2월달 지나고 3월 달부터는 그렇게 하기로 했다고 그래요. 최선을 다해서 아무튼 살고 있더라고요. [김연미: 사례 8 - 어머니 - 18]

② 자녀와 응집된 관계 형성

어머니들은 자녀를 결혼시킨 후 오히려 더 애착감을 갖게 되거나, 관계가 돈독해지고 화목하게 되었다고 느끼는 경우들이 있었으며, 서로 부딪치는 횟수도 줄어들게 되었다고 말하였다.

> 딸 뭐 애로사항 있으면 내가 해 주고 싶고. 또 내가 좀 저기한 것 같으면 딸이 염려하고 그러죠…… 떨어져 있으니까 더 좋죠. 같이 있을 때보다 (같이 있을 땐 많이 싸웠는데) 속상하고 그랬는데 결혼하고 나니까 떨어져 있으니까 말 한마디라도 좋게 하고 그러죠. [고경애: 사례 11 - 어머니 - 34, 58]

(2) 의존

① 자녀에 의존

경제적으로나 심리적으로 힘들 때 마음이 깊어 보이는 자녀에게 의존하는 어머니들도 볼 수 있었다.

> 그러니까 엄마가 굉장히 우울해 있을 때 뭔가…… 물질적으로도 굉장히 큰 힘이 되어 줬고…… 그랬던 딸이거든요. 근데 인제 졸업하고서 본격적으로 지가 인제 상가를 내서 **을 내고 하면서 이제 수입이 높아졌죠. 그러니까 아무래도 가정이 정말 저한테 큰 비중을 차지하는…… 워낙 물질적으로나…… 어떤 기둥 같은…… 역할을 했어요. 물론 아들도 ***하는데 재주가 있어서 남보다 더 큰 연봉을 받고 있지만…… 그래도 딸처럼은 못 미치거든요. 수입이…… 그래서 많이 기댔던 것 같아요. 딸한테…… 그래가지고 굉장히 허전하고 그렇더라구…… 그렇다고 엄마를 안 도와주는 건 아니거든…… 지금도 도움을 받고 있어요. [김선희: 사례 1 – 어머니 – 3]

(3) 자녀에 대한 통제

① 자녀에 대한 주도권

어머니들은 결혼과정에 나타난 자녀와 그 배우자와의 문제들을 해결하는 데 있어서 자기 주도적으로 갈등을 조절하기도 하였고, 자녀에게 있어서 어머니 자신은 절대적인 존재라고 느끼고 있었으며, 어머니가 주도적으로 자녀의 결혼을 준비하기도 하였고, 가정 안에서 어머니를 중심으로 모든 대화가 이루어지는 경우도 있었다. 어머니들은 자녀가 결혼을 한 이후에도 자녀의 신앙생활을 전화나 기도수첩을 통해 체크하기도 하였으며, 신앙적으로 자녀에게 조언을 하거나 교회를 옮기는 문제 등을 권유하고 통제하는 것으로 나타났다.

풀어가는 과정은 이제 조금 조정을 했지. 집을 처음부터 욕심을 내가지고 사주셨으면 하는데, 이건 아니다 그래가지고…… 지 친구들은 다 분당이다 목동이다. 다 집을 사가지고 시집갔는데 나는 이게 뭐냐 그러고, 그래서 막 그런 거 가지고 **이가 힘들어 하고. 그래서 내가 도저히 사줄 수 있는 입장은 못되고, 그렇다면 아들하고 이렇게 관계를 내가…… 결혼을 앞두고 사랑하는 아이하고 이렇게 관계를 맺으면 안 되겠다 싶어서, 아 우회를 하자. 내가 노선을 좀 바꿔보자 해서 제가 며느리를 만났어. 그래서 내가 사정을 했어. 내가 기도를 하면서 깨달았어. 기도를 하면서 아니다. 내가 낳은 자식이나, 내 자식이랑 이렇게 살겠다고 찾아오는 자식이나, 똑같은 자식이니까 아 며느리 될 아이한테 허심탄회하게 다 털어놓고 얘기를 하자. 그래서 내가 애하고 전화를 했어. **아, 엄마가 너하고 긴히 하고 싶은 얘기가 있다고 그러면서 얘기를 쭉 했어. 당장은 힘이 들지만, 엄마 아버지는 정년이 없는 직업을 가지고 있기 때문에 너희 둘도 결혼 생활을 하면서 벌면서 저축을 하고, 엄마 아버지도 계속 버는 동안 너희들을 돕기 위해서 한 부분을 저축을 하고 하다 보면 정말 길어서 5년, 짧으면 한 3년 만에 웬만한 25평 집은 장만해 줄 수 있을 것 같다. 너무 처음부터 욕심 부리지 말자고 내가 호소를 했더니 지가 막 눈물을 흘리면서 어머니 너무너무 죄송했다고 그러면서 알아듣더라고. [박은영: 사례 2 - 어머니 - 15]

저는 매주 매달 기도수첩을 보내서 체킹을 합니다. 기도수첩 책자를 사서 매일매일 QT를 해라. 자녀 키우는 데도 이렇고 하니까. 이렇게 매달 한 권씩 나오니까 했는데, 애가 믿음이 굉장히 성장이 되는 것을 봤습니다. [전희옥: 사례 9 - 어머니 - 9]

② 신앙생활과 효도의 동일시

어머니들은 자녀에게 부모한테 잘하는 것이 하나님한테도 잘하는 것이라고 이야기하기도 하고, 신앙인은 부모에게 효도하는 것이 첫째라고 생각한다는 이야기를 하기도 하였다.

나는 지금 애들한테도 부모한테 잘하라 그래. 부모한테 잘해야 자식한테도 잘하는 거고, 하나님한테도 잘하는 거다. 부모한테 잘 안 하고 신앙생활 잘하는 거 아무 소용없다고 그래. [백지희: 사례 6 - 어머니 - 46]

(신앙인으로서의 모습을 볼 때) 효도, 그렇지. 부모한테 잘하는 거, 자식은 부모한테 효도하는 거가 첫째 아냐? 다른 거 없고. [이순옥: 사례 7 - 어머니 - 44]

(4) 통제권의 상실

① 흔들리는 통제권

그동안은 어머니 주도로 모든 것을 결정했던 상황에서, 이제 자녀가 결혼하고 며느리가 들어옴으로써 며느리의 입장이나 요구로 인해 어머니의 주도권이 수정되기도 하고 흔들리게 되기도 하였다.

아, 준비시키면서 마찰이 좀 생기더라고…… 부모가 생각했던 노선과 전혀 다른 방향으로 가야 되더라고…… 그러니까 나는 여태까지 뭐…… 예수를 믿는 가정이지만, 그냥 늘 교회 안에서 우리는 사랑하는 자식이지만 청지기 역할을 해라…… 인격 하나를 만들어 주고 그 아이를 잘 인도해 주는, 맡아서 키워주고 인도해 주는 그런 입장만 하라고 했는데, 막상 결혼을 시키면서 보니까 그게 아니더라고. 그래도 내 꺼라는 소유적인 생각이 많았었는데, 그렇기 때문에 집도 내가 이렇게 해 주면 될 것이야 이 정도 선이면 될 것이야 이렇게 다 계획했던 것들이, 새로운 식구를 만나면서 그 궤도가 다 수정이 되어야 되고, 내가 인정하지 않으려고 해도 그냥 어쩔 수 없이 끌려가게 되더라고. [박은영: 사례 2 - 어머니 - 13]

(5) 신앙적 변화

① 신앙생활의 분리

연구 참여자들 중 어머니는 교회를 옮겼으나 자녀는 배우자와 함께 어린 시절부터 다니던 교회에 계속 다니기로 결정한 사례를 볼 수 있었다.

**는 결혼 후에도 계속 그냥 다니던 교회를 다닌대요. 저는 못 떠난대요. 그래

서 그래라. 거기서 자랐는데 어딜 가냐고. [김영숙: 사례 10 - 어머니 - 60]

② 신앙에 몰두

어머니들 중에는 하나님 일을 하는 것이 곧 삶의 의미라고 생각
하여 신앙에 몰두하는 모습을 보여주는 경우도 있었는데, 나중에
손자를 봐주느라 하나님 일을 많이 못 하게 되면 어떻게 할까 염
려하는 경우도 있었으며, 교회활동을 많이 하여 집에 있는 시간이
매우 적은 경우도 있었다.

제가 우리 교회에서 많은 활동을 해요. 월요일 날은 **에 합창단으로서 가고.
화요일 날은 QT로 나가고, 수요일 날은 청소…… 그러니까는 계속 교회를 그
냥 집에서 교회로 그렇게 다니는 저기거든요? 그래서 그냥 글쎄…… 그리고
집에 이렇게 있으면은 허전하다고 그럴까? 밖으로 나도는 그런…… 딴 데는
안 가고 교회만 왔다 갔다 하는 거지만…… 그럼으로써 내가 신앙생활의 만
족감을 느끼는 것 같아요. 교회를 다니면서. [박선자: 사례 5 - 어머니 - 39]

③ 신앙적 재발견

자녀의 결혼을 준비하는 과정에서 여러 가지 정신적, 육체적 어
려움을 당하면서 그러한 일들을 정리하고 대처해 나가는 과정 속
에서 정말로 하나님이 얼마나 자신과 자녀들을 사랑하시는지 절실
히 깨달을 수 있었다는 고백을 하는 어머니의 경우도 있었고, 자
녀들을 모두 결혼시키고 나서야 비로소 하나님의 뜻을 찾게 되었
다고 고백하며 자신의 이전 신앙을 성찰해 보는 어머니의 경우도
볼 수 있었다. 이를 신앙적 재발견이라고 개념화할 수 있겠다.

인생은 전도서 말씀처럼 헛되고 헛되고 헛되고 아무것도 아닌 거 같애. 나는
그걸 느껴 자꾸. (그래요 어떤 면에서 느끼세요?) 여러 가지를 보면서 자식들
키울 때는 자식들 아옹다옹 키워서 일류대학을 보내려고. 사대문 대학이 아니

면 대학이 아닌 줄 알았는데 그게 안 됐잖아. 처음에는 **가…… 둘이는 **하고 **는 여기서 좋은 대학을 못 갔지만 세계에서 알아주는 대학을 나왔잖아. 그래서 그걸 그렇게 할라고 아옹다옹해 가면서 자식들 키워놓아서 짝 채워놓으니까 이제 허전한 거야. 허전하고 이제 인생 지들 산다고 아옹다옹하고 여기 내려와서 보니까 좋은 그릇도 좋은 옷도 좋은 환경도 다 필요 없어. 필요 없어. 이제 우리는 조금만 생기면 하나님 앞에 드리는 게 목적이거든. 우선순위로. 근데 애들은 그게 안 그렇더라구요. 그래서 지금도 나는 반대 속에 서 있어서 크게 하지 못하고 그랬는데 끝은 있겠지. 결과가 있다면 마지막에 내가 그거 하나 하고 싶지 딴 건 욕심도 없고, 아무것도 아니라는 생각이 들어 내가 하고 싶은 건 딱 그거 하나야. 아무것도 없어. 욕심도 없고 인생이 아무것도 아니다. 결과적으로는 말이야 사는 게 우리가 믿는다고 하지만 내 욕심이야. 내 욕심. 기도하는 것도 내 욕심. 자식들 이런 거 다 내 욕심. (잘해달라고) 하나님의 뜻은 아니거든. 일류대학 가려는 것도 내 욕심. 그게 다 하나님의 뜻은 아니다. 음식을 하고 이것도 다 내 정욕과 내 욕심이다. 하나님의 뜻은 어딘가 그걸 날마다 날마다 나를 버려가며 찾기 시작한 지가 이제 애들 다 여위어 놓고 나를 바라다보면서, 환경을 바라다보면서…… [백지희: 사례 6 - 어머니 - 24]

(6) 가족의 확대

① 가족구성원의 증가

어머니는 자녀의 결혼으로 인해 사랑하고 기도해 주어야 할 사람, 즉 가족이 더 많아지는 것으로 느끼고 있음을 보여주었다.

이제 가족을 더 늘려주고. 더 사랑하는 사람들을 많이 이렇게. 기도할 수 있는 자녀들을 많이…… 행복한 가정을 이제 아름다운 사람들을 많이 만들어 주는 거죠. [박선자: 사례 5 - 어머니 - 50]

이상의 내용을 정리하면 <표 15>와 같다.

<표 15> 어머니의 관계변화 인식과정: 결과

개념	범주	패러다임
상호적 관계	상호적으로 전환	
자녀와 응집된 관계 형성		
자녀에 의존	의존	
자녀에 대한 주도권	자녀에 대한 통제	
신앙생활과 효도의 동일시		
흔들리는 통제권	통제권의 상실	결과
신앙생활의 분리		
신앙에 몰두	신앙적 변화	
신앙적 재발견		
가족구성원의 증가	가족의 확대	

지금까지 살펴본 어머니의 패러다임 모형을 표로 정리하면 <표 16>과 같다.

<표 16> 어머니의 관계변화 인식과정 패러다임

개념	범주	패러다임
자녀를 위한 희생	어머니로서의 모델링	
자녀에 대한 원망 및 갈등	자녀에 대한 원망 및 갈등	
완전한 어머니가 되고 싶은 욕구	좋은 어머니가 되고 싶은 욕구	인과적 조건
충분히 좋은 어머니가 되고 싶은 욕구		
밀착된 경계	밀착된 경계	
명확한 경계	명확한 경계	
경직된 경계	경직된 경계	맥락
가족 간의 갈등	가족에 대한 원망 및 갈등	
고부갈등		
남편에 대한 원망 및 갈등		
미래에 대한 불안	정서적 변화	
부정적 정서		
분리불안		현상
신앙생활의 공유에 대한 욕구		
자녀에 대한 염려		

개념	범주	패러다임
정서적 만족	정서적 변화	현상
자녀 결혼에 대한 양가감정		
경제적 부담	경제적 문제	
거주 지역의 분리	물리적 분리	
변화를 못 느낌	변화인식 부재	중재조건
사위(며느리)의 신앙 유무	사위(며느리)의 신앙상태	
가족 간의 응집된 관계	응집된 관계의 경험	
자녀의 서열과 성에 따른 차이	자녀에 따른 차이(서열별, 성별)	
전통적 결혼관		
자녀의 의지관철을 위한 싸움	자녀의 투쟁	
며느리와 경쟁관계	경쟁심	
사돈과 경쟁관계		
자녀에 대한 욕심		
하나님 인식	하나님 인식	
사고의 전환	의식적 대처	작용/상호작용 전략
독립적 태도		
의식적인 행동		
책임감 증가		
합리화		
현실을 우선시함	현실적 태도	작용/상호작용 전략
신앙에 의지	신앙적 대처	
며느리와의 동일시	동일시	
자녀와의 동일시		
경제적 지원	자녀에 대한 지원	
신앙적 지원		
상호적 관계	상호적으로 전환	결과
자녀와 응집된 관계 형성		
자녀에 의존	의존	
자녀에 대한 주도권	자녀에 대한 통제	
신앙생활과 효도의 동일시		
흔들리는 통제권	통제권의 상실	
신앙생활의 분리	신앙적 변화	
신앙에 몰두		
신앙적 재발견		
가족구성원의 증가	가족의 확대	

또한 이를 패러다임 모형으로 도식화하면 <그림 3>과 같다.

〈그림 3〉 결혼과정을 통해서 본 모-자녀 관계변화: 어머니의 패러다임 모형

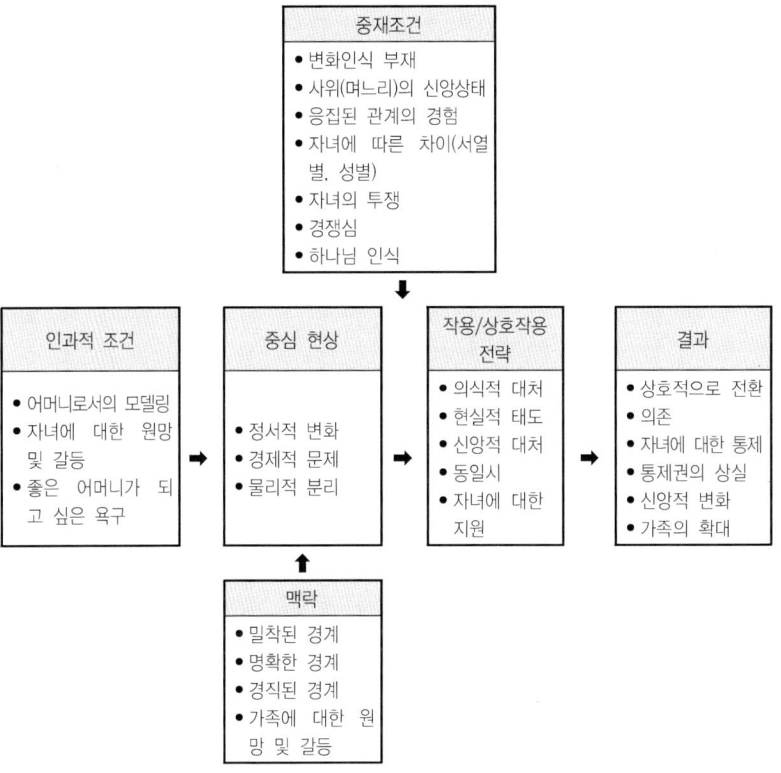

3. 모-자녀 통합 모형

앞에서 결혼과정을 통해서 본 모-자녀 관계에 대한 패러다임 모형을 각각 자녀의 관점과 어머니의 관점에서 도식화하였다면 (<그림 2>, <그림3>), 이번에는 그 두 모형을 통합하여 <그림 4>로 도식화하고자 한다. 통합모형에서 자녀의 패러다임 모형은

상단부에, 어머니의 패러다임 모형은 하단부에 배치하였다. 자녀의 패러다임 모형과 어머니의 패러다임 모형이 중첩되는 부분은 둘 사이의 공통점을 나타내며, 나머지 부분은 둘 사이의 차이점을 나타낸다. 두 모형에 있어서 맥락은 동일하였기 때문에 다음과 같이 도식화할 수 있었다.

이러한 작업은 자녀와 어머니의 두 가지 관점에 대한 비교 분석을 더욱 용이하게 해 준다.

〈그림 4〉 결혼과정을 통해서 본 모-자녀 관계변화의 통합 패러다임 모형

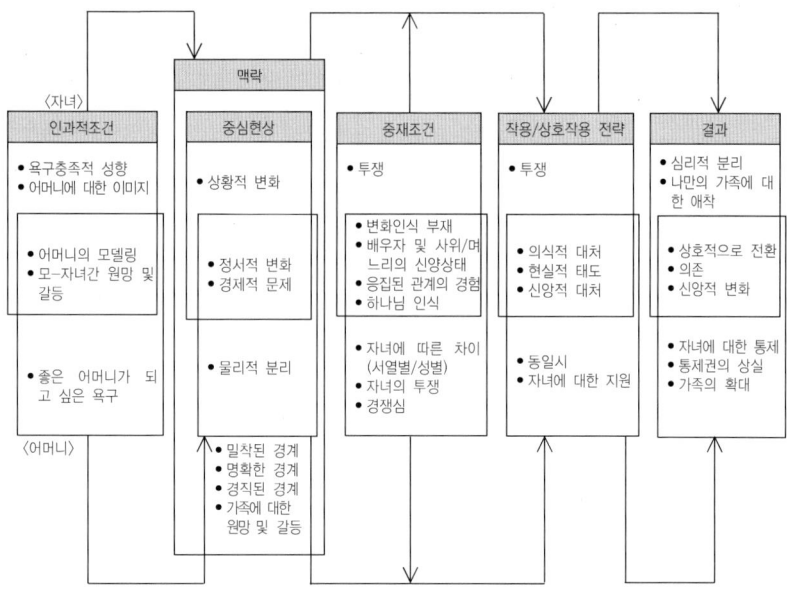

제4절 선택 코딩: 결혼과정을 통해서 본 모 – 자녀 관계변화에 관한 근거이론 제시

1. 이야기 윤곽

선택 코딩은 핵심범주를 밝히고 핵심범주를 하위범주와 연결 짓는 분석단계이다. 핵심범주란 연구를 통해 결과적으로 밝혀진 중심현상이며, 이 핵심범주를 중심으로 다른 모든 범주가 연결되어 전체적으로 통합된다. 핵심범주는 이야기 윤곽(story line)이 되는데, 이것은 이야기를 개념화한 것이다. 따라서 이야기 윤곽을 찾기 위해서는 현상과 각 범주 간의 관계에 대해서 서술적으로 기술한 이야기를 전개하는 것이 필요하다. 본 연구에서는 자녀와 어머니의 이야기를 각각 전개한 후 이들의 통합적 이야기 윤곽을 제시하고자 한다.

1) 자녀의 이야기 윤곽

기독교가정의 자녀는 자기 자신을 위한 다양한 욕구를 지닌 상태에서 어머니의 희생과 신앙을 보아왔고 또한 어머니에 대한 나름대로의 이미지를 지니고 있었는데, 이러한 어머니에 대해서 원망이나 갈등을 느끼기도 하고 또 한편으로는 고마운 마음을 가지기도 하는 등 양가감정을 가지며 지내왔다. 자녀는 어머니와 자신과의 경계(밀착된/명확한/경직된 경계)를 맺으며 가족 간의 갈등도 겪으면서 결혼이라는 사건을 맞이하게 된다. 결혼과정은 자녀에게 생활과 환경의 전환기적인 변화를 가져오게 되고 정서적으로도 변화를 느끼게 하지만 가장 시급한 과제로서는 경제적 문제가 대두된다. 이러한 과정 속에서 자녀가 어떻게 대처할지에 영향을 미치는 다양한 요인들을 찾아볼 수 있었는데, 예를 들면 아예 변화를 인식하지 못하는 것이라든지 어른들로부터의 통제를 받아들인다든지 혹은 가족이나 친구들과의 응집된 관계 경험에 의해, 또한 하나님에 대한 인식 및 배우자의 신앙상태 등에 영향을 받아 대처하는 경우들을 볼 수 있었다. 그리하여 자녀는 자신의 의지를 관철시키기 위해 어머니에게 투쟁을 하기도 하고 또는 같은 교회에 다니면서 신앙생활을 공유하기도 하며, 때로는 신앙에 의지하면서 의식적, 현실적 대처를 하기도 한다. 이러한 과정을 거치면서 자녀는 어머니로부터 심리적으로 분리되기도 하고 자신만의 핵가족에 대한 애착을 강하게 느끼게도 되며, 또 어떤 자녀의 경우는 더욱 의존하기도 하는데, 결혼과정을 통해 그동안은 일방적이었던 모 - 자녀 관계가 결혼을 한 이후에는 어머니를 더 잘 이해하게 되었다면서 상호적으로 전환되는 경우가 많았으며, 신앙적으로도 성장한 경우가 있는가 하면 오히려 신앙생활이 위축되는 등의 신앙적 변화를 보이기도 하였다.

이때 가장 두드러지는 결과는 자신만의 핵가족에 대한 강한 애착을 느끼면서 어머니로부터 분리되며 자신의 가족이 결혼을 통해 얻게 된 새로운 가족으로 축소되었다고 느낀다는 점이다.

이상의 이야기 윤곽을 통해서 볼 때, 결혼과정을 통해서 본 모 - 자녀 관계변화에 대한 자녀의 핵심범주는 '정서적, 상황적 변화로 인한 모 - 자녀 관계의 분리'라고 할 수 있겠다.

2) 어머니의 이야기 윤곽

자녀의 결혼과정을 경험하는 기독교가정의 어머니는 그동안 자녀에게 좋은 어머니가 되고 싶은 욕구를 가지고 자녀를 위해 희생하기도 하고 때로는 갈등을 겪어오기도 하였다. 어머니는 자녀와 자신과의 경계(밀착된/명확한/경직된 경계)를 맺으며 가족 간의 갈등도 겪으면서 자녀의 결혼이라는 사건을 맞이하게 된다. 결혼으로 인해 어머니는 자녀와 물리적으로 멀어지게 되므로, 분리불안이나 자녀에 대한 염려 등의 정서적 변화를 겪게 된다. 결혼을 시켰다는 안도감도 느끼기는 하나 어머니는 상실감과 염려를 더 두드러지게 표출하였다. 또한 결혼준비로 인해 경제적 문제를 실감하게 되며 금전적 문제는 어머니로서 현실적으로 해결해야 할 과제가 된다. 이러한 과정 속에서 어머니가 어떻게 대처할지에 영향을 미치는 다양한 요인들을 찾아볼 수 있었는데, 예를 들면 변화를 실감하지 못하기도 하였고, 자녀의 투쟁이나 자녀의 서열 혹은 성에 따른 차이가 나기도 하였으며, 가족 간의 응집된 관계에 대한 경험, 며느리에 대한 경쟁심, 하나님에 대한 인식 또는 사위나 며느리의 신앙상태 등에 영향을 받기도 하였다. 그리하여 어머니는 신앙에 의지하기도 하고, 의식적, 현실적 대처를 하기도 하며, 때로는 자녀와 동일시하면서 자녀를 지원하게 된다. 이러한 과정을 거치면서 어머니는 자녀를 통제하기도 하고 때로는 통제를 상실하기도 하였는데, 어머니들은 신앙적 인도를 자녀에 대한 통제의 도구로서 사용하는 경우가 많았다. 또 어떤 어머니의 경우는 자녀에게 의존하기도 하고, 또 어떤 경우는 모－자녀 관계가 응집된 관계를 형성하며 상호적으로 전환되기도 하는데, 특히 자녀의 결혼과정을 통해 어머니 자신의 신앙을 재성찰하거나 때로는 신앙에 몰두하는 신앙적 변화가 오는 경우를 많이 볼 수 있었다. 어머니들은 자녀의 결혼과정을 통해 자신의 가족이 확대된 것으로 느끼는 경우가 대부분이었다.

자녀의 결혼과정을 경험하는 어머니의 가장 두드러지는 결과는 자녀를 통제하든 통제권을 상실하든 혹은 자녀에게 의존을 하든, 자녀로부터 분리되지 못하며 자녀의 결혼으로 인해 자신의 가족이 확대되었다고 느낀다는 점이다.

이상의 이야기 윤곽을 통해서 볼 때, 결혼과정을 통해서 본 모-자녀 관계변화에 대한 어머니의 핵심범주는 '정서적, 상황적 변화로 인한 모-자녀 관계의 확장'이라고 할 수 있겠다.

3) 통합적 이야기 윤곽: 결혼과정을 통해서 본 모-자녀 관계변화의 이야기 윤곽

이상에서 살펴본 자녀의 이야기 윤곽과 어머니의 이야기 윤곽을 통합한 이야기 윤곽은 다음과 같다.

결혼과정을 경험하는 기독교가정의 자녀와 어머니는 그동안 원망과 갈등도 있었지만 어머니는 자녀에게 신앙적, 희생적 본을 보여 왔으며 자녀는 그러한 어머니에 대한 이미지를 마음에 새겨왔다. 자녀는 자신의 욕구를 충족시키려는 성향이 강한 반면 어머니는 자기자신의 욕구보다는 자녀에게 좋은 어머니가 되고자 하는 욕구가 컸다. 그리하여 그들은 원가족 안에서 가족의 상황에 따라 다양한 경계(밀착된/명확한/경직된 경계)를 이루며 가족 간의 관계에서 때로는 원망과 갈등도 느끼면서 살아왔다. 그들은 이제 결혼이라는 사건을 맞이하면서 정서적인 변화를 경험하게 되고, 특히 경제적 문제는 모 – 자녀 모두에게 현실적으로 중요한 문제로 다가오게 된다. 이때 두드러지는 차이는 자녀는 생활과 환경의 총체적 변화를 크게 느끼는 반면, 어머니는 자녀에 대해 물리적인 분리만을 느끼며 정서적인 문제인 분리불안이나 상실감을 더 크게 느낀다는 점이다. 또한 이러한 상황에 어떻게 대처할지에 영향을 미치는 다양한 요인들을 찾아볼 수 있었는데, 예를 들면 어머니와 자녀는 이러한 과정을 겪으면서도 자신들의 관계에 아무런 변화가 없다고 인식하기도 하며, 배우자 및 사위/며느리의 신앙상태나 응집된 관계의 경험, 하나님에 대한 자신들 나름대로의 인식이 영향을 미치고 있음을 알 수 있었다. 또한 자녀들에게는 자신들에 대한 부모나 시부모의 통제가, 어머니들에게는 자녀의 서열이나 성별에 따른 차이, 자녀의 투쟁, 며느리에 대한 경쟁심 등이 그들의 대처방법에 영향을 미치고 있었다. 그리하여 어머니와 자녀는 의식적으로 대처한다거나 현실적인 태도를 갖는다거나 신앙적인 대처를 하기도 하였는데, 특히 자녀는 자신의 의지를 관철시키기 위해 혹은 어머니의 통제를 벗어나기 위해 투쟁을 하기도 하였으며, 어머니는 자녀에 대해서 경제적, 신앙적인 지원을 해 주기도 하고 때로는 자기자신을 자녀와 혹은 며느리와 동일시하기도 하였다. 이러한 과정을 거쳐 어머니와 자녀는 그동안의 일방적인 관계에서 상호적인 관계로 전환하기도 하고 여전히 의존하기도 하며 신앙에 몰두하거나 신앙적 재성찰을 하기도 하였다.

이때 두드러지게 나타나는 차이를 살펴보면, 자녀들은 어머니로부터 심리적으로 분리되며 자신만의 새로운 가족에 대한 애착을 강하게 느끼게 되는 반면, 어머니는 자녀로부터 분리되지 못하며 자녀의 결혼과정을 가족의 확대로 인식하고 있다는 점을 들 수 있겠다.

이상의 통합적 이야기 윤곽을 통해서 볼 때, 결혼과정을 통해서 본 모-자녀 관계변화의 핵심범주는 '정서적, 상황적 변화로 인한 모-자녀 관계의 확장 또는 분리'라고 할 수 있다.

2. 핵심범주의 가설적 정형화

근거이론 방법에서 핵심범주의 가설적 정형화란 근거이론을 개발하기 위해 핵심범주와 각 범주 간의 가설적 관계 유형을 정형화하는 작업이다. 본 연구에서는 결혼과정의 모-자녀 관계변화에 있어서 맥락을 결정하는 주요인인 경계(boundary)와 중재조건으로서의 통제를 결정하는 권력(power)을 통합한 관점에서 그 관계를 살펴보고자 한다. 경계와 권력을 중심으로 살펴보기로 한 이유는 Strauss와 Corbin(1990)이 말한 바와 같이 각 사례들 사이에서 발견되는 패턴을 확인하고 자료를 그룹 짓는 과정에서, 필자가 범주들이 이야기의 분석을 제공하는 것처럼 보일 때까지 정렬과 재정렬을 거듭해 본 결과, 자료를 통한 패턴을 발견하는 데 있어서 경계와 권력이 중요한 단서가 됨을 발견했기 때문이다. 필자는 경계에 영향을 주면서 권력과 연결된 범주와 속성을 찾아내는 과정을 통해, 어머니의 경우에서는 '통제', '의존', '의례(결혼과정에서 변화를 인식하지 못하는 경우)', '희생' 등 4가지 범주를 발견하였고, 이러한 4가지 경우의 각각에 대하여 자녀는 어떻게 어머니와 관계를 맺는지를 알아보기 위하여 '통제', '거부', '의존', '의례' 등 4

가지 범주로 구분함으로써 핵심범주인 '정서적, 상황적 변화로 인한 모-자녀 관계의 확장 또는 분리'를 가설적으로 정형화하고자한다. 이를 위해 어머니와 자녀 각각의 범주들을 <표 17>과 같이정렬하였다.

〈표 17〉 '정서적, 상황적 변화로 인한 모-자녀 관계의 확장 또는 분리'의 가설적 정형화

자녀 ＼ 어머니	통제	의존	의례	희생
통제	(1)	(5)	(9)	(13)
거부	(2)	(6)	(10)	(14)
의존	(3)	(7)	(11)	(15)
의례	(4)	(8)	(12)	(16)

위 <표 17>에서 살펴본 핵심범주의 가설적 정형화를 진술문으로 진술하면 다음과 같다.

(1) 통제-통제
어머니가 통제적이고 자녀도 통제적인 경우의 '정서적, 상황적변화로 인한 모-자녀 관계의 확장 또는 분리'

(2) 통제-거부
어머니가 통제적이고 자녀가 통제를 거부하는 경우의 '정서적, 상황적 변화로 인한 모-자녀 관계의 확장 또는 분리'

(3) 통제-의존
어머니가 통제적이고 자녀가 의존적인 경우의 '정서적, 상황적

변화로 인한 모－자녀 관계의 확장 또는 분리'

(4) 통제－의례

어머니가 통제적이고 자녀가 의례적인 경우의 '정서적, 상황적 변화로 인한 모－자녀 관계의 확장 또는 분리'

(5) 의존－통제

어머니가 의존적이고 자녀가 통제적인 경우의 '정서적, 상황적 변화로 인한 모－자녀 관계의 확장 또는 분리'

(6) 의존－거부

어머니가 의존적이고 자녀가 의존을 거부하는 경우의 '정서적, 상황적 변화로 인한 모－자녀 관계의 확장 또는 분리'

(7) 의존－의존

어머니가 의존적이고 자녀도 의존적인 경우의 '정서적, 상황적 변화로 인한 모－자녀 관계의 확장 또는 분리'

(8) 의존－의례

어머니가 의존적이고 자녀가 의례적인 경우의 '정서적, 상황적 변화로 인한 모－자녀 관계의 확장 또는 분리'

(9) 의례－통제

어머니가 의례적이고 자녀가 통제적인 경우의 '정서적, 상황적 변화로 인한 모－자녀 관계의 확장 또는 분리'

(10) 의례－거부

어머니가 의례적이고 자녀가 의례적인 것을 거부하는 경우의

'정서적, 상황적 변화로 인한 모-자녀 관계의 확장 또는 분리'

(11) 의례 - 의존

어머니가 의례적이고 자녀가 의존적인 경우의 '정서적, 상황적 변화로 인한 모-자녀 관계의 확장 또는 분리'

(12) 의례 - 의례

어머니가 의례적이고 자녀도 의례적인 경우의 '정서적, 상황적 변화로 인한 모-자녀 관계의 확장 또는 분리'

(13) 희생 - 통제

어머니가 희생적이고 자녀가 통제적인 경우의 '정서적, 상황적 변화로 인한 모-자녀 관계의 확장 또는 분리'

(14) 희생 - 거부

어머니가 희생적이고 자녀가 희생을 거부하는 경우의 '정서적, 상황적 변화로 인한 모-자녀 관계의 확장 또는 분리'

(15) 희생 - 의존

어머니가 희생적이고 자녀가 의존적인 경우의 '정서적, 상황적 변화로 인한 모-자녀 관계의 확장 또는 분리'

(16) 희생 - 의례

어머니가 희생적이고 자녀가 의례적인 경우의 '정서적, 상황적 변화로 인한 모-자녀 관계의 확장 또는 분리'

3. 가설적 관계진술문

가설적 관계진술은 근거자료의 분석과정에서 드러난 경계선과 권력의 관점에 따른 핵심범주와 작용/상호작용 전략, 결과 사이에 나타날 수 있는 가설적 관계를 진술문의 형태로 제시하는 것이다. 본 연구에서는 '정서적, 상황적 변화로 인한 모－자녀 관계의 확장 또는 분리'라는 핵심범주와 작용/상호작용 전략 및 결과의 범주 간에 나타날 수 있는 관계를 기반으로 다음과 같은 가설적 관계진술문을 제시하고자 한다.

(1) 어머니가 통제적이고 자녀도 통제적인 경우의 '정서적, 상황적 변화로 인한 모－자녀 관계의 확장 또는 분리'는 어머니와 자녀의 의식적, 신앙적 대처 및 현실적 태도와 어머니 입장에서의 동일시, 자녀에 대한 지원, 그리고 자녀 입장에서의 투쟁으로 인하여 상호적으로 통제하는 관계가 되고 가족의 확대가 일어난 것으로 느끼게 될 것이다.

(2) 어머니가 통제적이고 자녀가 어머니의 통제를 거부하는 경우의 '정서적, 상황적 변화로 인한 모－자녀 관계의 확장 또는 분리'는 어머니와 자녀의 의식적, 신앙적 대처 및 현실적 태도와 어머니 입장에서의 동일시, 자녀에 대한 지원, 그리고 자녀 입장에서의 투쟁으로 인하여 어머니는 가족의 확대가 일어난 것으로 느끼지만 자녀에 대한 통제권을 상실하게 되고, 자녀는 심리적으로 분리되어 자신만의 새로운 가족에 대한 강한 애착을 갖게 될 것이다.

(3) 어머니가 통제적이고 자녀가 의존적인 경우의 '정서적, 상황

적 변화로 인한 모-자녀 관계의 확장 또는 분리'는 어머니
와 자녀의 의식적, 신앙적 대처 및 현실적 태도와 어머니 입
장에서의 동일시, 자녀에 대한 지원으로 인하여 어머니의 자
녀에 대한 통제가 강화되고 가족확대 인식이 일어나게 되며,
자녀는 어머니에게 의존하게 될 것이다.

(4) 어머니가 통제적이고 자녀가 의례적인 경우의 '정서적, 상황
적 변화로 인한 모-자녀 관계의 확장 또는 분리'는 어머니
와 자녀의 의식적, 신앙적 대처 및 현실적 태도와 어머니 입
장에서의 동일시, 자녀에 대한 지원으로 인하여 어머니의 자
녀에 대한 통제가 이전과 마찬가지로 유지되며 가족확대 인
식이 일어날 것이다.

(5) 어머니가 의존적이고 자녀가 통제적인 경우의 '정서적, 상황
적 변화로 인한 모-자녀 관계의 확장 또는 분리'는 어머니
와 자녀의 의식적, 신앙적 대처 및 현실적 태도로 인하여 어
머니가 가족확대 인식을 가지고 자녀에게 의존하게 되고 자
녀는 의존적인 어머니를 통제하게 될 것이다.

(6) 어머니가 의존적이고 자녀가 어머니의 의존을 거부하는 경우
의 '정서적, 상황적 변화로 인한 모-자녀 관계의 확장 또는
분리'는 어머니와 자녀의 의식적, 신앙적 대처 및 현실적 태
도와 어머니 입장에서의 자녀에 대한 동일시로 인하여 어머
니는 가족확대 인식을 가지고 자녀에게 의존하게 되고, 자녀
는 심리적으로 분리되어 자신만의 새로운 가족에 대한 애착
을 느끼며 살게 될 것이다.

(7) 어머니가 의존적이고 자녀도 의존적인 경우의 '정서적, 상황
적 변화로 인한 모-자녀 관계의 확장 또는 분리'는 어머니

와 자녀의 의식적, 신앙적 대처 및 현실적 태도와 어머니 입
장에서의 자녀에 대한 동일시로 인하여 어머니와 자녀가 상
호적으로 의존하는 관계가 되고 가족의 확대가 일어난 것으
로 느끼게 될 것이다.

(8) 어머니가 의존적이고 자녀가 의례적인 경우의 '정서적, 상황
적 변화로 인한 모－자녀 관계의 확장 또는 분리'는 어머니
와 자녀의 의식적, 신앙적 대처 및 현실적 태도와 어머니 입
장에서의 자녀에 대한 동일시로 인하여 어머니의 자녀에 대
한 의존이 이전과 마찬가지로 유지되며 가족확대 인식이 일
어날 것이다.

(9) 어머니가 의례적이고 자녀가 통제적인 경우의 '정서적, 상황
적 변화로 인한 모－자녀 관계의 확장 또는 분리'는 어머니
와 자녀의 의식적, 신앙적 대처 및 현실적 태도로 인하여 자
녀의 부모에 대한 통제가 이전과 마찬가지로 유지될 것이다.

(10) 어머니가 의례적이고 자녀가 어머니가 의례적인 것을 거부
하는 경우의 '정서적, 상황적 변화로 인한 모－자녀 관계의
확장 또는 분리'는 어머니와 자녀의 의식적, 신앙적 대처
및 현실적 태도로 인하여 어머니는 자녀와 이전과 마찬가
지의 관계를 유지하려고 하고, 자녀는 어머니로부터 심리적
으로 분리되어 자신만의 새로운 가족에 대한 애착을 갖게
될 것이다.

(11) 어머니가 의례적이고 자녀가 의존적인 경우의 '정서적, 상
황적 변화로 인한 모－자녀 관계의 확장 또는 분리'는 어
머니와 자녀의 의식적, 신앙적 대처 및 현실적 태도로 인하
여 어머니는 자녀와 이전과 마찬가지의 관계를 유지하려고

하고, 자녀는 어머니에게 의존하려 할 것이다.

(12) 어머니가 의례적이고 자녀도 의례적인 경우의 '정서적, 상황적 변화로 인한 모 - 자녀 관계의 확장 또는 분리'는 어머니와 자녀의 의식적, 신앙적 대처 및 현실적 태도로 인하여 어머니는 자녀와 이전과 마찬가지의 관계를 유지하려고 하고, 자녀 역시 특별한 변화에 대한 인식이 없이 어머니와의 이전 관계를 유지하려 할 것이다.

(13) 어머니가 희생적이고 자녀가 통제적인 경우의 '정서적, 상황적 변화로 인한 모 - 자녀 관계의 확장 또는 분리'는 어머니와 자녀의 의식적, 신앙적 대처 및 현실적 태도와 어머니 입장에서의 동일시, 자녀에 대한 지원, 그리고 자녀 입장에서의 투쟁으로 인하여 어머니는 가족확대 인식을 갖게 되고, 어머니에 대한 자녀의 통제가 유지될 것이다.

(14) 어머니가 희생적이고 자녀가 어머니의 희생을 거부하는 경우의 '정서적, 상황적 변화로 인한 모 - 자녀 관계의 확장 또는 분리'는 어머니와 자녀의 의식적, 신앙적 대처 및 현실적 태도와 어머니 입장에서의 동일시, 자녀에 대한 지원으로 인하여 어머니는 가족확대 인식을 갖게 되고, 자녀는 심리적으로 분리되어 자신만의 가족에 대한 애착을 갖게 되며 어머니와 상호적인 관계로 변화하게 될 것이다.

(15) 어머니가 희생적이고 자녀가 의존적인 경우의 '정서적, 상황적 변화로 인한 모 - 자녀 관계의 확장 또는 분리'는 어머니와 자녀의 의식적, 신앙적 대처 및 현실적 태도와 어머니 입장에서의 동일시, 자녀에 대한 지원으로 인하여 어머니는 가족확대 인식을 갖게 되고, 자녀는 어머니에게 의존

하게 될 것이다.

(16) 어머니가 희생적이고 자녀가 의례적인 경우의 '정서적, 상황적 변화로 인한 모-자녀 관계의 확장 또는 분리'는 어머니와 자녀의 의식적, 신앙적 대처 및 현실적 태도와 어머니 입장에서의 동일시, 자녀에 대한 지원으로 인하여 어머니는 가족확대 인식을 갖게 되고, 자녀는 이전과 마찬가지로 어머니의 희생을 당연한 것으로 여기며 심리적으로 분리되어 자신만의 가족에 대한 애착을 갖게 될 것이다.

4. 근거이론 제시

이번에는 '결혼과정을 통해서 본 모-자녀 관계변화'에 대한 근거이론을 이론을 구축하기 위하여, 앞에서 제시한 가설적 관계진술문을 원자료인 근거자료와 지속적으로 비교하면서 각 범주 간에 반복적으로 나타나는 관계를 정형화하였다. 근거자료와 비교해 본 결과, 다음과 같은 8가지 유형이 존재함을 확인할 수 있었다.

1) 통제상실형(가설적 관계진술문 2번)

　어머니가 통제적이고 자녀가 어머니의 통제를 거부하는 경우의 '결혼과정을 통해서 본 모-자녀 관계변화'는 어머니와 자녀의 의식적, 신앙적 대처 및 현실적 태도와 어머니 입장에서의 동일시, 자녀에 대한 지원, 그리고 자녀 입장에서의 투쟁으로 인하여 어머니는 가족의 확대가 일어난 것으로 느끼지만 자녀에 대한 통제권을 상실하게 되고, 자녀는 심리적으로 분리되어 자신만의 새로운 가족에 대한 강한 애착을 갖게 된다<그림 5>.

〈그림 5〉 통제상실형 모-자녀 관계의 통합 패러다임 모형

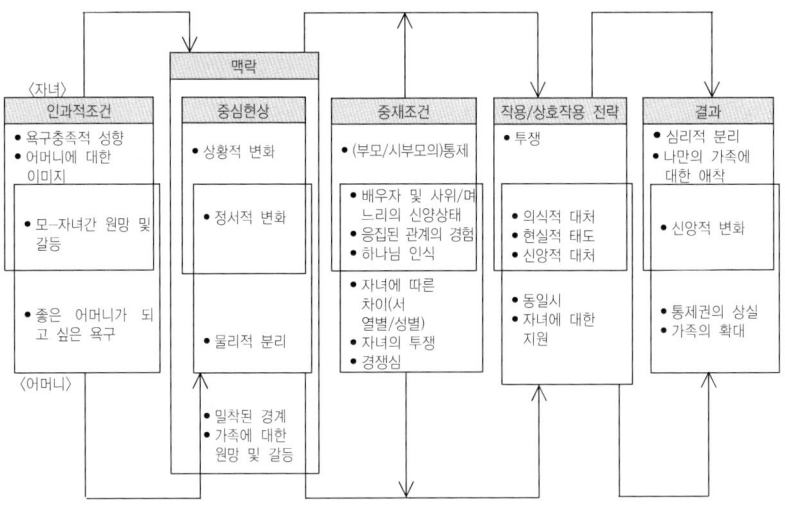

2) 통제형(가설적 관계진술문 3, 4번)

어머니가 통제적이고 자녀가 의존적이거나 의례적인 경우의 '결혼과정을 통해서 본 모-자녀 관계변화'는 어머니와 자녀의 의식적, 신앙적 대처 및 현실적 태도와 어머니 입장에서의 동일시, 자녀에 대한 지원으로 인하여 어머니의 자녀에 대한 통제가 이전과 마찬가지로 유지되거나 혹은 강화되고 가족확대 인식이 일어나게 되며, 자녀는 어머니에게 의존하게 된다<그림 6>.

〈그림 6〉 통제형 모-자녀 관계의 통합 패러다임 모형

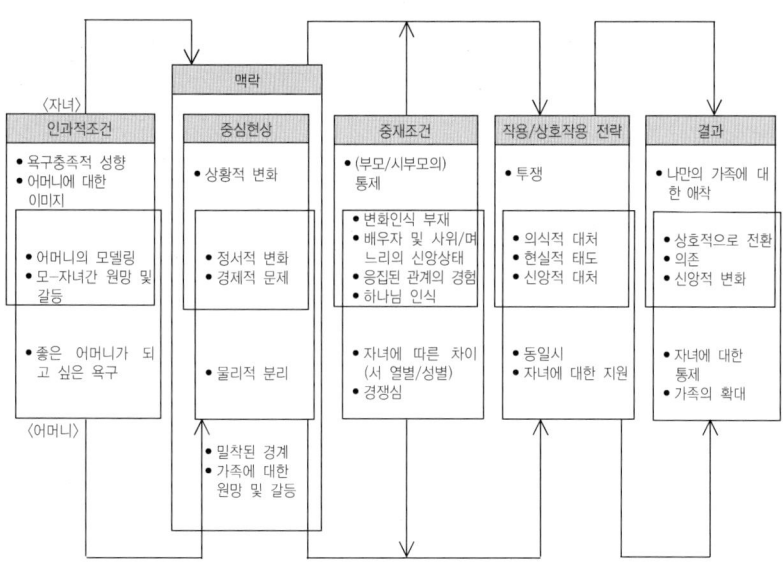

3) 상호의존형(가설적 관계진술문 7번)

어머니가 의존적이고 자녀도 의존적인 경우의 '결혼과정을 통해서 본 모-자녀 관계변화'는 어머니와 자녀의 의식적, 신앙적 대처 및 현실적 태도와 어머니 입장에서의 자녀에 대한 동일시로 인하여 어머니와 자녀가 상호적으로 의존하는 관계가 되고 가족의 확대가 일어난 것으로 느끼게 된다<그림 7>.

<그림 7> 상호의존형 모-자녀 관계의 통합 패러다임 모형

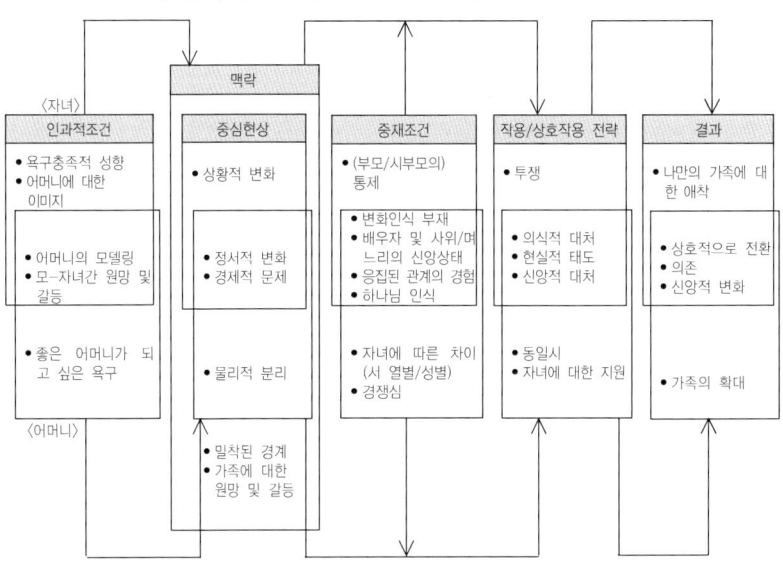

4) 독립형(가설적 관계진술문 10번)

어머니가 의례적이고 자녀가 어머니가 의례적인 것을 거부하는 경우의 '결혼과정을 통해서 본 모-자녀 관계변화'는 어머니와 자녀의 의식적, 신앙적 대처 및 현실적 태도로 인하여 어머니는 자녀와 이전과 마찬가지의 관계를 유지하려고 하고, 자녀는 어머니로부터 심리적으로 분리되어 자신만의 새로운 가족에 대한 애착을 갖게 된다<그림 8>.

<그림 8> 독립형 모-자녀 관계의 통합 패러다임 모형

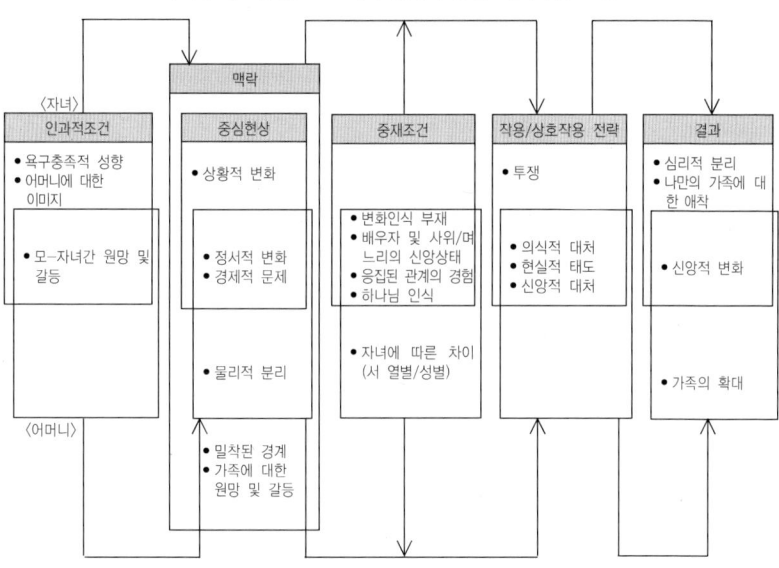

5) 의례형(가설적 관계진술문 11, 12번)

어머니가 의례적이고 자녀가 의존적이거나 의례적인 경우의 '결혼과정을 통해서 본 모－자녀 관계변화'는 어머니와 자녀의 의식적, 신앙적 대처 및 현실적 태도로 인하여 어머니는 자녀와 이전과 마찬가지의 관계를 유지하려고 하고, 자녀는 어머니에게 의존하려 하거나 특별한 변화에 대한 인식이 없이 어머니와의 이전 관계를 유지하려 한다<그림 9>.

〈그림 9〉 의례형 모－자녀 관계의 통합 패러다임 모형

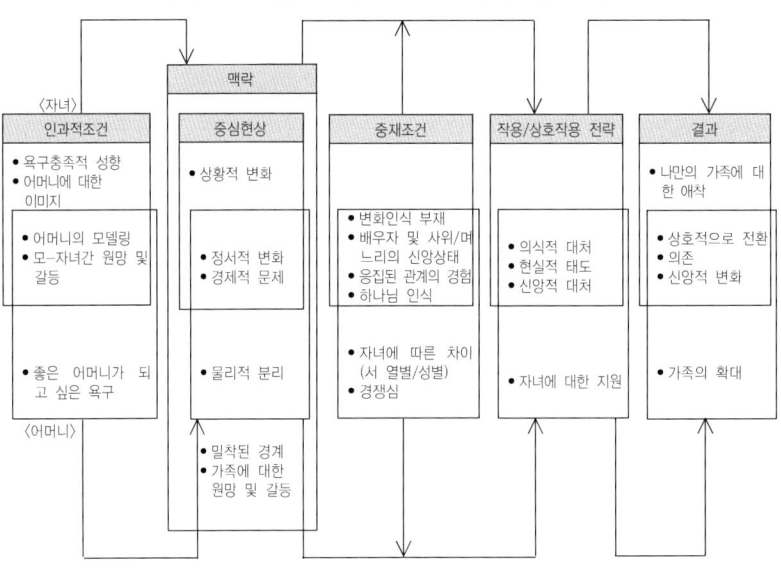

6) 희생형(가설적 관계진술문 15번)

어머니가 희생적이고 자녀가 의존적인 경우의 '결혼과정을 통해서 본 모-자녀 관계변화'는 어머니와 자녀의 의식적, 신앙적 대처및 현실적 태도와 어머니 입장에서의 동일시, 자녀에 대한 지원으로 인하여 어머니는 가족확대 인식을 갖게 되고, 자녀는 어머니에게 의존하게 되거나 의례적으로 여기게 된다<그림 10>.

〈그림 10〉 희생형 모-자녀 관계의 통합 패러다임 모형

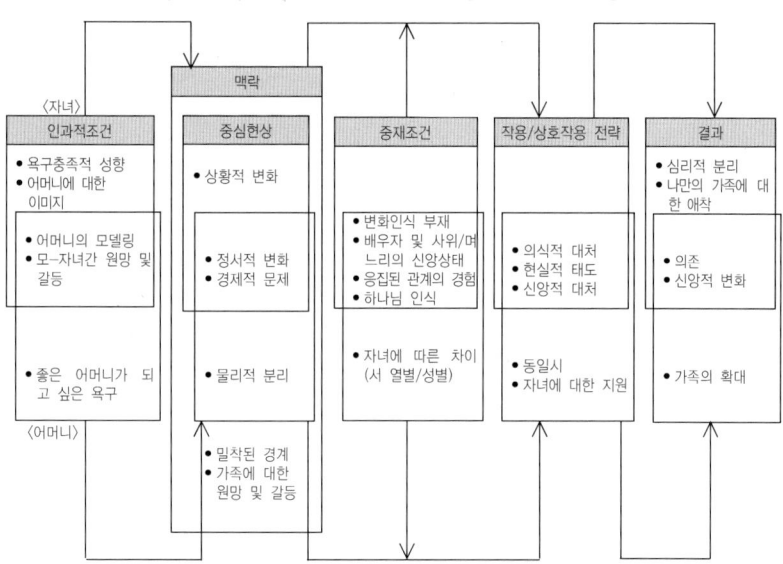

7) 동일시형(가설적 관계진술문 2번)

동일시형은 통제상실형과 그 과정은 동일하나, 자녀가 딸인 경우 시댁 식구들이나 혹은 거주상의 먼 거리 등을 이유로 어머니가 딸에 대한 통제권을 상실하게 된 경우에 어머니가 딸과 자기자신을 동일시하게 되는 경우이다.

어머니가 통제적이고 결혼과정을 겪으면서 더 이상 어머니가 딸을 통제할 수 없게 된 경우의 '결혼과정을 통해서 본 모-자녀 관계 변화'는 어머니와 딸의 의식적, 신앙적 대처 및 현실적 태도와 어머니 입장에서의 동일시, 자녀에 대한 지원, 그리고 딸 입장에서의 투쟁으로 인하여 어머니는 가족의 확대가 일어난 것으로 느끼지만 자녀에 대한 통제권을 상실하게 되고, 자녀는 심리적으로 분리되어 자신만의 새로운 가족에 대한 강한 애착을 갖게 된다. 이때 자녀를 통제할 수 없게 된 어머니는 딸과 동일시하는 방법을 선택하게 된다 <그림 11>.

〈그림 11〉 통일시형 모-자녀 관계의 통합 패러다임 모형

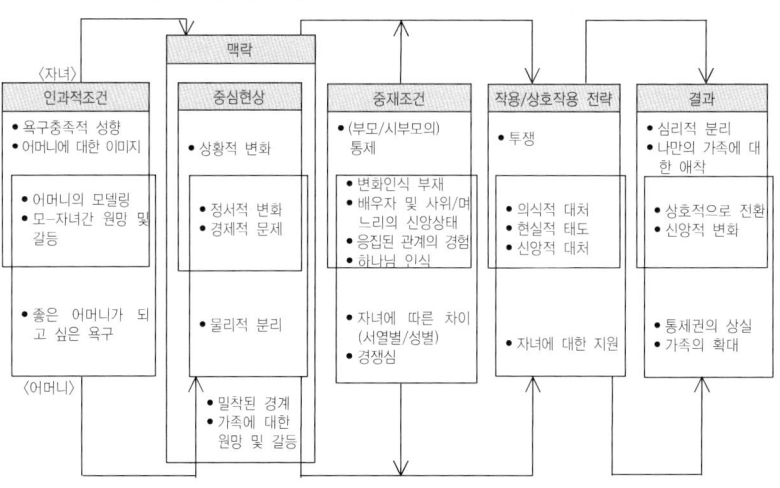

8) 의존형(가설적 관계진술문 5, 6, 8번)

의존형은 본 연구의 면접사례에서는 직접적으로 나타나지는 않았으나 연구 참여자들 및 기타 모임이나 세미나 등을 통해서 보고되는 경우들이 있었으므로 또 하나의 유형으로 제시하고자 한다. 본 연구에서는 고경애(사례 11의 어머니)의 경우, 본 연구의 참여자인 딸 안미리에게는 희생형으로 나타난 반면 장남인 아들에게는 심리적 의존도가 매우 큰 상태임을 알 수 있었다. 아들이 어머니가 자신에게 의존하는 것을 거부하고 있음에도 불구하고 어머니는 지속적으로 아들에게 심리적으로 의존해 오고 있었다.

어머니가 의존적이고 자녀가 어머니의 의존을 의례적으로 여기거나 거부하는 경우 혹은 통제하는 경우의 '결혼과정을 통해서 본 모-자녀 관계변화'는 어머니와 자녀의 의식적, 신앙적 대처 및 현실적 태도와 어머니 입장에서의 자녀에 대한 동일시로 인하여 어머니는 가족확대 인식을 가지고 자녀에게 의존하게 되고, 자녀는 이전의 관계를 유지하거나, 심리적으로 분리되어 자신만의 새로운 가족에 대한 애착을 느끼며 살게 되거나 혹은 어머니를 통제하게 된다(의존형은 사례를 통해서 발견한 유형이 아니므로 통합 패러다임 모형은 제시하지 않는다).

지금까지 선택 코딩 단계에서 '결혼과정을 통해서 본 모-자녀 관계변화'에 대한 근거이론을 제시하기 위하여 필자는 다음과 같은 과정을 진행하였다.

먼저 자녀와 어머니 각각의 이야기 윤곽을 만든 후, 그 둘을 통합하여 통합적 이야기 윤곽을 제시하고 핵심범주를 선택하였다. 핵심범주는 '정서적, 상황적 변화로 인한 모-자녀 관계의 확장 또는 분리'로 나타났다. 또한 이러한 핵심범주를 토대로 근거 이론을 개발하기 위해서 가설적 정형화 단계를 거쳤다. 가설적 정형화를 위하여서는 각 사례들 사이에서 발견되는 패턴을 확인하고 자료를 그룹 짓는 과정에서, 경계(boundary)와 권력(power)이 중요한 단서가 됨을 발견하여, 그 둘을 통합한 범주로서 어머니의 경우는 통제, 의존, 의례, 희생의 4가지 범주로 구분하고 그 각각에 대한 자녀의 경우는 통제, 거부, 의존, 의례의 4가지 범주로 구분하여 전개해 나간 결과, 16가지 경우를 가설적으로 정형화할 수 있었다. 이러한 16가지 가설적 정형화 결과에 기초하여 그에 해당하는 16가지 가설적 관계진술문을 만들고, 마지막으로 그러한 가설적 관계진술문을 가지고 다시 근거자료로 돌아가 비교함으로써 발견된 8가지 유형의 모－자녀 관계변화를 본 연구의 근거 이론으로서 제시하였다.

이를 요약하면 <표 18>과 같다.

〈표 18〉 '결혼과정을 통해서 본－모자녀 관계변화' 이론의 8가지 유형

구분	결혼과정에 나타난 특징 (어머니 vs 자녀)	해당 사례
1. 통제상실형	어머니는 자녀를 통제하려하나 자녀는 이를 거부하여 어머니의 통제력이 상실되는 유형(통제 vs 통제거부)	사례 4
2. 통제형	어머니는 자녀를 통제하고 자녀는 어머니에게 의존하거나 또는 의례적으로 여기는 유형(통제 vs 의존/의례)	사례 2, 9, 7
3. 상호의존형	어머니와 자녀가 서로에게 의존하는 유형(의존 vs 의존)	사례 1
4. 독립형	어머니는 의례적으로 여기는데 자녀는 이러한 어머니에게 불만을 느끼며 거부하는 유형(의례 vs 의례거부)	사례 12
5. 의례형	어머니와 자녀가 서로에게 의례적으로 대하고 별다른 변화를 인식하지 못하거나, 어머니는 의례적인데 자녀는 의존하는 유형(의례 vs 의존/의례)	사례 10, 3, 6
6. 희생형	어머니는 자녀를 위해 희생하고 자녀는 어머니에게 의존하거나 의례적으로 여기는 유형(희생 vs 의존/의례)	사례 5, 11

구분	결혼과정에 나타난 특징 (어머니 vs 자녀)	해당 사례
7. 동일시형	자녀가 딸인 경우, 어머니는 딸을 통제하고자 하나 딸이 통제를 거부하거나 혹은 의례적인 경우에, 이제는 더 이상 통제를 하지 못하게 되었을 때 어머니가 딸에게 동일시하는 유형(통제불가 vs 통제거부/의례)	사례 8
8. 의존형	어머니는 자녀에게 의존하고자 하고 자녀는 이를 의례적으로 여기거나 거부 혹은 통제하는 유형 (의존 vs 의례/의존거부/통제)	

제5절 상황 모형

상황 모형은 본 연구의 결과를 요약하고 통합할 수 있는 기틀을 제시하는 단계로 다양한 종류의 상황적 조건과 결과가 작용/상호작용 전략과 얽혀서 어떻게 관계를 맺고 있는가를 설명하는, 모든 범주를 통합하는 마지막 단계이다. 상황 모형은 상황경로를 따라 도식화할 수 있으며 각각의 조건적 상황과 작용/상호작용 전략의 다양한 수준에 따라 결과가 어떻게 달라질 수 있는가를 추적하는 것이 상황경로이다. 본 연구에서는 '결혼과정을 통해서 본 모 - 자녀 관계변화'의 상황 모형을 아래 <그림 12>와 같이 제시하였다.

<그림 12> 상황 모형

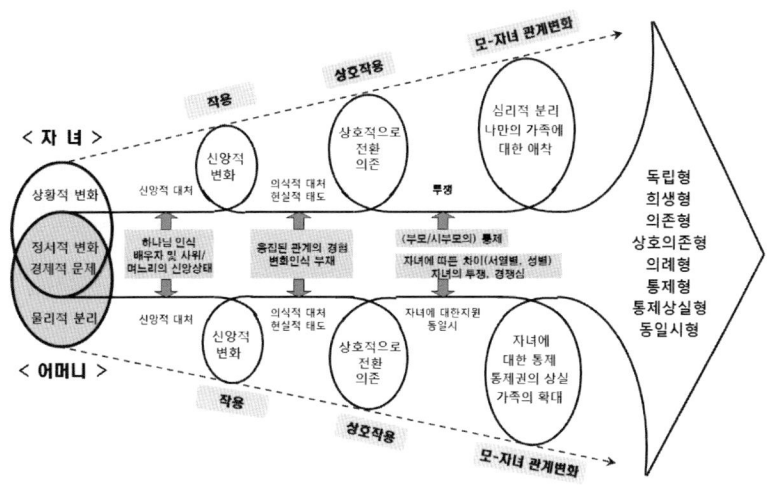

상황 모형에서는 통합 패러다임 모형에서의 현상을 맨 왼쪽에 그림으로 나타내었으며 모-자녀 관계변화 유형을 맨 오른쪽에 나타내었다. 나선형의 선은 통합 패러다임 모형의 결과 부분에 나타난 범주들을 작용, 상호작용, 모-자녀 관계변화 차원으로 분류한 후 배치한 것이며, 모형의 한가운데에서 왼쪽으로부터 오른쪽으로 흐르는 화살표의 가운데에 배치된 범주들은 중재조건들이다. 또한 각 중재조건들로부터 위아래로 연결된 화살표를 따라가 보면 그에 해당하는 전략들이 배치되어 있다. 상황 모형의 내용을 묘사해 본다면 다음과 같다.

결혼과정을 경험하면서 겪게 되는 현상에는 자녀의 경우 상황적 변화, 정서적 변화, 그리고 경제적 문제가 있으며 어머니의 경우에는 정서적 변화, 경제적 문제와 함께 물리적 분리가 있다. 이러한 현상에 대해 자녀와 어머니가 '하나님인식'과 '배우자 및 사위/며느리의 신앙상태'라는 중재조건에 의해 '신앙적 대처'라는 전략을 사용하게 되면 '신앙적 변화'라는 결과가 생기게 되고, '응집된 관계의 경험'과 '변화인식 부재'라는 중재조건에 의해 '의식적 대처'와 '현실적 태도'라는 전략을 사용하게 되면 '상호적으로 전환'하거나 '의존'하게 되는 결과가 나타나게 되며, 자녀의 경우에 '(부모/시부모의) 통제'라는 중재조건에 의해 '투쟁'이라는 전략을 사용하게 되면 '심리적 분리'와 '나만의 가족에 대한 애착'이라는 결과가, 그리고 어머니의 경우에는 '자녀에 따른 차이(서열별/성별)'와 '자녀의 투쟁', 그리고 '경쟁심'이라는 중재조건에 의해 '자녀에 대한 지원'과 '동일시'라는 전략을 사용하게 되면 '자녀에 대한 통제' 혹은 '통제권의 상실', 그리고 '가족의 확대'라는 결과를 가져오게 된다. 이러한 상황경로를 통해 나타나게 되는 모－자녀 관계의 8가지 유형을 맨 오른쪽에 그림으로써 그 관계를 과정적으로 나타내었다.

이때 '신앙적 변화'는 개인적 작용 차원으로, '상호적으로 전환'과 '의존'은 상호작용적 차원으로, '심리적 분리', '나만의 가족에 대한 애착', '자녀에 대한 통제', '통제권의 상실', '가족의 확대'는 가족 안에서의 모－자녀 관계변화 차원으로 설명할 수 있겠다.

제5장

연구결과 분석 및 논의

제1절 유형별 특성

본 절에서는 앞 장에서 '결혼과정을 통해서 본 모－자녀 관계변화'에 대한 본 연구의 근거이론으로서 제시한 8가지 유형에 대해서 논의하고자 한다. 먼저 유형별 주요 특성을 제시한 후 각 유형별 특성을 살펴보고자 한다<표 19>.

〈표 19〉 유형별 주요 특성

구분	주요 특성	모－자녀 간 경계
1. 통제상실형	- 자녀는 어머니에 대한 원망 및 갈등이 심했음 - 어머니의 통제를 자녀가 투쟁을 통해 거부하며 해방을 추구함 - 대화가 단절됨	경계 변화(밀착된 경계로부터 경직된 경계로)
2. 통제형	- 어머니의 경쟁심과 자녀에 대한 지원이 돋보임 - 어머니의 통제에 대해 자녀가 의존하거나 또는 의례적으로 여김	경계 불변(밀착된 또는 경직된 경계 유지)
3. 상호의존형	- 자녀의 경제적 능력이 두드러짐 - 변화에 대한 인식이 없음 - 어머니와 자녀가 서로에게 의존함	경계 불변(밀착된 경계 유지)
4. 독립형	- 자녀는 어머니에 대한 원망과 자신의 새로운 가족에 대한 애착이 두드러짐 - 어머니는 의례적인데 자녀는 어머니에게 불만을 느끼며 어머니를 거부함	경계 불변(경직된 경계 유지)
5. 의례형	- 변화에 대한 인식이 없는 것이 두드러짐 - 어머니와 자녀가 서로에게 의례적으로 대하거나 어머니는 의례적인데 자녀는 의존하는 경우가 있음	경계 불변(명확한 경계 유지)
6. 희생형	- 자녀는 욕구충족적 성향이 매우 강함 - 어머니는 자녀를 위해 희생하며 자녀는 이를 당연시 여김	경계 불변(밀착된 경계 유지)
7. 동일시형	- 어머니의 삶이 힘들었을 경우 딸과 자신을 연결시키고 싶어 하는 마음이 두드러짐 - 어머니가 더 이상 딸을 통제하지 못하게 되어 자신을 딸과 동일시함	경계 변화(밀착된 경계로부터 경직된 경계로)
8. 의존형	- 어머니가 자녀에게 경제적, 심리적으로 의존함	경계 불변(밀착된 또는 경직된 경계 유지)

1) 통제상실형(사례 4)

통제상실형의 주요 특징을 살펴보면, 자녀는 이전부터 어머니에 대한 원망 및 갈등이 심했으며, 결혼과정을 겪으면서 자녀가 투쟁을 통해 어머니의 통제를 거부하게 되고 해방을 추구하게 됨에 따라 모 - 자녀 간 대화가 단절되는 것으로 나타났다.

통제상실형의 전형적 사례로서 사례 4의 경우를 보기로 한다.

어머니 이상숙은 아들 조상민에게 완벽한 어머니가 되어 주고 싶은 마음에 모든 것을 미리 알아서 처리해 주는 관리자로서 아들을 양육하였고, 이런 어머니를 보면서 조상민은 기가 센 어머니라는 이미지를 가지고 밀착된 경계를 이루면서도 자신이 원하는 것을 하지 못한 채 많은 갈등과 원망 속에서 자라왔다. 이들은 결혼과정을 통해 상황과 정서에 많은 변화를 느끼고 있었는데, 어머니는 결혼을 반대하며 아들에 대한 통제를 하려 하였지만 아들은 어머니에게서는 느끼지 못했던 편안함을 주는 사람과 결혼을 하기 위해 어머니에게 격렬하게 반항하여 자신의 뜻을 관철시키게 된다. 학창시절에는 신앙생활을 열심히 했던 아들은 이제 믿지 않는 아내를 맞이했을 뿐만 아니라 하나님에 대한 인식에도 의구심을 갖게 되어 신앙적으로도 변화가 생기게 되었다. 아들과 어머니는 현실적이고도 의식적인 대처를 해 나가게 되는데, 이때 어머니는 자신과는 말도 하지 않으려는 아들 대신에 며느리를 통해서라야만 아들에 대한 소식을 접할 수 있게 되는 형편이 되었다. 이제 어머니는 아들이 어머니와 똑같은 스타일의 여자를 며느리로 골랐다고 며느리와의 동일시를 하면서 아들을 지원하고자 하나, 아들은 어머니와의 심리적인 분리를 이루면서 자신만의 가족에 대한 애착을 강하게 갖게 되었다. 결혼과정을 통해 어머니는 아들에 대한 통제권을 상실하게 되었으나 그럼에도 불구하고 아들의 결혼은 어머니 자신의 가족의 확대라고 느끼고 있었다.

본 사례의 경우, 자녀는 어머니와 밀착된 경계에서 Winnicott(1971)이 말한바 완벽한 어머니(perfect mother) 역할을 하고자 하는 어머니의 지나친 간섭과 통제로 스트레스를 많이 받는 상황에 처해 있다가 결혼과정을 통해 경직된 경계로 변화된 경우이다. 이는 한국의 어머니는 자녀가 필요의 신호를 보낼 때까지 기다리지 않고 자녀의 욕구를 미리 예상하고 자녀의 불편함을 최소화하기 위해 미리 조처를 취하는 경향이 있다고 한 이삼연(2004)의 주장과 일치하는 경우이다. 그러나 아들은 자신을 통제하려는 어머니에 대항하여 어머니와는 전혀 대화도 하지 않고 격렬한 투쟁을 함으로써 드디어 어머니와 분리되게 된다. 그러한 분리과정에서 어머니와는 달리 다소곳한 성품을 지닌 배우자는 아들에게 있어서 어머니를 대체하는 새로운 대상이었다. 아들에게 있어서 결혼과정은 그동안 통제적이고 갈등이 많았던 어머니로부터 벗어나 새로운 어머니, 즉 새로운 의존대상을 찾아가는 해방의 과정이었다. 이는 Mahler(1975)가 말한 분리 – 개별화 단계에서 어머니로부터 분리되어 세상을 탐험하게 된 유아가 언제든 돌아가 정서적 재충전을 할 수 있는 본루(home base)의 역할을 어머니가 아닌 배우자가 대신하고 있는 현상으로 볼 수 있을 것이며, 또한 Weiss(1982)의 주장과 같이 성인기에는 기존의 애착 대상 외에도 안전의 욕구를 제공해 줄 수 있는 배우자 등 대체자와 강한 유대를 발전시킬 수 있다는 것을 보여주는 것이라 할 수 있다. 실제로 자녀는 연상의 아내를 배우자로 만났으며 모든 일을 배우자와만 상의하고 어머니와의 대화를 기피함으로써 어머니와의 갈등을 회피하고 있는 상태이다. 어머니는 아들을 어린 시절부터 이끌어 가는 역할을 하였다고 하면서 아들이 대화를 회피하고 멀어져 가자 이제는 한편으로는 아들의 그러한 모습을 인정해 주어야겠다는 생각을 함과 동시에 다른 한편으로는 아들과 친밀하게 지내고 싶은 양가감정을 지니고 있었다. 어머니는 자녀에 대한 기대를 낮추어야 한다면서 스스로를 달래고 있었다. 본 사례를 Brennan 외(1998)의 4가지 성인애착 유형, 즉 안전형(낮은 불안과 낮은 회피), 집착형(높은 불안과 낮은 회피), 거부형(낮은 불안과 높은 회피), 두려움형(높은 불안과 높은 회피)의 입장에서 살펴본다면 집착형의 어머니와 거부형의 아들이 심한 갈등을 겪고 있다가 아들이 애착 대상을 배우자로 대체하면서 어머니로부터 분리되는 과정을 보여준 것이라 하겠다.

본 사례는 자녀가 어머니의 통제로부터 벗어나 해방을 추구하되 새로운 의존 및 애착 대상으로서 배우자를 선택하게 된 경우였으며, 어머니는 결혼과정을 겪으면서 그동안 자녀에게 가졌던 통제력을 상실하게 되는 경우로서, 모-자녀 간의 관계가 밀착된 경계에서 경직된 경계로 변하는 것을 보여주었다.

이들의 이야기들 중 일부를 소개하고자 한다.

결혼할 때도 반대가 좀 심하셨구요. 저는 그렇게 생각해요. 자기 기준에 안 맞으면 무조건 반대부터 하고 보시는…… 그런 생각을 해 가지고, 연애를 해 가지고 결혼을 하면 거의 뭐 누구를 데리고 오던지 반대를 하시는…… 그런 생각을 예전부터 갖고 있었구요. 역시 반대를 하셨구요. 그때 뭐 제가 아주 뭐 난리를 쳤죠. 그래가지고 겨우 결혼 승낙을 받았죠.[조상민: 사례 4-아들-20]

그런데 이제 다행스러운 게, 며느리를 들여놓고 보니까 재미있다고 그럴까…… 며느리가 나와 비슷한 성격이에요. 그러니까 참 재미있는 게, 우리 아들이 절대 우리 엄마를 제일 싫어했거든요? …… 그래서 내가 자기 엄마를 싫어하는구나. 그냥 엄마로서 싫은 게 아니라. 옆에 있으면 막 중압감 드는 게 싫었던 것 같아. 지가 볼 때 우리 엄마는 뭐든지 완벽하게 척척척 잘하는 사람으로. 아들이 볼 때는 엄마가 그렇게 느껴졌던 거야. 그런데 그런 사람은 절대 싫어한다고 했는데, 내가 며느리를 보니까 며느리가 굉장히 그 합리적이면서도 철저한 사람이에요. 강자예요. 그리고 내가 아 지가 싫다고 하면서도, 거기에 길들여져 있구나. 우리 아들이 엄마를 막 싫어하면서도 엄마한테 길들여져 있으니까 엄마 같은 사람을 좋아한 거야. 그랬어요.[이상숙: 사례 4 – 어머니 – 27]

2) 통제형(사례 2, 9, 7)

통제형의 주요 특징을 살펴보면, 어머니의 경쟁심과 자녀에 대한 지원이 돋보이며, 어머니의 통제에 대해 자녀가 의존하거나 또는 의례적으로 여기고 있음을 알 수 있다.

통제형의 전형적 사례로서 사례 2의 경우를 보기로 한다.

어머니 박은영은 아들 김정식을 아기 같다고 생각하고 있었으며, 이런 어머니를 보면서 김정식은 중요한 일에는 항상 어머니의 조언을 구하며 지내왔다. 김정식은 어머니에 대해서 해결사라는 이미지를 가지고 있었으며 어머니와 밀착된 경계를 이루면서 때로는 갈등도 있었지만 어머니의 도움으로 자신이 원하는 것을 성취하면서 자라왔다. 이들은 결혼과정을 통해 상황과 정서의 변화, 그리고 경제적 문제를 느끼고 있었는데, 경제력 있는 어머니가 결혼과정에서 주도적인 역할을 하였으며 그러한 과정에서 어머니 박은영 역시 경제력 있는 며느리에게 경쟁심을 느끼기도 하였다. 이들은 결혼과정을 경험하면서 모 – 자 관계에 있어서 특별한 변화를 느끼지 못하고 있었으며, 결혼과정에서 겪게 된 경제적 문제, 신체적 질병,

학업적 실패 등의 과정이 오히려 하나님의 인도하심이었음을 절실히 체험하게 되었다고 고백하는 어머니와 그러한 어머니의 신앙적 인도를 그냥 따라가는 아들의 모습을 보여주었다. 아들과 어머니는 현실적이고도 의식적인 대처를 해 나가게 되는데, 어머니는 아들에게 결혼과정에서 물질적으로 더 풍성하게 도와주지 못한 것을 안타까워하면서 미래에도 지속적으로 도와줄 것을 약속하였다. 아들은 결혼과정을 겪으면서 예전엔 일방적이었던 어머니와의 관계가 상호적이 되었다고 말하기도 하고 나만의 가족에 대한 애착을 보여주고 있으나 여전히 어머니에게 의존하고 있었으며, 어머니는 아들이 자신에게 의존한다는 것을 확신하면서 아들의 결혼은 어머니 자신이 책임져야 할 식구가 늘어나는 것을 의미한다고 하였다.

본 사례의 경우, 자녀에게 있어서 어머니라는 존재는 무슨 일이든 해결할 수 있는 해결사이자 최후의 보루였으며 의존대상이었다. 애착 이론으로 본다면 집착형의 어머니와 안전형의 자녀라고 할 수 있는데, 어머니는 자녀가 결혼 후에 살 집을 마련해 주기 위해 애를 쓰면서 또 한편으로는 불만족스러워하는 예비 며느리를 직접 만나 설득을 하기도 하였다. 한국의 결혼 문화는 아들을 가진 집에서 주택을 마련해 주는 것 — 구매를 하건 임대를 하건 — 을 자연스럽게 생각한다. 이는 아들을 통해 가문이 보존된다는 가부장적 사고와 남아선호사상으로부터 비롯되었다고 할 수 있으며, 주택마련이라는 엄청난 경제적 도움을 부모로부터 받은 아들은 부모에게 효도해야 한다는 심리적 부담감을 갖게 되고, 본 사례의 경우에서 보듯이 경제력 있는 어머니의 통제에 순종하게 된다. 본 사례의 자녀에게 있어서의 결혼과정은, 경제적 능력이 있는 어머니에게 의존적이었던 자녀가 여전히 어머니에게 의존하면서도 어머니 외에

또 다른 경제적 능력이 있는 배우자를 선택하여 또 다른 의존대상
으로 삼아 안전장치를 마련하는 과정이었다. 반면 어머니는 결혼과
정 속에서 자신의 통제력을 발휘하며 자신의 자녀뿐만 아니라 자
녀의 배우자 역시 통제하려 하였다. 결과적으로 자녀는 결혼과정을
통해 어머니에 대해 의존할 뿐만 아니라 배우자에게도 의존을 하
게 되는 다중의존을 하게 되었고, 어머니는 자녀에 대한 통제를
강화하게 되었다. 따라서 모 - 자녀 간의 밀착된 경계는 지속적으
로 유지되고 있었다. 그러나 장차 아들을 사이에 놓고 능력 있는
어머니와 역시 능력 있는 며느리 간의 갈등이 발생할 여지가 많은
것으로 추측된다. 어머니에게 의존하며 순종하는 아들의 태도는 장
차 능력 있는 며느리가 어머니와 대치되는 자신의 목소리를 내게
될 때 고부갈등을 유발하는 하나의 요인이 될 것으로 보인다.

이들의 이야기를 소개하면 다음과 같다.

아버지는 항상 일찍 나가셔서 늦게 오시니까 아버지랑은 솔직히 별로 이야기
하거나 하는 시간이 되게 많이 부족했던 것 같아요. 그래서 아버지보다는 진
학이나 인생 선배로서 얻어야 되는 좋은 것들을 어머니를 통해서 많이 얻었구
요.[김정식: 사례 2 - 아들 - 14]

그러니까 아직까지는 그렇게 결혼을 했음에도 불구하고 엄마가 걔한테 절대적
으로 필요한 존재라는 거를 아직은 내가 실감을 하지…… 내가 그 생각은 들
지. 니가 아무리 내가 하나의 인격체를 만들어서 결혼이라는 관문을 통과를
해도 아직도 내가 너한테 필요한 존재니까 좀 뿌듯하지.[박은영: 사례 2 - 어
머니 - 40, 41]

3) 상호의존형(사례 1)

상호의존형의 주요 특징을 살펴보면, 자녀의 경제적 능력이 두

드러지게 나타났으며, 어머니와 자녀 모두 변화에 대한 인식이 없고 서로에게 의존하는 것으로 나타났다.

상호의존형의 전형적 사례로서 사례 1의 경우를 보기로 한다.

어머니 김선희는 딸 정은아에게 좋은 어머니로 기억되기를 원한다고 하였으며 정은아 역시 어머니를 헌신적이고 다재다능한 분으로 여기고 있었다. 김선희와 정은아는 서로 많은 것을 공유하며 밀착된 경계를 지니고 생활해 왔는데, 아버지의 실직으로 인해 사실상 집안의 경제 문제를 책임져 온 것은 바로 딸 정은아였다. 이들은 결혼과정을 통해 상황과 정서의 변화, 그리고 경제적 문제를 느끼고 있었는데, 결혼과정을 거치면서도 둘은 모-자녀 관계의 변화를 인식하지 못한다고 응답하였으며, 어머니는 이처럼 능력 있는 딸을 결혼시키면서 딸이 아깝다는 생각도 하게 되었다. 이들은 의식적, 신앙적 대처와 현실적 태도를 지니며 결혼과정을 겪고 있었으며, 딸이 운영하는 직장에 어머니가 정기적으로 나가서 딸의 일을 도와주고 딸은 어머니를 경제적으로 도와주는 관계를 유지하고 있었다. 어머니는 딸과 함께 신앙생활을 하고 싶었지만, 종교가 다른 사위로 인해 딸의 신앙생활에 변화가 생겨 딸이 교회에 출석하지 못하게 되었다. 딸은 자신만의 가족에 대한 애착을 느끼면서도 심리적으로 어머니에게 깊이 의존하고 있었으며, 어머니 역시 심리적, 경제적으로 딸에게 깊이 의존하고 있었다. 어머니에게 있어서 딸의 결혼은 가족의 확대를 의미했다.

본 사례에서 모-자녀 관계는 밀착된 경계로서 하나님 이전에 어머니와 자녀 서로가 서로에게 신적 역할을 담당하고 있었다. 애착이론으로 본다면 집착형의 어머니와 역시 집착형의 딸이라 할 수 있는데, 어머니는 경제적인 어려움과 심리적인 어려움(우울증)

으로 인해 딸과 분리되는 것을 두려워했으며, 딸은 어머니의 우울증을 완화시키기 위해 항상 어머니에게 관심을 갖고 심리적으로 어머니를 돌보고 있었다. 딸은 어려운 일이 있으면 어머니가 도와주실 거라고 굳게 믿고 있었고, 어머니 역시 남편보다 자녀를 더 의지하고 있었다. 어머니에게 있어서 삶의 동인은 자녀이다. 자녀를 돕기 위해 자신이 건강해야 한다고 말하고 있다. 그러므로 본 사례의 경우, 결혼과정을 통해서 본 모-자녀 관계는 상호의존형이라고 할 수 있겠다. 이들은 결혼과정이 시작되기 전부터 이러한 밀착된 경계를 형성하고 있었으며 결혼과정을 겪으면서도 여전히 동일한 관계를 유지하고 있었다.

이들의 이야기들 중 일부를 소개하고자 한다.

> 딸로서…… 음…… 엄마를 너무너무, 모든 딸이 다 그렇겠지만, 굉장히 항상 효도하고 싶고, 곁에 있고 싶어요. 그런 딸이 되고 싶어요. 떨어지지 않고……
> [정은아: 사례 1-딸-65]

> 결혼하기 전…… 별로 달라진 건 없어요. 결혼하고…… 몰라 가까이 있어서 그런지…… 근데 이제 제가 쪼끔 더 무겁게 느껴지는 건 있어요. 내가 이제 앞으로 할 일이 많겠구나…… 정말 내가 건강해야 되겠구나, 이제 딸을 도와줘야 되니까…… 이제 딸이 애를 낳으면…… 그것도 내 일인 것 같고…… 그래서 많이 도와주고 그러려면 내가 건강해야 되겠구나…… 마음도 그렇고, 몸도 그렇고…… [김선희: 사례 1-어머니-30]

4) 독립형(사례 12)

독립형의 주요 특징을 살펴보면, 자녀의 경우는 어머니에 대한 원망이 예전부터 많았으며 자신의 가족에 대한 애착이 두드러지게 나타나고, 결혼과정에서도 의례적인 어머니를 보면서 어머니에 대한 불만을 느끼며 어머니를 거부하게 된다.

독립형의 전형적 사례로서 사례 12의 경우를 보기로 한다.

어머니 나선미는 둘째 아들인 민명진과의 관계보다는 맏아들과의 관계에 신경을 많이 쓰면서 살아왔기 때문에, 민명진은 형제간에 차별대우를 받았다는 불만과 어머니에게 도움을 요청했다가 거절당했던 마음 아픈 기억을 가지고 있었다. 어머니와 밀착된 경계를 가졌던 형과는 달리 민명진은 경직된 경계를 가지고 있었는데, 이들은 결혼과정을 통해 상황과 정서의 변화, 그리고 특히 경제적 문제를 크게 느끼고 있었다. 결혼을 준비함에 있어서도 민명진은 형과는 달리 결혼과정에 필요한 모든 경제적 문제들도 어머니의 도움 없이 혼자서 해결해야만 하는 상황이었다. 따라서 어린 시절부터 지속된 어머니에 대한 섭섭함이 쌓여 있다. 한국 전통 가족문화의 특징은 가부장적 직계가족이다(송성자, 2005). 나선미는 장남에게는 집중적인 관심을 쏟고 경제적으로도 지원한 반면, 민명진에게는 별다른 관심을 보이지 않으며 양육하였다. 따라서 민명진은 어머니 대신 친구들을 대체자로 애착을 형성하며 성장하게 되었고, 결혼을 한 후 자신의 핵가족에게 강한 애착을 느끼게 된 것을 볼수 있었다. 이들을 애착 이론으로 본다면 어머니와 아들 모두 거부형으로 볼 수 있겠다. 결혼과정을 거치면서도 둘은 모-자녀 관계의 변화를 인식하지 못한다고 응답하였는데, 그들은 현실적 태도를 지니며 의식적, 신앙적 대처를 하게 되었다. 특히 어머니는 신앙생활에 집중하였고 아들 역시 자신만의 확고한 신앙을 가지고 생활하고 있었다. 아들은 다른 사람이 신앙생활에 대한 조언을 할 때에도 자신의 의지에 따라 자신만의 방식을 고수하였다. 아들은 결혼과정을 거치면서 이미 이루어져 있던 심리적 분리와 더불어 자신만의 가족에 대한 강한 애착을 갖게 되었고, 또한 경제적으로도 완전한 독립을 이루게 되었다. 어머니는 신앙생활에 몰두하고 있었으며 아들의 결혼을 자신의 가족의 확대로 느끼고 있었다. 본 사례의 경우에는 경직된 경계가 지속되고 있었다.

다음은 이들의 이야기 중 일부이다.

> 얘기해야 서로 힘들고, 내가 얘기해서 힘들어도 나올 꺼 같으면 얘기를 했을지도 모르지만 나오지도 않고, 서로 힘들 바에야 안 얘기하는 게 낫다고 생각했거든요…… 그냥 가볍게 농담식으로 흘러서 얘기했는데, 그때 커트당한 것 같아요. [민명진: 사례 12 - 아들 - 43,44]

> 만약에 우리가 잘 산다고 그러면 똑같이 큰아들도 잘살게 작은아들도 잘살게 해 주고 싶지만, 지금 입장에서는 큰아들한테 신경이 엄청. 큰아들이 신경을 쓰도록 했었어요. 그러니까 신경을 안 쓸 수가 없고. [나선미: 사례 12 - 어머니 - 11]

5) 의례형(사례 3, 6, 10)

의례형의 주요 특징을 살펴보면, 어머니와 자녀 모두 변화에 대한 인식이 없는 것이 두드러지게 나타났으며, 어머니와 자녀가 서로에게 의례적으로 대하는 경우이거나 혹은 어머니는 의례적인데 자녀는 의존하는 경우를 볼 수 있었다.

의례형의 전형적 사례로서 사례 3의 경우를 보기로 한다.

어머니 이정미는 아들 서영준에게 따뜻한 관심을 보여주었던 어머니의 이미지로 기억되고 있었다. 서영준은 화목한 가족 분위기에서 명확한 경계를 가지고 성장했는데, 두 사람은 결혼과정을 통해 상황과 정서의 변화, 그리고 경제적 문제를 느끼고 있었다. 결혼과정을 거치면서도 둘은 모 - 자녀 관계의 변화를 인식하지 못한다고 응답하였는데, 그들은 현실적 태도를 지니며 의식적, 신앙적 대처를 하게 되었다. 같은 교회 교인들끼리의 결혼이어서 신앙적으로도 별다른 변화를 느끼지 못하였다. 예전부터의 관계가 그대로 유지되고 있었으며 어머니는 아들이 필요로 할 때만 아들에게 지원을 해주고 싶다고 하였다. 이들을 애착 이론으로 본다면 어머니와 자녀 모두 안전형이라고 할 수 있겠다. 어머니와 아들 모두 결혼과정을 의례적인 과정으로 느끼고 있었으며, 모-자녀 관계변화에 대한 인식이 별로 없는 상태로서, 둘 사이의 명확한 경계가 지속되고 있었다.

다음은 이들의 이야기 중 일부이다.

> (결혼을 준비할 때) 힘든 점은 없었던 것 같은데요? ……같은 교회에 있으니까 교회도 고를 것도 없이 바로 거기 잡히는 거고, 예약하는 것도 쉬웠고…… 예식도요…… 교회 형식 같은 거 있잖아요? 종교도 같고, 교회도 같으니까 형식도 쉽게 결정이 나고…… (어머니와도) 특별히 뭐 갈등은 없었던 것 같아요. [서영준: 사례 3-아들-42~45]

> 앞으로 나야 이제 애들을 독립해서 떠나보내는 거니까. 나는 별 참견은 안 하지. 그냥 애들 있는 대로 보면서 지네들이 필요로 할 적에 내가 도움 줄 수 있는 건 도움주고, 못 하는 건 뭐 할 수 없는 거고. 나는 이제 기도를 좀…… 기도 생활을 많이 해야 되겠다…… 내가 해 줄 수 있는 것은 이제 기돈데…… 기도를 해 줘야 되겠다 이런 생각이 들어.[이정미: 사례 3-어머니-57]

6) 희생형(사례 11, 5)

희생형의 주요 특징을 살펴보면, 자녀는 욕구충족적 성향이 매우 강하게 나타났고, 어머니는 자녀를 위해 희생하며 자녀는 이를 당연시하고 있음을 알 수 있었다.

희생형의 전형적 사례로서 사례 11의 경우를 보기로 한다.

어머니 고경애와 딸 안미리는 알코올중독이었던 아버지와 사별하고 어려운 집안형편과 오빠의 폭력 속에서 살아온 안미리의 자기중심적이고 자신만을 위한 삶의 양식으로 인해 서로에 대한 갈등과 원망이 극심한 상태에서 결혼과정을 경험하게 되었다. 두 사람은 밀착된 경계를 가지고 있었는데, 결혼과정을 통해 상황과 정서의 변화, 그리고 특히 경제적 문제를 크게 느끼고 있었다. 배우자에 대한 기대를 가지고 결혼과정을 시작하였으나 점차 배우자에게 실망하게 되고 심하게 다투게 되기도 하였다. 어머니와 자녀는 결혼과정에서의 모-자녀 관계의 변화를 인식하지 못한다고 응답하였으며, 그들은 현실적 태도를 지니며 의식적, 신앙적 대처를 하게 되었다. 특히 어머니는 기독교에 대해 반대하는 입장이었는데 딸을 결혼시키려면 교회에 나가야 한다는 얘기를 듣고 딸을 위해 교회에 다니기 시작하였다. 어머니는 딸을 위해 전세를 월세로 돌리고 결혼비용을 충당하였는데, 딸은 이를 당연하게 생각했다고 하였다. 어머니는 자신의 노후를 힘들게 만든 딸에 대한 원망의 감정이 있음에도 불구하고 딸을 결혼시킨 것에 대해 매우 안심이 된다고 하였다. 딸은 어머니에게 의존하며 어머니를 사용하면서도 자신만의 가족을 중심으로 살아가고 있으며, 어머니는 현재 생활보조금을 가지고 어렵게 살아가고 있는 형편이다.

본 사례에서 자녀는 자기의 욕구를 충족시키는 것이 가장 우선순위에 있음을 알 수 있었다. 자녀는 자신의 정체감 문제에 몰두하느라 어머니에 대해서는 마음을 쓸 여유가 없었다고 하였다. 아버지 같은 배우자를 만날까 봐, 그리고 어머니 같은 삶을 살까 봐 두려워 결혼도 늦어졌다. 아버지의 알코올중독과 도박, 폭력에 뒤

이은 오빠의 폭력은 안미리로 하여금 생존에 대한 문제, 자아정체감 문제 등을 유발시켰다. 그리하여 어머니가 행상을 하며 어렵게 자신을 키워주었음에도 불구하고 어머니에 대한 감사의 마음보다는 원망의 마음이 더 컸으며 결혼을 할 때에도 어머니의 경제적 희생에 대해 마음을 쓸 여유가 없었다. 자신의 문제를 크게 느끼고 있었기 때문에 어머니의 희생과 고생에 대해 그다지 신경을 쓰지 않았으며 오히려 이를 당연하게 받아들였던 것이다. 박영신과 김의철(2004)은 시대의 변화에도 불구하고 집안일을 하며 정서적으로 지원해 주고 희생적인 어머니에 대한 사회적 표상이 지속되고 있음을 이야기한 바 있다. 어머니의 희생에 대한 한국의 사회적 기대가 안미리가 어머니의 희생을 당연시하는 데 일조한 것으로 보인다.

본 사례를 애착 이론으로 볼 때에는 집착형의 어머니와 두려움형의 자녀로 볼 수 있겠다. 어머니는 자녀를 위해 희생을 하면서도 언어적으로는 폭력적이었다고 보고되었는데, 이러한 어머니의 태도가 안미리의 애착유형을 두려움형으로 만드는 데 기여한 것으로 보인다. 그러나 안미리는 자신이 바라던 대로 마음에 맞는 배우자를 만났음에도 불구하고 배우자의 진로가 불투명해지고 시부모의 간섭과 경제적 지원을 받게 되면서 결혼에 대한 회의를 느끼고 있었다. 즉 결혼과정을 통해 시댁으로 그 관계가 확장되었으나 이로 인해 갈등도 확장된 것이다. 현재는 아이에게 심하게 화를 내면서 자신의 분노를 아이를 통해 해소하고 있었다. 자신에게는 자아정체감이 중요하다고 말하고 있으나 자기를 찾기에는 자존감이 낮아 다른 사람을 통제함으로써 해소하고 있었다. 즉 결혼과정 이전에는 어머니를 비난의 대상으로 삼았으나, 결혼과정 이후에는 배우자를 비난의 대상으로 삼아 격렬하게 다투고 있었고, 상대적으로 어머니와는 갈등이 감소하였다. 모 – 자녀 간에는 밀착된 경계를 유지하고 있었다. 본 사례는 결혼과정이 자녀에게는 해방을 찾아 새로운 의존대상을 추구하는 과정이었던 반면, 어머니에게는 지속적으로 희생을 한 경우였음을 보여준다.

이들의 이야기는 다음과 같다.

> 1,500을 날 주셨던 거 같아요. 엄마는 더 나머지 돈으로 단칸방을 얻으셨고, 집이 없으니까…… 엄마는 뭐 완전히 뭐 그러니까 우리 엄마는 마지막까지 희생한 거예요. 그게 지금 생각하면 내가 철딱서니가 없었는데 그때는 그냥 그거를 그러려니 하고 생각하고 넘어갔던 거 같애. 내가 정말 몰라도 많이 몰랐구나. [안미리: 사례 11 – 딸 – 38~39]

> 하도 시집을 안 가고, 선보라고 해도 그래가지고 그러더니 하루는 교회 갔다 와서 교회 갔다 오길래 너 시집 안 갈거냐? 내가 아주 너 때문에 못 살겠어 하고 뭐라고 하니까 엄마가 교회를 나가야 목사님이 그러시는데 교회를 나가야 내가 시집간대 이래요. 그래서 그런 뭐도 있겠지 그런 생각이 들어가요. 그래서 **년도 *월 **일부터 다닌 것 같아요. [고경애: 사례 11 – 15]

7) 동일시형(사례 8)

동일시형의 주요 특징을 살펴보면, 결혼을 하는 딸을 가진 어머니들 중 그동안의 자신의 삶이 힘들었다고 느끼는 경우에는 딸과 자신을 연결시키고 싶어 하는 마음이 두드러지게 나타났으며, 딸의 결혼으로 인해 어머니가 더 이상 딸을 통제하지 못하게 되자 자신을 딸과 동일시하는 것으로 나타났다.

동일시형의 전형적 사례로서 사례 8의 경우를 보기로 한다.

어머니 김연미와 딸 배나은은 자기중심적이고 과시적인 아버지로 인해 가족 간의 갈등과 원망이 많았다. 배나은은 그러한 상황 속에서도 꿋꿋이 신앙생활을 하는 어머니를 보면서 존경심과 신뢰감을 느끼며 밀착된 경계를 가지고 살아왔다. 아버지로부터 받은 상처와 원망이 많았던 딸은 아버지와 정반대인 신앙 좋은 사역자를 만나 결혼을 하고자 하였는데, 상황과 정서의 변화, 그리고 경제적 문제를 느끼고 있었으며, 어머니는 사역의 길이 어렵다는 것을 알기에 딸의 결혼을 반대하였다. 그러나 딸은 단식투쟁을 하며 신앙에 의지하여 자신의 결혼을 관철시켰고 어머니는 딸의 투쟁에 밀려 결혼을 승낙하게 되었다. 그들은 현실적 태도를 지니며 의식적, 신앙적 대처를 하게 되었는데, 어머니는 딸과 멀리 떨어져 살게 되었을 뿐만 아니라 딸이 사역의 길을 가게 되었기에 항상 기도로 지원을 하면서 여건만 허락한다면 자신은 딸의 그림자로 살고 싶다고 하였다. 그러나 딸은 배우자로부터 커다란 만족감과 안정을 느끼면서 자신만의 가족에 대해 큰 애착을 느끼게 되었다. 어머니는 딸에 대한 통제권을 상실하게 되어 그에 대한 대안으로서 딸에 대해 자신을 동일시하며 가족이 확대되었다고 느끼고 있었다.

그동안 자신의 삶이 역경 속에 있었던 어머니는 아들보다는 딸에 대한 애틋한 감정을 두드러지게 나타냈는데, 본 사례의 경우, 어머니는 자신의 힘들었던 삶을 딸의 결혼과정에 투사시키고 있는 것으로 보인다. 즉 딸을 결혼시키는 시점에 도달했을 때 어머니는 자신의 삶을 다시금 되돌아보는 계기가 된다는 의미이다. 어머니는 딸에게 자신의 삶을 투사시키면서 지속적으로 딸과 자신을 연결시키며 동일시를 하고 있었다. 딸은 어머니를 불쌍해하면서도 강한 사람으로 인식하였다. 딸은 결혼과정을 새로운 의존대상을 찾는 과정으로 경험하고 있었지만 본 사례의 경우, 어머니와의 사이가 안 좋아서가 아니라 아버지와의 사이가 안 좋았기 때문에 결혼을 해방으로 생각하는 경우였으므로, 어머니와의 관계를 중심으로 분석한 본 연구에서는 예외적인 사례라 할 수 있다. 어머니는 딸의 그림자가 되고 싶다고 표현하였으며 아마도 자신의 딸도 역시 어머니를 예전보다 더 깊이 생각하고 있을 것이라고 하였다. 그러나 딸은 자신의 인생에 결혼과정으로 인하여 완전히 새로운 세계, 새로운 삶이 도래한 것으로 느끼고 있었다. 딸은 새로운 의존대상을 찾아 새로운 애착을 시작했는데, 어머니는 이제 혼자 뒤에 남게 되어 분리불안을 느끼게 된 것이다. 더욱이 남편과의 경직된 경계로 인하여 딸과 밀착된 관계를 맺어온 것이 어머니의 그동안의 생존방식이었기 때문에, 딸의 그림자가 되고 싶고 딸을 뒷바라지하면서 살고 싶다는 어머니의 얘기는 어머니의 분리불안을 보여주는 것이라고 할 수 있다. 이들을 애착이론으로 본다면 집착형의 어머니와 거부형의 딸로 볼 수 있겠다.

　본 사례는 결혼과정이 자녀에게는 자신을 돌보아줄 새로운 의존대상을 찾아가는 과정임을 보여주고 있으며, 어머니에게는 자신의 삶을 자녀에게 동일시하는 과정이 되고 있음을 보여준다. 본 사례는 밀착된 경계에서 경직된 경계로 변화된 경우이다.

　이들의 이야기 중 일부는 다음과 같다.

　　일단 제가 느낌보다는, 제가 평화스럽고요. 그리고 예전에 아버지의 모습을 보면 늘 갈등 사유가 됐었거든요. 그러니까 제가 이해도 잘 못 하고, 어머니도 되게 힘들어 하셨고, 힘들어 하시는 어머니를 보니까 딸인 제가 더 그거를 품지 못하고 더 엄마 편에서 더 속상했던 것도 많거든요. 근데 그런 모습이 아닌, 정말 저보다 더 좋은 믿음의 생활을 가지고 있는 사람과 결혼을 하니까 그런 부분을 보지 않아서 사실 좋긴 하고요. 정말 나빴는데 그런 건 좋긴 하고요. 그리고 그런 모습을 볼 때는 되게 안정이 찾아져요. 제 스스로가. [배나

은: 사례 8-딸-5]

교회를 위해서 항상 기도해 주고…… **를 위해서 항상 기도해 주고…… 집
사님을 위해서 기도해 주고…… 그 밑에서 그림자처럼 있고 싶은 마음이 은
근히 있어요. 나중에 그렇게 할 것 같기도 하고…… [김연미: 사례 8-어머
니-61]

8) 의존형

의존형은 본 연구의 면접사례에서는 직접적으로 나타나지는 않
았으나 연구 참여자들 및 기타 모임이나 세미나 등을 통해서 보고
되는 또 하나의 유형이다. 의존형의 주요 특징은, 어머니가 자녀에
게 경제적, 심리적으로 의존하는 것이라고 할 수 있을 것이다. 어
머니가 의존적일 경우, 자녀는 결혼과정을 통해 그런 어머니를 의
례적으로 받아들이며 수용할 수도 있고, 자녀 자신만의 새로운 가
족에게 몰두하며 어머니의 의존을 거부할 수도 있으며, 그러한 어
머니를 통제할 수도 있을 것이다. 어머니는 분리불안을 느끼게 될
것이나 자녀와의 관계가 변화했다고 인식하려 하지 않을 것이며,
어머니와 자녀의 의식적, 신앙적 대처 및 현실적 태도와 어머니
입장에서의 자녀에 대한 동일시로 인하여 어머니는 가족확대 인식
을 가지고 자녀에게 의존하게 되고, 자녀는 이전의 관계를 유지하
거나, 심리적으로 분리되어 자신만의 가족에 대한 애착을 느끼며
살게 되거나 혹은 어머니를 통제하게 될 것이다. 이들의 애착유형
은 집착형의 어머니와 안전형이나 거부형의 자녀로 예측할 수 있
으나 이에 대해 경험적 사례를 통한 검증이 필요하다고 하겠다.
이러한 의존형의 모-자녀관계는 결혼과정을 경험하면서도 이전의
경계선이 유지될 것이다.

제2절 어머니와 자녀의 비교 분석

앞 장(제4장 제4절)에서 제시한 유형별 모-자녀 관계의 통합 패러다임 모형에서 자녀의 패러다임 모형과 어머니의 패러다임 모형이 중첩되는 부분은 둘 사이의 공통점을 나타내었고, 나머지 부분은 차이점을 나타내었다. 필자는 통합 패러다임 모형을 통해서 결혼과정에 대한 모-자녀 간의 공통점과 차이점을 비교 분석하는 것이 의미 있다고 보고 이에 대한 고찰을 하고자 한다. 이러한 과정을 통해 결혼과정이 어머니와 자녀에게 어떤 의미를 주는지 알 수 있게 될 것이다. 먼저 간략히 <표 20>으로 제시한 후 설명하기로 한다.

〈표 20〉 통합 패러다임 모형에 나타난 모-자녀 관계의 비교요약

구분	공통점	차이점
인과적 조건	- 어머니의 신앙적, 희생적 모델링 - 모-자녀 간의 원망 및 갈등	- 어머니: 자녀와의 관계에 대한 욕구 - 자녀: 자기에 대한 욕구
맥락	- 모-자녀 간 경계(밀착된/명확한/ 경직된 경계) - 가족에 대한 원망 및 갈등	
현상	- 정서적 변화 - 경제적 문제	- 어머니: 물리적 거리감만을 느낌 - 자녀: 생활과 환경의 총체적 변화
중재조건	- 변화인식 부재 - 배우자 및 사위/며느리의 신앙상태 - 응집된 관계의 경험 - 하나님 인식	- 어머니: 자녀의 서열이나 성별에 따른 차이나 자녀의 투쟁에 의해 영향을 받기도 하고 자신의 경쟁심으로 인해 영향을 받기도 함 - 자녀: 부모나 시부모로부터 통제를 받기도 함
작용/상호작용 전략	- 의식적, 신앙적 대처 - 현실적 태도	- 어머니: 자녀에게 동일시하기도 하며 자녀를 지원해 줌 - 자녀: 결혼을 관찰시키기 위해 투쟁하기도 함
결과	- 의존 - 상호적으로 전환 - 신앙적 변화	- 어머니: 자녀의 결혼으로 자신의 가족이 확대되었다고 느끼며 자녀를 통제하기도 하고 때로는 통제력을 상실하기도 함 - 자녀: 심리적으로 분리되며 자신만의 새로운 가족에 대한 애착을 느낌

1. 인과적 조건

1) 공통점(어머니의 신앙적, 희생적 모델링/ 모-자녀 간 원망 및 갈등)

기독교가정의 어머니는 기도하며 성경말씀에 의존하는 모습을 자녀들에게 보여주었고 자녀는 어머니의 모습을 보면서 신앙을 전수받게 되었으므로, 어머니는 신앙의 모델이 되었음을 모-자녀가 동일하게 고백하였다. 또한 어머니들은 자녀를 위해 희생하는 모습을 보여주었고 자녀 역시 그러한 어머니의 모습을 보며 어머니에 대한 모델을 정립하게 되었다.

한편, 모-자녀 간에는 서로에 대해 갈등과 원망이 있음을 알 수 있었다. 어머니들은 결혼을 할 때까지 돈을 벌지 않아 어머니 자신을 경제적으로 힘들게 한 자녀나 성격이 급하며 제멋대로라고 느껴지는 자녀에 대해서, 또한 친구들과 휩쓸려 다니는 자녀에 대해서, 그리고 어머니 자신이 반대하는 사람과 결혼하겠다고 하는 자녀에 대해서 원망이나 갈등을 느꼈다고 이야기하고 있었으며, 자녀들은 성격적으로 예민한 어머니와의 잦은 갈등, 칭찬에 인색하거나 형제간 차별대우를 하는 어머니에 대한 원망, 결혼에 반대하는 어머니와의 갈등, 어머니가 너무 교회 중심으로만 생활하여 제대로 돌봄을 받지 못했다는 불만, 그리고 배우자에 대해 어머니가 불만족스러워하는 것에 대한 불편함 등을 이야기하였다.

즉 어머니는 자녀에게 본이 되는 생활을 하고 있다는 것과 그럼에도 불구하고 자녀와의 관계에는 원망과 갈등이 있다는 것을 알 수 있었다.

2) 차이점(관계에 대한 욕구 vs 자기에 대한 욕구)

어머니의 인과적 조건을 살펴보면 자기 자신에 대한 욕구보다는 자녀와의 관계에 대한 욕구가 두드러지게 나타나고 있다. 자녀와의 관계 속에서 신앙의 모델이 되기도 하고 자녀를 위해 희생하기도 하면서 자기 자신의 성취에 대한 욕구가 아닌 자녀에게 좋은 어머니가 되고 싶어 하는 욕구가 근거자료를 통해 나타났다. 이는 한국의 가족중심주의와 함께 어머니의 개인적 욕구의 성취보다는 가족을 위한 희생을 덕목으로 강조해 온 전통 유교주의 사상과 맥을 같이하는 것이다. 그러나 그들이 의미하는 좋은 어머니란 Winnicott(1984)이 말하는 충분히 좋은 어머니(good-enough mother)뿐만 아니라 완전한 어머니(perfect mother)까지도 포함하는 의미이기 때문에 그들의 희생과 노력에도 불구하고 자녀와의 관계에서는 갈등이 유발될 요소가 내재하고 있음을 알 수 있었다. 이상숙(사례 4의 어머니)이 아들의 필요를 미리 다 알아서 도와주었던 것에 대해 자신을 어머니로서 긍정적으로 평가했던 것과는 달리 아들 조상민은 어머니에 대해 매우 부정적인 감정을 가지고 있는 것이 그 한 예이다.

반면 자녀는 어머니와의 관계에 의한 요인뿐만 아니라 자녀 자신의 욕구를 충족시키고자 하는 인과적 조건이 특징적으로 나타난다. 근거자료에 의하면 이러한 욕구에는 행복에 대한 욕구, 인정욕구, 성취욕구, 분리욕구, 애정욕구 등이 있었으며, 자신이 막연히 소망하는 이상을 추구하거나 충동적으로 자신의 욕구를 충족시키고자 행동하기도 하였고, 자기중심적인 사고와 행동을 하기도 하였다.

요약하면 어머니는 자녀와의 관계에 대한 욕구가 두드러지는 반면 자녀는 자기에 대한 욕구가 우선됨을 알 수 있었다.

2. 맥락

1) 공통점(밀착된, 명확한, 경직된 경계/가족에 대한 원망 및 갈등)

결혼과정을 경험하는 자녀와 어머니의 맥락은 거의 일치하는 것으로 보인다. 그들은 한 가족으로서 함께 생활해 오면서 밀착된 경계나 명확한 경계 혹은 경직된 경계를 이루며 살아 왔다.

모-자녀 간의 밀착된 경계를 보여주는 경우로는 자녀가 어머니와 친구 같은 관계를 유지하고 많은 것을 공유하는 경우와 어머니에게 심리적으로 의존하며 배우자보다 어머니의 의견을 우선시하는 경우 또는 부모 사이에 갈등이 있을 때 어머니의 편을 들어주는 경우 등이 있었으며, 명확한 경계를 보여주는 경우는 특별히 부족하거나 넘침이 없는 어머니다운 어머니의 모습을 보여주는 사례나 자녀의 의견을 존중하고 원활한 의사소통을 하는 모습을 통해서 볼 수 있었다. 반면, 과거에 부모에게 도움을 요청했다가 거절당한 경험이 있거나, 어머니가 자녀에게 방임하는 스타일인 경우, 자녀는 어머니와의 관계에 거리감을 느끼고 있었으며, 또한 어머니는 자신의 대화상대가 되지 못한다고 여기는 자녀도 있었는데, 이러한 경우 어머니와 자녀는 경직된 경계를 보여주고 있었다.

또한 가족 내에서 어머니와 자녀 관계 이외에 남편이나 아버지, 배우자, 형제자매 사이의 갈등이나 원망이 모-자녀 관계에 있어서의 맥락을 형성하고 있었다.

즉 모-자녀 간의 경계와 가족에 대한 원망 및 갈등이 어머니와 자녀 모두에게 있어서 공통된 맥락을 형성하고 있었다.

3. 현상

1) 공통점(정서적 변화/경제적 문제)

결혼과정에서 어머니와 자녀가 공통적으로 느끼는 현상은 정서적 변화와 경제적 문제이다.

자녀들은 장남에 대한 부모의 기대로 인한 부담감, 어머니에 대한 미안함, 자기 자신이 없는 종 같은 생활을 한다는 것에 대한 우울감과 좌절감, 하나님께 제대로 신앙생활 못 하는 것에 대해 혼날까 두려운 신앙적인 불안, 인생의 미래에 대한 두려움, 배우자에게 맞춰야 한다는 것과 한꺼번에 다양한 일을 해야 하는 것에서 오는 부담감, 원가족으로부터 떨어짐으로써 느끼게 되는 외로움 등을 표현하는 동시에 결혼준비과정 중에 느꼈던 기쁨과 아이를 갖게 됨으로써 얻은 기쁨, 사랑하는 사람과 항상 함께할 수 있다는 만족감, 심리적인 안정, 신앙 좋은 이상적인 배우자와 결혼한 것에 대한 만족감 등을 느낀다고 하였다.

한편 어머니들이 느끼는 정서적 변화로는 자녀가 결혼한 후 허전함과 상실감 및 박탈감을 느끼는 경우가 많았으며, 이 외에도 경제적으로 충분히 지원해 주지 못한 것에 대한 미안함과 자책감, 건강이나 경제문제, 노후 등 미래에 대한 불안, 분리불안, 자녀를 물가에 내놓은 것 같은 염려 등을 하고 있었다. 또한 홀가분함과 동시에 섭섭한 마음, 섭섭함과 동시에 다 주고 싶은 마음 등의 양가감정을 느끼고 있었다.

결혼과정 중 가장 현실적으로 와 닿는 문제는 바로 경제적 문제, 즉 결혼 후 살 집에 대한 고민이었다. 결혼식을 준비하는 과정 중에서도 경제적인 어려움을 겪는 경우가 있었다. 아들을 결혼시키는 어머니는 집을 마련해 줘야 한다는 경제적 부담을 크게 생각하고 있었으며, 가정형편이 어려운 경우 결혼준비 자금이 부족하여 힘들었다고 이야기하였다. 또한 경제적으로 힘든 상태에서 어렵게 자녀를 결혼시킨 후 빚이 남게 되었다거나 전세에서 월세로 집을 옮기게 되는 경우도 있었다. 이는 자녀의 결혼을 부모의 책임으로 간주하는 한국의 전통적 가족주의에 의한 것으로 이러한 문화 속에서 자녀는 결혼을 할 때 경제적으로 부모에게 의존하는 것을 당연하게 생각하고 있었다.

요약하면 어머니와 자녀가 결혼과정에서 겪는 현상의 공통점은 정서적 변화와 경제적 문제인데, 정서적 변화의 경우 어머니와 자녀 간에 그 성격에 있어서는 차이가 나타났으며, 경제적 문제는 결혼과정에서 어떤 방식으로든 해결을 해야만 하는 가장 시급한 문제로 대두됨을 알 수 있었다.

2) 차이점(정서적 상실감 vs 삶의 총체적 변화)

결혼과정을 통해서 드러난 정서적 변화 중에서 어머니와 자녀를 구분시켜 주는 정서를 찾아본다면, 어머니는 자녀를 결혼시켰다는 안도감과 더불어 특히 상실감이 두드러지게 나타난 반면, 자녀는 자신만의 새로운 가족을 얻게 된 데 대한 기쁨과 더불어 그에 대한 책임으로 인한 두려움을 느끼는 것이 특징이었다. 그러나 자녀의 정서적인 변화는 결혼으로 인한 자신의 삶의 총체적인 변화가 너무나 크게 느껴지기 때문에 어머니의 경우처럼 두드러지게 나타나지는 않는다는 것을 알 수 있었다.

자녀들은 결혼을 통해 생활과 환경의 많은 부분이 달라졌음을 이야기하였다. 배우자나 자녀 뒷바라지 위주의 삶, 집안일을 모두 감당해야만 하는 것, 역할의 변화, 친구를 만나는 일 등의 사생활에 대한 제약, 자유가 없어지는 것 등의 생활의 변화와 결혼을 한 후 분가나 시집살이, 친정살이를 하는 등 연구 참여자들은 다양한 환경의 변화를 경험하였다. 즉 자녀는 생활과 환경에 있어서 지금껏 경험해 보지 못했던 가장 큰 변화를 결혼과정을 통해 겪게 된다. 생활 자체가 그동안 학업과 직장 중심이었던 것으로부터 가족 중심(자신의 핵가족)으로 바뀌게 되고 자기 자신만의 새로운 가족을 꾸려 간다는 것에 대해 기쁨을 누리는 것뿐만 아니라 이전에는 느껴보지 못했던 가족에 대한 책임감도 느끼게 되면서 자신의 새로운 역할에 적응해 가게 된다. 결혼과정이라는 것이 자녀에게는 이처럼 큰 변화와 새로움을 가져다주는 삶의 전환기가 되고 있는 것이다.

　반면 어머니들은 자녀가 결혼과정을 통해 분가를 하거나 시부모와 함께 살거나 혹은 친정부모와 함께 살면서, 자주 보지 못하게 되거나 거리상 멀어지게 되는 변화를 경험하기는 하지만 심리적으로는 자녀와 분리되었다고 인식하려 하지 않는다는 것을 알 수 있었다. 이는 유계숙(1995)의 성인 딸과 어머니의 애착에 관한 연구에서, 딸은 모녀간의 상호작용의 빈도에 따라 어머니에 대한 애착이 높아지는 반면 어머니는 빈도에 영향을 받지 않는다고 하였던 것과 일치하는 결과라 하겠다. 그러나 이것은 결혼한 자녀로 인한 상실감이나 분리불안에 대한 거부로 이해될 수 있다. 어머니들은 그저 물리적인 거리감이 생겼다고 생각하고 있었다.

　요약하면 어머니는 정서적 상실감을 크게 느끼는 반면 자녀는 삶의 총체적 변화를 크게 느끼는 것으로 볼 수 있다.

4. 중재 조건

1) 공통점(변화인식 부재/신앙상태/응집된 관계의 경험/하나님 인식)

어떤 자녀들은 결혼을 했어도 어머니와의 관계가 달라진 것이 없다고 느끼고 있었고 어머니들 역시 자녀와의 관계에 변화가 없다고 느끼는 경우들이 있었다. 이처럼 변화를 느끼지 못하는 것과 신앙상태(자녀 입장에서는 배우자의 신앙상태, 어머니 입장에서는 사위나 며느리의 신앙상태)도 모－자녀 관계에 영향을 주고 있었다. 어머니는 결혼과정을 경험하고 있는 자녀들과 분리되고 싶어 하지 않으며 이를 신앙으로 통제하려 하는데, 이때 사위나 며느리의 신앙상태가 변수가 되기 때문이다. 또한 원가족과의 응집된 관계의 경험이나 배우자, 친구 등과의 응집된 관계 경험은 결혼과정 중의 모－자녀 관계에 영향을 주고 있는 요인이었다.

또한 어머니와 자녀들은 결혼과정을 통해 나름대로 자신의 경험이 반영된 하나님 인식을 가지고 있는 경우도 있는 반면, 여전히 계시적인 하나님 인식을 가지고 있는 경우도 있었는데, 이러한 요인이 그들이 어떻게 상호작용을 하고 대처하는지에 영향을 미치고 있었다. 즉 하나님 인식은 결혼과정에서 모－자녀가 신앙적 대처라는 전략을 사용하게 하는 요인이 되고 있었다.

2) 차이점(자녀에 따라 다르게 느낌 vs 통제 받음)

어머니의 경우는 딸이 결혼할 때와 아들이 결혼할 때 자신의 마음에 좀 차이가 있다고 보고하였으며, 맏이와 그렇지 않은 자녀에 대한 차이도 있다고 하였다. 특히 남편과의 관계에서 갈등과 고생이 많았던 어머니들의 경우에는 결혼시키는 딸에 대한 마음이 아들을 결혼시킬 때에 비해 훨씬 더 애틋하다고 하였다. 반면 전통적 결혼관을 가지고 딸은 출가외인이므로 결혼을 한 이후에는 친정의 일은 생각하지 말고 시댁에만 잘하라고 조언하는 어머니의 경우도 볼 수 있었다. 사례들 간의 이러한 차이는 한국 가족의 특성 안에 전통과 근대가 공존함을 보여준다고 하겠다. 외형상으로는 변화하였으나 내용상으로는 전통적 가족 가치관이 여전히 내포되어 있는 것이다(안호룡, 1991; 장경섭, 1991).

또한 결혼에 반대하는 어머니에 대항하는 자녀의 투쟁은 어머니가 어떻게 대처하느냐에 영향을 미치는 중재 조건이 되고 있으며, 며느리나 사돈에게 느끼는 경쟁심 역시 어머니의 독특한 중재 조건이라고 할 수 있다. 특히 며느리에게 느끼는 경쟁심은 애착 대상에 대한 경쟁으로 인해 고부간의 갈등을 유발하는 요인으로 작용하게 될 것이다.

한편 자녀에게서 볼 수 있는 중재조건으로는, 자녀가 시부모의 경제적 지원을 받는 경우 시어머니가 결혼한 아들의 진로문제에 간섭을 하는 등 자녀의 결혼생활에 있어서 중요한 역할을 하고 있었으며, 시어머니가 자녀의 집안일을 결정할 뿐만 아니라 며느리가 친정에 다녀오는 것도 시어머니의 허락을 받아야 했다. 또한 자녀는 어머니가 자신의 집안일이나 교회 선택 문제, 결혼 준비도 다 알아서 준비해 주며 자신을 통제하고 있다고 느끼고 있었다.

5. 작용/상호작용 전략

1) 공통점(신앙적, 의식적, 현실적 대처)

결혼과정에 있는 어머니와 자녀는 신앙적, 의식적 대처를 하고 있었으며 현실적 태도를 가지고 있었다.

먼저 신앙적 대처를 살펴보면, 어머니는 자신의 신앙이 성장하면 모든 일들이 다 잘될 것이라 생각하면서 신앙에 의지하고, 결혼을 준비하는 과정이 경제적으로 어려웠어도 하나님이 감당할 시험밖에는 주지 않으신다는 믿음으로 결혼을 준비하는 모습을 보여주었다. 또한 자신은 하나님 일을 할 테니 자녀들은 하나님이 맡아달라고 하나님께 기도하는 어머니의 경우도 볼 수 있었다. 자녀들 중에서도 결혼을 반대하는 어머니에 대항하여 기도를 하거나 신앙서적을 읽으면서 하나님의 메시지를 발견하여 결혼을 관철시킨 경우가 있었다. 또한 결혼한 후에도 어머니가 출석하는 교회에 다니는 경우들을 볼 수 있었는데, 이들은 교회가 부모를 규칙적으로 만날 수 있는 장소로서의 역할을 한다는 것에 큰 의미를 부여하고 있었다.

의식적 대처로는 어머니의 경우 자녀를 결혼시키는 과정에서 생긴 경제적 어려움이나 심리적 갈등을 해결하기 위하여 어머니 자신부터 변해야 한다고 생각하며 적극적으로 대처하고, 아들보다도 며느리와 더 가까워지려 애를 쓰기도 하였으며, 자녀의 경우 어머니에게만 있던 관심을 어머니와 배우자에게 분산시키거나 자기중심 사고를 가족중심 사고로 바꾸고 시댁에 최선을 다하며 어머니와의 관계를 개선하려 노력하였다.

현실적 태도를 살펴보면, 결혼과정의 자녀들은 경제적인 안정을 최우선으로 고려하는 경우가 많았다. 어머니 역시 혼수보다는 집 장만을 위주로 결혼준비를 한다거나, 신앙보다는 현실 문제를 우선시하는 현실적 태도를 보여주고 있었다.

즉 결혼과정의 자녀와 어머니는 신앙적, 의식적, 현실적인 대처를 한다는 점이 공통적으로 나타났다.

2) 차이점(자녀에 대한 지원 vs 어머니에 대한 투쟁)

어머니는 결혼과정을 겪는 자녀에게 아끼지 않고 지원을 해 주었는데, 경제적으로도 도울 뿐만 아니라 신앙적으로도 지원을 하면서 자녀에게 전과 다름없는 심리적 지지를 보내고 있었다.

어머니는 자신으로부터 분리되어 가는 자녀를 떠나보내기가 어렵기 때문에 자녀와 동일시를 하거나 혹은 자녀의 배우자와 동일시를 하기도 하였다. 자녀가 딸인 경우, 딸과 동일시를 하며 자신이 이루지 못한 것을 딸이 이루고 있다고 생각하기도 했으며, 자녀가 아들인 경우, 아들이 어머니 자신과 똑같은 사람을 배우자로 맞이했다고 여기고 있었다. 그러나 그 아들의 이야기를 들어보면 어머니의 통제가 싫어서 어머니와는 달리 자신을 수용해 주는 사람과 결혼을 했다고 하였다.

반면 자녀는 어머니의 통제와 주도권으로부터 벗어나려는 투쟁을 벌이는 경우가 나타남을 볼 수 있었는데, 결혼할 사람에 대해 어머니가 반대하자 자녀는 전에 없던 강력한 방식으로 어머니에게 대항하여 자신의 결혼을 관철시키게 된 경우를 볼 수 있었다. 어떤 자녀는 단식투쟁을 벌이는 경우(배나은)도 있었고, 어떤 자녀는 "난리를 쳐서(조상민)" 결혼승낙을 받아내기도 하였다. 이들의 이러한 투쟁은 결혼과정이 어머니로부터의 분리를 가져오게 하는 과정이 되도록 만드는 중요한 요인이 되고 있었다. 특히 어머니와의 밀착된 경계로 인해 갈등이 많았던 경우가 이에 해당되었다.

요약하면 작용/상호작용 전략에서의 주된 차이점은 어머니는 자녀를 여전히 지원하고 있는 반면 자녀는 어머니에 대한 투쟁을 하는 경우가 있다는 것이다.

6. 결과

1) 공통점(의존/상호적으로 전환/신앙적 변화)

결과에서의 공통점은 '의존, 상호적으로 전환, 신앙적 변화'를 들 수 있다.

먼저 의존의 경우를 살펴보면, 어머니들은 경제적으로나 심리적으로 힘들 때 자녀에게 의존하는 경우들이 있었고, 자녀들은 결혼준비과정도 전적으로 어머니에게 의지하는 경우가 있었으며, 어려울 때는 어머니에게 신앙적으로 의지하며 기도 요청을 하기도 하였는데, 아예 어머니에게 자신의 기도를 미루는 경우까지도 있었다. 또한 맞벌이를 하는 경우에는 무엇보다도 자녀양육 문제에 대해서 어머니에게 의존하는 모습을 보여주고 있었다.

또한 어머니들은 자녀를 결혼시킨 후 오히려 더 관계가 돈독해지고 서로 부딪치는 횟수도 줄어들게 되었다고 말하였다. 자녀 중에서도 결혼 전에는 어머니가 일방적으로 사랑을 주었던 모-자녀 관계가 결혼 후에는 상호적인 사랑의 관계로 바뀌었다고 인식하는 경우가 있었으며, 결혼을 했으니까 이제 어머니에게 효도를 해야 한다고 생각하기도 하였고, 어머니를 더 이해하게 되었을 뿐만 아니라 관계가 편해졌다고 이야기하기도 하였다.

신앙적 변화를 살펴보면, 어머니들 중에는 자녀를 결혼시킨 후 하나님 일을 하는 것이 곧 삶의 의미라고 생각하여 신앙에 몰두하는 모습을 보여주는 경우도 있었고, 자녀의 결혼을 준비하는 과정에서 여러 가지 정신적, 육체적 어려움을 당하면서 혹은 자녀들을 모두 결혼시키고 나서야 비로소 하나님의 뜻을 찾게 되었다고 고백하며 자신의 이전 신앙을 성찰해 보는 신앙적 재발견을 경험하는 어머니의 경우를 볼 수 있었다. 한편 자녀에게는 배우자의 신앙상태가 영향을 많이 주고 있었는데, 배우자와 함께 신앙생활을 더 열심히 하게 되었다는 자녀가 있는 반면 결혼을 함으로써 신앙생활에 커다란 제약을 받게 된 경우, 그리고 교회에서 해 오던 봉사를 중단하게 된 경우, 신혼의 단꿈에 젖어 하나님을 덜 찾게 되었다는 경우 등을 볼 수 있었다.

2) 차이점(가족의 확대 vs 가족의 축소-나만의 새로운 가족)

결과의 차이점으로는 어머니는 자녀에 대해 통제를 하려고 하고, 때로는 통제권을 상실하기도 하며, 자녀의 결혼으로 인해 자신의 가족이 확대되었다고 느끼는 반면, 자녀는 심리적 분리와 함께 자신만의 가족에 대한 애착을 느끼며 자신의 새로운 가족에게 몰두하게 되는 것 등을 들 수 있다.

또한 앞에서 결과의 공통점으로 제시했던 의존의 경우, 자녀와 어머니의 경우가 상대방을 의존하는 모습에서 둘 사이의 차이점을 발견할 수 있었는데, 어머니는 자녀에게 심리적으로 의존할 뿐만 아니라 때로는 경제적으로도 의존을 하게 되며 경제적 의존은 나이가 들어갈수록 심화될 수 있는 여지가 있는 것으로 보인다. 어머니는 자녀를 떠나보내지만 그것은 단지 물리적인 거리감일 뿐, 심리적으로는 떠나보내지 못하고 있었다. 오히려 어머니의 품을 떠나는 자녀에게 더 애틋한 마음을 가지게 되었고 더 열심히 자녀를 위해 기도하며 더 염려를 하게 되거나 자신의 책임이 더 늘었다고 생각하는 등 자녀에게 심리적으로 의존하는 모습을 보여주었다. 반면 자녀는 결혼과정을 통해 새롭게 의존할 수 있는 배우자라는 애착 대상이 생겼기 때문에, 이전에는 어머니에게 유일하게 의존했던 것으로부터 벗어나 자신의 필요에 따라 어머니를 의존할 수도 혹은 배우자를 의존할 수도 있는 입장이 되었다. 그러므로 자녀는 어머니를 대상사용의 개념으로서 사용하며 이제 전적으로 어머니에게만 매달리지 않아도 되는 환경에 처하게 된 것으로 보인다.

자녀들은 결혼을 한 후, 더 이상은 부모와 상의를 하지 않는 경우, 부모에게 점점 더 소홀해지며 신경을 덜 쓰게 되는 경우 등을 볼 수 있었으며, 자신의 핵가족에 대한 깊은 애착을 가지고 있음을 볼 수 있었는데, 이는 자신의 심리적 에너지의 많은 부분을 핵가족에게 쏟는 것으로 볼 수 있다.

그러나 어머니들은 결혼과정에 나타난 문제들을 해결하는 데 있어서 주도적으로 갈등을 조절하기도 하였고, 자녀가 결혼을 한 이후에도 자녀의 신앙생활을 전화나 기도수첩을 통해 체크하기도 하였으며, 신앙적으로 자녀에게 조언을 하거나 교회를 옮기는 문제

등을 권유함으로써 자녀를 통제하는 것으로 나타났다. 또한 어머니들은 자녀에게 부모한테 잘하는 것이 하나님한테도 잘하는 것이며, 신앙인은 부모에게 효도하는 것이 첫째라고 생각한다는 이야기를 하여 신앙과 효도를 동일시하며 자녀를 통제하고 있었다. 그러나 때로는 이러한 통제에 대해 자녀가 반발하기도 하고 대화를 단절하기도 하였으며, 또한 자녀의 배우자, 경우에 따라서는 사돈의 영향으로 인해 어머니의 통제권이 상실되기도 하였다.

이를 Mahler(1975) 및 Blos(1979), Josselson(1988)의 이론과 비교해 본다면, Mahler의 분리-개별화가 유아의 심리적인 분리를 의미하고 Blos와 Josselson이 청년기의 심리적 분리-개별화를 의미한 반면, 결혼과정에서의 분리-개별화는 성인의 분리-개별화로서 실제적 현실에서의 분리를 의미한다고 할 수 있다. 즉 유아는 신체적 분리로 인하여 심리적 분리로 연결된다고 할 수 있다면, 성인의 경우는 물리적 분리, 경제적 분리로 인하여 심리적 분리로 연결된다고 할 수 있다.

반면, 어머니는 자녀를 심리적으로 분리시키지 못하고 지속적으로 통제하기를 원하였다. 자녀와 함께 동거하는 경우에는 실질적인 통제가 가능하였다. 그러나 자녀가 분가를 했을 경우에도 자녀에 대한 통제를 계속하고 있었는데, 기독교 가정에서 자녀를 통제하는 가장 효과적인 방법 중의 하나가 바로 신앙적인 인도였다. 즉 기도수첩을 보내어 자녀를 체크하는 경우, 자녀에게 수시로 신앙적인 조언을 하는 경우, 같은 교회에 출석함으로써 자녀와 규칙적인 만남을 갖는 경우 또는 "신앙의 본질은 바로 효도"라고 자녀에게 인식시키는 경우 등을 볼 수 있었다. 이러한 신앙적인 통제는 자녀들의 입장에서도 받아들일 수 있는 것으로 생각되기 때문에 자녀를 통제하는 효과적인 방법으로 사용되고 있었다.

그러므로 어머니로부터 분리되기를 원하는 자녀는 어머니의 신 앙적 인도에 따르지 않는 모습을 보이고 있었고, 자녀가 자신의 신앙적 인도에 따르지 않을 경우, 어머니는 더욱더 신앙생활에 몰 두함으로써 자녀의 빈자리를 채우고 있었다. 어머니는 자녀의 결혼 으로 인해 사랑하고 기도할 사람, 그리고 자신이 책임져야 할 사 람, 즉 가족이 더 많아지는 것으로 느끼고 있음을 보여주었다.

요약하면 어머니는 자녀의 결혼과정을 겪으면서 자신의 가족이 확대되었다고 느끼는 반면 자녀는 자신만의 새로운 가족으로 축소 되었다고 느끼고 있었다. 이러한 차이점이 어머니와 자녀 사이에 갈등을 유발시킬 수 있으며, 따라서 결혼 전 교회에서 신앙생활을 열심히 하던 자녀가 어머니로부터 분리되기 위하여 결혼 후 신앙 생활을 소극적으로 하게 되고 때로는 교회에도 잘 나오지 않게 되 는 중요한 요인으로 작용한다고 볼 수 있겠다.

이상에서 모 – 자녀 관계의 통합 패러다임 모형을 통해서 본 어 머니와 자녀의 공통점과 차이점을 비교 분석하여 결혼과정이 어머 니와 자녀에게 어떤 공통적 의미와 차별적 의미를 주는지 알아보 았다. 이번에는 아들과 딸의 경우에 어떤 공통점과 차이점이 있는 지 알아보기로 한다.

제3절 아들과 딸의 비교 분석

본 연구에 참여한 자녀들은 아들 6명, 딸 6명 등 모두 12명이었으며 또한 그들의 어머니 12명이 함께 참여하였다. 본 절에서는 아들과 딸의 경우에 어떤 차이가 나타났는지를 살펴보고자 한다. 아들과 딸의 공통점에 대해서는 앞 절의 내용과 중복된다 할 수 있으므로 차이점에 초점을 맞추고자 한다.

그러나 질적 연구의 특성상 아들과 딸의 차이를 일반화할 수는 없으며 다만 참여자들 중 특징적으로 나타나는 사례들을 중심으로 기술하고자 한다.

아들(사례 2, 4, 7)과 딸(사례 5, 8, 9, 11)의 경우를 비교해 볼 때 가장 큰 차이는 아들의 경우에는 어머니가 며느리에게 경쟁심을 느끼는 반면, 딸의 경우에는 어머니가 딸과 동일시를 한다는 점이다. 이러한 차이를 중심으로 결혼과정에 나타난 아들과 딸의 모 - 자녀 관계를 살펴보기로 한다.

1. 아들의 경우(사례 2, 4, 7을 중심으로)

어머니는 아들의 결혼과정에서 아들에게 며느리라는 새로운 애착 대상이 생긴 것을 알게 된다. 그동안 아들의 의존을 독점해 오던 어머니는 아들에게 새로운 애착 대상이 생기게 되자 자신의 자리를 빼앗기는 듯한 위기감과 더불어 자신에게 그러한 위협을 주는 며느리에게 경쟁심을 느끼게 된다. 만일 여전히 아들을 통제하고자 하는 어머니의 권력에 아들이 잘 따라준다면(사례 2, 7) 어머니는 별다른 변화를 느끼지 못할 것이나, 그렇지 않고 새로운 의존대상인 며느리로 인해 아들과의 거리감이 생겼다고 느껴질 경우(사례 4) 어머니는 며느리에게 동일시를 하면서 아들에 대한 자신의 분리불안을 낮추려 하였다. 며느리와 자신의 평상시의 행동이나 태도에 많은 차이가 남에도 불구하고 어머니는 며느리가 꼼꼼하게 일을 처리하는 점을 확대해석하여 며느리가 어머니 자신과 똑같은 여자이기 때문에 아들이 선택했다고 믿고 싶어 했다. 그러나 이는 아들과 분리되는 것에 불안을 느낀 어머니의 바람일 뿐이었다. 실제로 아들은 배우자가 어머니와 전혀 다른 성격을 가지고 있기 때문에 결혼하게 되었다고 고백하였다.

아들은 그동안 어머니에게 의존하여 왔던 것처럼 여전히 의존하기도 하는데, 이전과 다른 점이 있다면 새로운 대상이 생겨 어머니 외에도 자신이 의존할 대상을 확보해 놓았기 때문에 어머니에 대한 의존이 성숙한 의존(Fairbairn, 1990)이 된다는 점이다. Fairbairn은 성숙한 의존을 설명하면서 "분화된 개인은 분화된 대상들과의 협력적인 관계를 맺을 수 있다."는 점에서 관계의 강조점이 받는 것(taking)에서 주는 것(giving)과 교환하는 것(exchange)으로 바뀐다고 하였다. 이러한 모자관계의 변화는 통합 패러다임 모형에서의 결과에 나타난 범주들 중 '상호적으로 전환'이라는 범주와 일치한다고 볼 수 있겠다.

이처럼 새로운 의존대상이 생겼음에도 불구하고 아들은 여전히 어머니를 대상으로서 사용하게 된다. 가장 중심이 되는 의존은 경제적인 부분이다. 한국의 결혼문화는 아들이 결혼할 때 집을 장만해 주는 것이 의례적이다. 집을 구입할 수도 있지만 전세나 월세인 경우에라도 집에 대한 부분은 아들을 가진 집에서 책임지는 사회적 분위기가 형성되어 있다. 따라서 아들은 어머니에게 경제적으로 의존을 하게 되는 반면 어머니는 아들을 통제할 수 있게 되고 아들은 효도에 대한 의무감을 느끼게 된다. 또한 이처럼 아들은 경제적 도움을 받기 위해, 때로는 심리적으로 의존하기 위해, 또 때로는 맞벌이로 인한 자녀양육의 문제를 해결하기 위해 어머니를 사용하게 되는데, 어머니는 이를 수용하여 자신을 대상으로서 제공하게 된다. 한편, 교회 중심으로 생활하는 어머니의 경우는 자녀가 아이를 낳으면 자신이 신앙적으로 몰두하는 데 어려움이 있을까 봐 염려하기도 한다. 경우에 따라서는 손자녀의 양육을 사돈에게 떠넘기고 싶어 하는 경우도 볼 수 있었는데, 어머니가 어떤 선택을 할 것인가는 그동안의 자신의 삶 — 어머니로서, 아내로서, 또한 한 사람의 신앙인으로서의 삶 — 에 대한 성찰과 맞물려 있다고 볼 수 있다. 이러한 성찰을 통해 어머니는 자신의 삶뿐만 아니라 며느리의 삶에 대한 재고를 하게 되며 며느리에 대한 경쟁심을 가족의 확대라는 인식으로 전환하게 되기도 한다.

이를 바탕으로 결혼과정을 통해서 본 모 – 자 관계를 도식화하면 <그림 13>과 같다.

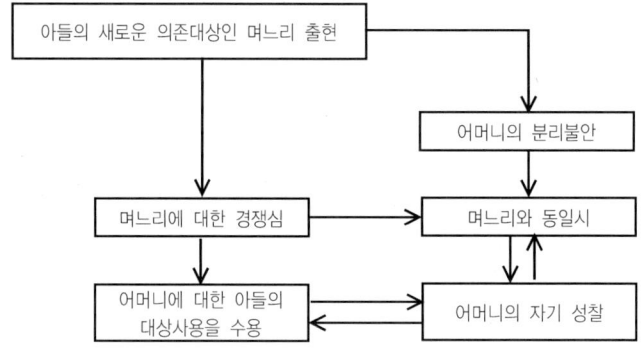

〈그림 13〉 어머니의 입장에서 본 모-자 관계

2. 딸의 경우(사례 5, 8, 9, 11을 중심으로)

어머니는 딸의 결혼과정에서 사위를 맞게 되면서 딸에게 새로운 애착 대상이 생김에 따라 딸과의 분리불안을 느끼게 되면서 자신의 그동안의 삶을 뒤돌아보게 된다. 이때 자신이 비교적 평탄한 삶을 살았다고 생각하는 어머니보다 많은 고난과 어려움을 경험했던 어머니는 더욱 더 딸과 자신을 동일시하게 된다(사례 8, 11). 자신이 이루지 못한 것을 딸이 대신 이루고 있다고 생각하며 딸에게 무엇이든 원하는 것을 해 주고 싶은 마음과 딸이 결혼하는 것에 대한 안타까운 마음, 애처로운 마음이 들게 되어 딸이 자신을 사용하는 것을 기꺼이 받아들이게 된다(사례 5, 8). 결혼과정에서는 혼수문제를 어머니의 책임으로 느끼며 딸의 결혼을 준비한다. 한편 어머니의 고생을 바라보면서 자라난 딸은 결혼과정을 겪으면서 자신이 달성하고자 원했던 삶에 대해 여자로서, 아내로서, 또한 아이들의 어머니로서 갖게 되는 한계를 인식하게 되면서 어머니가 딸인 자신에게 헌신하는 모습을 보며 여자로서의 자신의 정체성에 관한 질문을 던지게 되고(사례 5) 어머니는 자신을 사용하도록 제공해 줌으로써 이러한 딸의 모습까지도 지원해 주고자 한다. 딸에게 도움을 주게 되면 어머니는 딸에 대한 동일시로 인해 자신 역시 딸의 모습을 보며 대리만족을 하게 되고 이러한 만족감은 어머니의 자기성찰에 긍정적 배경으로 작용하는 자원이 된다(사례 5, 8, 9). 즉 자신의 헌신으로 인해 딸이 더 잘 살고 신앙생활도 잘하고 있다고 자신의 삶에 의미를 부여하게 되는 것이다. 이와 같이 어머니는 딸에게 헌신하는 삶을 살면서 자신이 느끼는 분리불안에 대처하고 있음을 볼 수 있었다. 이는 딸은 친정어머니와의 관계에서 정서적, 경제적, 서비스 지지의 제공보다 수혜를 많이 받은 것으로 나타난 김순기와 유영주(1994)의 연구결과와 일치하는 것이다. 딸도 아들과 마찬가지로 새로운 의존대상인 배우자와의 관계로 인해 어머니와의 관계는 성숙한 의존단계(Fairbairn, 1990)에 이르게 되는데, 아들이 어머니를 사용하는 방법보다 보다 더 자주, 더 정서적이고 더 직접적인 방법으로 사용하게 된다. 어머니는 딸과의 동일시를 통해 사위를 자신의 가족의 확대로 인식하게 된다.

이를 바탕으로 결혼과정을 통해서 본 모-녀 관계를 도식화하면 <그림 14>와 같다.

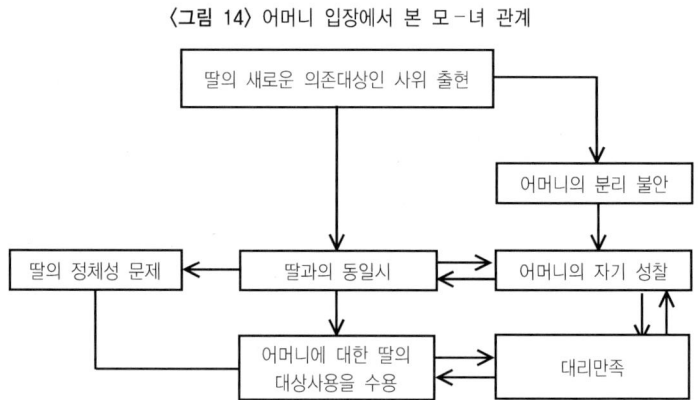

〈그림 14〉 어머니 입장에서 본 모-녀 관계

제4절 결혼과정을 통해서 본 모-자녀 관계모형

1. 결혼과정을 통해서 본 모-자녀 관계

본 절에서는 근거자료를 분석하여 도출한 요인들을 도식화하여 결혼과정을 통해서 본 모-자녀 관계모형을 발견하고자 한다. 자료에서 살펴본 바와 같이 결혼과정은 자녀의 의존 및 애착 대상이 어머니라는 대상으로부터 배우자라는 새로운 대상으로 변화되거나 혹은 여전히 어머니에 대한 의존이 유지되거나 혹은 배우자와 어머니 둘 다에게 의존하는 과정이 된다. 결혼과정은 개인에게 커다란 변화를 가져오며 영향을 미치는 과정이다. 필자는 결혼과정을 경험하는 모-자녀의 관계를 고찰함으로써 분리-개별화의 한 과정을 보고자 한다.

자녀가 성장해 나감에 따라 근거자료에 나타난 바와 같이, 어머니가 지나치게 간섭하고 통제하는 경우(사례 2, 4)나 어머니의 질병으로 인해 자녀에게 예전과 같은 돌봄을 제공하지 못하는 경우(사례 12)도 있을 것이며, 어머니의 바쁜 직장생활이나 교회 일로 자녀에게 충분한 돌봄을 제공하지 못하는 경우(사례 5, 10, 11) 혹은 아버지와의 관계 악화(사례 8), 어머니나 아버지의 사망(사례 11), 사춘기에 친구 등 다른 대상에 몰두하는 경우(사례 12) 등 수많은 환경적 요인이 결혼과정을 경험하게 되는 모-자녀의 관계에 영향을 미칠 수 있다.

Mahler(1975)는 유아의 심리적 탄생을 분리-개별화 단계로 설명하였다. 그러나 전술한 바와 같이 유아가 소년기를 지나 청년기, 성인기에 이르기까지 수많은 환경적 요인에 의하여 유아가 분리-개별화의 마지막 단계에 경험하였던 정서적 대상항상성에 불균형이 생길 수도 있을 것이며, 이러한 불균형을 바로잡기 위하여 새로운 의존대상을 추구하게 된다고 볼 수 있을 것이다.

이러한 새로운 의존대상은 때로는 친구가 되기도 하고 때로는 연인이 되기도 한다. 그러나 가장 확실한 대상은 평생을 함께 살게 될 배우자라고 말할 수 있다. 본 연구의 결과에서도 결혼과정이 새로운 의존대상을 추구하는 과정이었던 사례들이 나타났음을 볼 수 있었다. 이러한 새로운 의존대상을 추구하는 경우에는 두 가지 유형이 있다. 한 가지 유형은 어머니로부터 심리적으로 분리되며 새로운 의존대상에게만 집중적으로 의존하는 경우이며, 또 다른 유형은 어머니에게 여전히 의존하면서 새로운 대상에게 동시에 의존하는 경우이다. 전자의 경우는 어머니 혹은 아버지와의 갈등으로 인해 결혼과정이 해방을 의미하는 과정이었으며 후자는 자녀 자신의 의존적인 성향으로 인해 다중의존을 하는 경우였다.

2. 결혼과정을 통해서 본 모－자녀 관계모형

본 연구의 근거자료에 기초하여 결혼과정 중에 나타나는 어머니와 자녀 간의 관계를 나타내기 위해 '결혼과정을 통해서 본 모－자녀 관계모형'을 <그림 15>와 같이 도식화하였다. 이를 위하여 근거자료에 나타난 다양한 범주와 속성들 중에서 모－자녀 관계를 도식화하기에 적합한 요소들을 찾아내었다. 필자는 모－자녀 관계를 설명하기 위해서는 '권력'과 '양육적 돌봄'이라는 개념이 적절하다고 생각하여 기본 축 2개를 설정하였는데, 어머니의 경우에 있어서 하나는 권력을 나타내는 세로축으로, 다른 하나는 양육적 돌봄을 나타내는 가로축으로 설정하였다. 그리하여 세로축의 맨 위는 '통제'로, 맨 아래는 '방임'으로 표시하였으며, 가로축의 맨 오른쪽은 '희생'으로, 맨 왼쪽은 '거절'로 표시하였다. 자녀의 경우에는 어머니의 권력의 축에 대하여 반응하는 정도에 따라 세로축의 맨 위는 '순종'으로, 맨 아래는 '자율'로 표시하였으며, 어머니의 양육적 돌봄에 대해 반응하는 정도에 따라 가로축의 맨 오른쪽은 '대상 사용'으로, 맨 왼쪽은 '다른 대상 추구'로 표시하였다. 또한 이러한 어머니와 자녀 모형이 상호적으로 관계한다는 것을 나타내기 위하여 점선으로 주위를 둘러싸고 화살표로 작동함을 나타내었다. '결혼과정을 통해서 본 모－자녀 관계모형'을 그림으로 나타내면 <그림 15>와 같으며, 이는 결혼과정 중에 나타나는 어머니와 자녀 간의 관계에 대해 보여준다.

〈그림 15〉 결혼과정을 통해서 본 모-자녀 관계모형

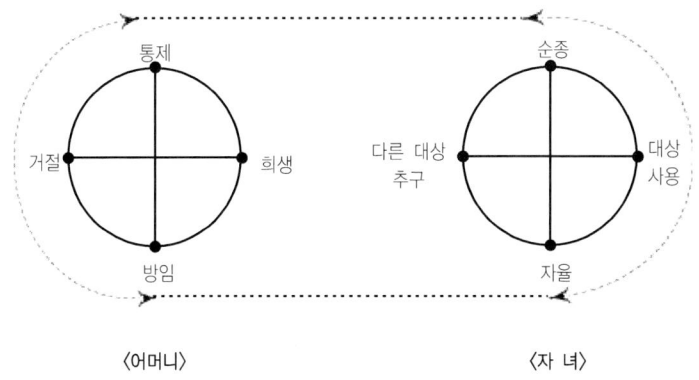

〈어머니〉 　　　　　　　　〈자 녀〉

　근거자료를 통해 실례를 찾아보면, 먼저 왼쪽에 위치한 어머니 모형의 경우, '통제'는 어머니가 자녀의 결혼과정에서 주도적으로 결혼 준비를 하고 자녀에게 주택마련이나 혼수준비 등의 경제적인 도움을 줌으로써 혹은 신앙적으로 자녀를 인도하면서 부모에게 효도하는 것이 바로 신앙이라며 자녀를 통제하는 경우들을 예로 들 수 있겠다. 또한 '방임'은 자녀에게 어머니의 가치관을 주입하려 하지 않고 자녀의 선택에 별다른 영향을 미치려 하지 않으며 자녀의 일은 그냥 자녀에게 맡겨두려는 태도를 보인다. '희생'은 자녀의 결혼을 위해서 집을 처분하기도 하고 빚을 지기도 하며 심리적으로도 아낌없는 지원을 보내는 경우다. '거절'은 자녀를 다른 형제와 차별대우하며 자녀가 결혼하기 위해 경제적인 도움을 요청해도 거절하고 정서적으로도 품어주지 못하는 경우이다.

　오른쪽에 위치한 자녀 모형의 경우, '순종'은 결혼을 준비하는 과정에서 어머니가 인도하는 대로 따르거나 결혼을 한 후에도 매일 어머니에게 기도수첩을 체크 받는다거나 고부간 의견의 차이가 있을 때는 항상 어머니의 의견을 따르는 경우들을 예로 들 수 있다. 또한 '자율'은 어머니가 같은 교회에 출석하기를 원한다고 하더라도 결혼 후에 자신의 판단에 의해 교회에 나가지 않는 경우가 한 가지 예이다. '대상 사용'은 자녀를 결혼시키기 위해 어머니가 살던 집을 처분하는 것을 당연하게 받아들인다거나 아이를 낳게 되면 어머니가 돌보아주는 것을 당연하게 여기는 경우 등이다. '다른 대상 추구'는 결혼 전 어머니와 갈등 관계에 있던 자녀가 결혼을 통해 다른 대상인 배우자에게 애착을 느끼며 의존하게 되는 경우이다.

자녀들은 결혼과정을 거치면서 자신을 거절했던 어머니로부터 더욱 멀어지면서 다른 대상을 추구하기 위해 배우자와 연합하기도 하고, 또 한편으로는 여전히 어머니를 사용하기도 하며, 경우에 따라서는 어머니와 배우자 둘 다에게 다중적으로 의존하기도 하였다.

이상에서 살펴본 실례들은 어머니의 권력과 양육적 돌봄, 그리고 그에 대한 자녀의 반응 정도에 따라 모형 안의 어느 지점에 위치시킬 수 있다. 따라서 본 연구에 참여한 어머니들과 자녀들의 경우를 모형 안에 위치시키면 <그림 16>과 같다.

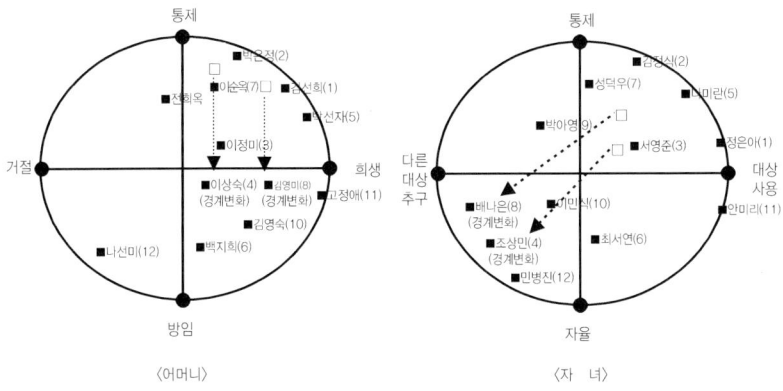

<그림 16> 사례를 통해서 본 모-자녀 관계모형

〈어머니〉

〈자 녀〉

위 모형에서 보는 바와 같이 모-자녀 간 상호작용이 어머니와
자녀 간에 맞물려 돌아가고 있으며, 어머니와 자녀의 위치는 상황
에 따라 이동하며 위치할 수 있으므로, 둘 사이의 상호작용이 단
순히 대칭이 되는 위치에 놓여 있는 것은 아니다. 다시 말하면 통
제하는 어머니에게 반드시 순종하는 자녀가 있는 것이 아니며, 또
한 방임하는 어머니에게 반드시 자율적인 자녀가 있는 것이 아니
다. 마찬가지로 희생하는 어머니에게 반드시 어머니를 대상으로서
사용하는 자녀가 있는 것이 아니며, 또한 거절하는 어머니에게 반
드시 다른 대상을 추구하는 자녀가 있는 것은 아니라는 것이다.
그러나 만일 어머니와 자녀가 서로 대칭이 되는 위치에 있는 경우
라면 그렇지 않은 경우보다 상대적으로 모-자녀 간 갈등이 적을
것이라는 것을 예측할 수 있는데, 이는 서로의 욕구와 태도가 상
호보완적이 될 수 있기 때문이다. 실제로 연구 참여자들의 사례를
통해서 볼 때에도 이러한 사실을 알 수 있었다.

사례를 통해 살펴보면, 박은영과 아들 김정식(사례 2), 이정미와

아들 서영준(사례 3), 박선자와 딸 나미란(사례 5), 백지희와 딸 최서연(사례 6), 이순옥과 아들 성덕우(사례 7), 전희옥과 딸 박아영(사례 9), 나선미와 아들 민명진(사례 12)의 경우는 양쪽 모형의 대칭되는 부분에 위치해 있었는데, 이들의 경우는 다른 사례들의 경우와 비교해 볼 때 모-자녀 간의 상호보완적인 욕구와 태도로 인해 모-자녀 간 갈등이 두드러지게 나타나지는 않고 있었다. 본 모형은 상호체계적으로 작동한다고 할 수 있을 것이며, 본 모형에서 어머니와 자녀 둘레를 둘러싸고 있는 점선 위에 표시된 화살표(그림 15참조)는 이러한 상호체계적인 작동관계를 나타내기 위한 것이다. 여기서 한 가지 살펴볼 것은 이상숙과 아들 조상민(사례 4)의 경우와 김연미와 딸 배나은(사례 8)의 경우는 결혼과정을 경험하면서 일어난 경계변화로 인해 모형 안에서의 위치가 변화하였음을 알 수 있다. 조상민과 배나은은 결혼에 반대하는 어머니에게 격렬하게 저항하며 투쟁했던 사례였다. 위 모형이 모-자녀 간의 경계를 나타내 주는 것은 아니다. 그러나 사례 4와 사례 8의 경우 경계의 변화로 인해 본 모형 안에서의 위치가 변하였다는 사실을 알 수 있었다.

근거자료에 의하면 자녀는 결혼과정을 통해 새로운 대상이 생기면서 자신의 핵가족에 대해 애착을 느끼며 어머니로부터 심리적인 분리를 이루는 경우들을 볼 수 있었던 데 반해 어머니는 결혼과정을 통해서는 자녀와 심리적으로 분리되지 못하며 자녀의 결혼으로 인해 자신의 가족이 확대되었다고 느끼고 있었다. 자녀와 분리되어 있는 경우는 결혼과정 이전에 이미 분리된 경계를 갖고 있는 경우였다. 또한 자녀들 중에서도 어떤 경우는 분리를 이루지 못하는 경우가 있었는데, 이번에는 과연 결혼과정에서 자녀와 어머니가 분리되지 못하는 이유는 무엇인지에 대해 논의해 보고자 한다.

결혼을 하게 되면 가족 내에서 새로운 의무를 기대하기 때문에 두 세대 간에 새로운 협의가 필요하다. 즉 어머니와 자녀는 신체적, 심리적, 행동적인 측면의 새로운 경계를 수립해야 한다(정현숙과 유계숙, 2001). 그러나 어머니는 분리에서 야기되는 상실감으로 인해 '빈둥지증후군'을 겪기도 하며 새로운 가족을 형성한 자녀에게 결혼 전과 같은 자녀 역할을 계속 요구하기도 하고, 자신 역시 이전과 같은 부모 역할을 하려고 한다(남순현과 한성열, 2003). 본 연구에서도 어머니의 상실감이 두드러지게 나타남을 볼 수 있었다. 어머니는 가족생활주기와 발달과정에 따른 역할의 변화를 수용하지 못한 것이다. 역할의 변화를 수용하지 못하게 될 경우 자녀와의 분리가 어려워질 뿐만 아니라 고부갈등이나 장모와 사위 간의 갈등(남순현과 한성열, 2002)이 일어날 가능성이 높아지게 된다.

또한 현대의 한국 가족문화에는 전통과 근대가 공존한다는 것도 한 가지 이유가 될 것이다. 전통적으로 한국은 가부장적인 가족문화를 가지고 있어서 가족 간의 유대지향성은 높은 반면 자녀의 독립 및 분가에 대한 문화적 허용성은 결여(안호룡, 1991; 장경섭, 1991)되어 있었다. 그러나 근대에 들어서면서 개인주의가 확산되고 가족의식이 약화되었다. 더군다나 포스트모던 시대를 살아가는 오늘날에는 한 자녀 낳기 등의 경향과 호주제 폐지 등의 가족법 개정, 다문화 가정, 동성 간의 결혼에 대한 이슈 등으로 인해 다양한 가족관이 공존하고 있다. 그러나 그럼에도 불구하고 여전히 전통적 가족문화가 자리잡고 있어서 자녀가 결혼하여 따로 살게 되면 외형상으로는 분리된 것처럼 보일지 모르나 내면적으로는 자녀의 분리를 인정하지 않는 경우가 있다. 따라서 결혼으로 인한 자녀의 분리는 통제욕구가 강한 어머니나 의존적인 어머니 혹은 동일시하는 어머니의 분리불안을 고조시키게 되고 전통적인 가족관을 가진 어머니와 근대적인 가족관을 가진 자녀 사이에 갈등을 유발할 수 있다.

또 다른 한국 가족의 특성으로 외부에 대해 배타적인 가족 경계 유지의식을 들 수 있는데, 이는 경쟁을 중시하는 현대사회에서 자신의 가족 혹은 가족구성원이 다른 가족 혹은 다른 가족구성원과의 경쟁에서 성공을 거두고 궁극적으로 그것을 통해 가족의 번영을 꾀하고자 하는 것이다(김현옥, 2002). 한국의 치열한 입시경쟁에서 어머니들이 자녀가 입시경쟁에서 뒤지지 않도록 열심히 뒷바라지를 하는 것도 자녀를 개인으로서뿐만 아니라 가족의 대표선수로 보고 대표선수가 다른 가족에게 뒤지지 않기를 바라는 마음이 있는 것으로 볼 수 있다. 마찬가지로 사례를 통해서 자녀의 결혼식을 준비하면서 혼수가 남보다 뒤지면 안 된다고 신경을 써서 때로는 빚까지도 얻게 되는 경우를 볼 수 있었다. 이러한 과도한 경쟁심은 또한 며느리가 제대로 살림을 하고 경제적인 관리를 잘하여 안정된 살림을 꾸려 갈 수 있을지를 염려하며 자녀의 결혼생활에 관여하고 자녀를 통제하게 되기도 한다.

한편 자녀가 분리되지 못하는 이유를 살펴보면 결혼과정에서 주택마련이나 혼수준비 등의 문제로 인해 자녀는 어머니로부터 경제적인 지원을 받게 되고 경제적으로 자녀를 뒷받침해 준 어머니는 자녀를 통제하려 하는 것을 들 수 있다. 이때 의존적인 자녀는 어머니에게 순종하며 분리되지 못한다. 이는 자녀의 결혼을 부모의 책임으로 보는 전통적 가족문화 속에서 어머니는 경제적 능력을 가지고 자녀를 통제하고 자녀는 어머니로부터 제공되는 경제적 도움을 받으면서 대신 어머니로부터 분리되지 못하거나 효도에 대한 부담감을 느끼게 되기 때문이다. 효도는 어머니로부터 받는 경제적, 심리적 도움에 대한 자녀의 보상으로 볼 수 있을 것이다.

또한 제2의 정체감 위기를 느끼며 어머니로부터 분리되어 독립하는 것에 대해 심리적 불편감을 느끼는 것이 한 가지 이유가 될 수 있다. 한국의 청소년들은 치열한 입시경쟁으로 인해 자기탐색을 하지 못한 채 심리사회적 유예 기간을 갖게 되고 결혼에 직면하게 되면서 정체감 위기를 겪게 되기 때문이다(남순현 외, 2003). 사례를 통해서는 특히 딸의 경우 결혼으로 인한 생활의 변화는 전통적인 가족문화 안에서의 아내나 며느리의 역할을 요구당하는 반면 자신의 정체감을 확립하기 위한 욕구가 크기 때문에 그 사이에서 갈등을 느끼고 있음을 볼 수 있었다.

또한 부모의 통제를 깊은 관심과 애정으로 받아들이는 한국의 가족문화로 인해 어머니의 통제를 긍정적 속박(박영신, 김의철, 2000)으로 받아들이는 경우도 있다. 사례에서도 어머니의 통제를 힘들어 하며 결혼을 통해 분리된 자녀의 경우가 있었던 반면 통제를 긍정적으로 받아들이며 순종하는 경우도 볼 수 있었다.

한국 속담에 "흉년에 어미는 굶어 죽고 아이는 배 터져 죽는다."는 말이 있다. 이는 자녀에게 헌신적이고 희생적인 한국 어머니의 특성이 반영된 속담이라고 할 수 있다. '결혼과정을 통해서 본 모－자녀 관계모형'에는 이러한 한국 어머니의 특성이 녹아 있다. 근거자료로부터 자녀가 어머니를 어떻게 인식하는지 또는 자녀가 어머니와 분리가 되어 있는지 그렇지 않은지와 무관하게 어머니는 자녀를 어머니 자신으로부터 분리하지 못함을 볼 수 있었다. 자녀와 분리되어 있는 경우는 결혼과정 이전에 이미 분리되어 있는 경우(사례 3, 6, 10, 12)였고, 결혼과정을 겪으면서 분리되는 경우는 본 연구에서는 찾아볼 수 없었다. 또한 어머니의 희생에 대해서도 어머니나 자녀 양쪽이 다 어느 정도 무언의 수용을 하는 상태임을 알 수 있었다.

필자는 결국 어머니와 자녀 간의 분리는 자녀의 역할에 의해 많은 부분이 결정된다는 것을 알 수 있었다. 어머니는 자녀의 결혼과정을 통해서도 자녀에 대한 심리적 분리를 이루기 어렵기 때문이다. 이처럼 어머니들이 사회적, 제도적으로 공식화된 분리과정이라고 인정할 수 있는 결혼과정을 겪으면서도 자녀에게서 심리적으로 분리되지 못한다는 점은 결혼과정에 대한 심리적 돌봄과 목회적 돌봄이 필요하다는 사실을 시사해 준다고 할 것이다.

제6장

목회상담학적 논의

지금까지 본 연구는 '결혼과정을 통해서 본 모－자녀 관계변화'
의 과정을 살펴보고 개념화하기 위하여 근거이론방법론을 사용하
여 8가지 유형을 제시하였으며, 각 유형별 특성과 어머니와 자녀
의 비교, 아들과 딸의 비교 등을 통해 결혼과정에서의 경험을 구
체적으로 이해하고자 하였다. 또한 필자는 이러한 이해를 기초로
'결혼과정을 통해서 본 모－자녀 관계모형'을 제시하였다.

이러한 귀납적 연구결과를 바탕으로 이제 본 연구의 신학적 주
제인 '떠남'에 대한 신학적 재성찰을 시도해 보고, 이러한 신학적
재성찰의 결과를 다시 목회현장에서 실천하기 위하여 목회상담 전
략을 제안하는 목회신학적 작업을 하고자 한다.

제1절 떠남에 대한 신학적 재성찰

본 절에서는 Hiltner(1968)의 목회신학방법론에 근거하여 '떠남'
이라는 신학적 주제를 결혼과정에서 나타나는 모－자녀 관계변화
를 바탕으로 재성찰하고자 한다.

결혼과정에서의 떠남에 대한 신학적 재성찰을 하기 위하여, 필
자는 상황 모형에서의 나선형에 속하는 범주들(이는 통합 패러다
임 모형에서 결과에 해당되는 범주들이다)과 연관시켜 살펴보고자
한다. 상황 모형의 나선형 부분에는 '신앙적 변화', '상호적으로 전
환', '의존', '심리적 분리', '나만의 가족에 대한 애착', '자녀에 대

한 통제', '통제권의 상실', '가족의 확대' 등의 범주가 속해 있다. 이에 해당되는 부분을 상황 모형에서 음영으로 표시하면 <그림 17>과 같다.

<그림 17> 신학적 재성찰을 위한 상황 모형의 활용

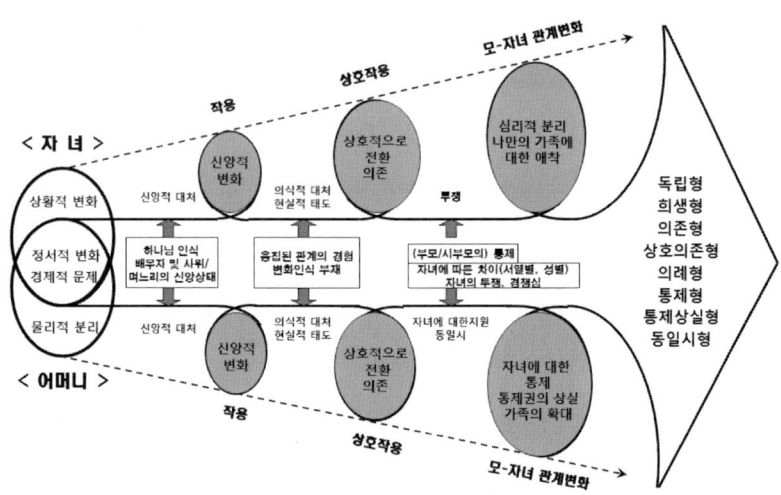

필자는 결혼과정에서의 떠남에 대한 신학적 재성찰의 결과를 다음과 같이 제안하고자 한다.

첫째, 떠남은 모－자녀에게 1차 신학으로부터 3차 신학으로의 신학적 진보를 경험하게 한다. 이는 상황 모형에서의 '신앙적 변화'와 연관된다.

둘째, 떠남은 모－자녀에게 그리스도 안에서의 동역자 관계를 형성하게 한다. 이는 상황 모형에서의 '상호적으로 전환', '의존'과 연관된다.

셋째, 떠남은 모－자녀에게 하나님의 사랑에 대한 재성찰과 더불어 하나님의 창조사역에 동참할 수 있게 한다. 이는 상황 모형에서의 '심리적 분리', '나만의 가족에 대한 애착', '자녀에 대한 통제', '통제권의 상실', '가족의 확대'와 연관된다.

넷째, 이상의 세 가지 재성찰 결과를 통합하여 결혼과정에서의 떠남에 대한 새로운 은유(metaphor)로서 떠남은 '그리스도의 몸 체현을 위한 세포분열'임을 제안한다.

이상과 같은 떠남에 대한 신학적 재성찰의 결과를 구체적으로 진술하면 다음과 같다.

1. 1차 신학으로부터 3차 신학으로의 신학적 진보

상황 모형에서 음영을 준 나선형 부분(즉 통합 패러다임 모형에서의 결과 부분)중 첫 번째 부분에는 '신앙적 변화'라는 범주가 있다. 통합 패러다임 모형에서의 결과인 '신앙적 변화'를 가져오는 작용/상호작용 전략으로는 '신앙적 대처'가 있었으며, 또한 '신앙적 대처'를 하게 하는 중재조건으로는 '하나님 인식'과 '배우자 및 사위/며느리의 신앙상태'가 있었다. 본 연구에서는 결과적으로 신앙적 변화를 가져오게 하는 '하나님 인식'에 대해 살펴보고자 한다.

필자는 참여자들이 하나님을 어떻게 인식하느냐에 따라 '신앙적 대처'라는 전략에 긍정적 혹은 부정적 영향을 미치게 되었으며, 결과적으로 '신앙적 변화'를 가져오게 되는 것을 알 수 있었다. 자녀들은 결혼과정을 겪으면서 신앙생활을 더 열심히 하게 된 경우가 있는가 하면 아예 교회에 나오지 않게 된 경우에 이르기까지 다양하였고, 어머니들은 신앙적 재발견을 하게 되는 경우와 신앙에 몰두하게 되는 경우, 특별한 변화가 없는 경우 등이 있었는데 자녀의 신앙생활이 소극적이 되는 경우는 어머니로부터 분리되는 하나의 신호로 볼 수 있었다.

필자는 하나님 인식에 대해 살펴보되, 먼저 모-자녀 관계모형을 통해 하나님 인식과 하나님과의 관계가 어떻게 연관되는지를 살펴본 후, 참여자들의 신앙적 경험이 하나님 인식에 어떤 영향을 주었는지를 알아보고, 이것이 결혼과정과 연관하여 어떤 의미를 갖는지 살펴보고자 한다.

1) 모-자녀 관계모형으로 본 하나님 인식 및 하나님과의 관계

필자는 근거자료를 기초로 앞에서 제시하였던 '결혼과정을 통해서 본 모-자녀 관계모형<그림 15>'을 중심으로 하나님에 대한 인식과 하나님과의 관계에 대하여 살펴보고자 한다.

Rizzuto(2000)는 부모의 특성들과 하나님 표상의 특성들 사이에는 직접적인 연속성이 있을 수도 있으나 또한 정반대일 수도 있다고 하였다. 예를 들면, 실제 부모는 거부적이고 아무것도 주지 않지만, 그의 하나님은 사랑을 주고 보호해 주는 분일 수도 있다고 하였다.

그러므로 어머니들과 자녀들이 하나님을 어떻게 인식하느냐는 그들이 실제 마주 대하고 있는 상황과 그에 따른 경험, 교회의 가르침, 그리고 부모의 가르침은 어떠했는지 등이 복합적으로 연결되어 상호작용한 결과로서 나타나게 된다고 할 수 있을 것이다.

'결혼과정을 통해서 본 모-자녀 관계모형' 중 왼쪽 모형에서,

필자는 어머니의 권력의 정도에 따라 '통제'와 '방임'으로 표시하였고 어머니의 양육적 돌봄의 정도에 따라 '희생'과 '거절'로 표시하였다. 연구 참여자들이 이야기하는 하나님에 대한 인식을 같은 모형에 위치시켜 본다면 통제하시는 하나님과 방임하시는 하나님, 그리고 희생하시는 하나님과 거절하시는 하나님으로 위치시킬 수 있을 것이다. 본 연구에서는 통제하시는 분으로서의 하나님 인식으로는 성덕우(사례 7의 아들)가 "하나님은 인생을 주관하시는 분"이라고 하였으며, 이순옥(사례 7의 어머니) 또한 "하나님은 자비롭기도 하지만 두려운 분"으로 묘사하였다. 반면 방임하시는 분으로서의 하나님 인식으로는 안미리(사례 11의 딸)가 "하나님은 영적인 구원뿐만이 아니라 현실적으로도 구원해 주셔야 하는데 그렇지 않기 때문에 혼란스럽다."고 한 바 있다. 한편 희생하시는 분으로서의 하나님 인식은 본 연구에서는 찾아볼 수 없었는데, 이는 희생하시는 분에 대한 인식은 하나님보다는 예수님을 떠올리기 때문이라고 생각된다. 또한 거절하시는 분으로서의 하나님 인식에 대한 예로는 박아영(사례 9의 딸)이 "하나님은 불공평하신 분"이라고 표현하고 있는 것을 들 수 있겠다.

이처럼 하나님 인식을 살펴보기 위해 '결혼과정을 통해서 본 모-자녀 관계모형'의 왼쪽 모형을 살펴보았다면 이번에는 하나님과의 관계를 살펴보기 위해 오른쪽 모형을 살펴보고자 한다.

'결혼과정을 통해서 본 모-자녀 관계모형'의 오른쪽 모형에서, 필자는 자녀가 어머니의 권력에 반응하는 정도에 따라서 '순종'과 '자율'로 구분하였고, 어머니의 양육적 돌봄에 반응하는 정도에 따라서 '대상 사용'과 '다른 대상 추구'로 구분하였다. 마찬가지로 통제하시는 하나님께 순종하거나 혹은 방임하시는 하나님께 자율적으로 행동하는 자녀와, 희생하시는 하나님을 사용하거나 혹은 거절하시는 하나님으로부터 멀어져 새로운 신적 존재를 찾아가는 자녀로 구분해 볼 수 있을 것이다.

본 연구에서는 하나님과의 관계에서 순종하는 경우로는 김영숙(사례 10의 어머니)이 "살아 역사하시는 하나님께 나의 육신을 빌려드리면 일은 하나님이 하신다."고 하면서 신앙에 몰두하며 살아가는 순종의 모습을 보여주었으며, 백지희(사례 6의 어머니)는 자녀를 결혼시키고 나니까 이제야 하나님의 뜻이 무엇인 줄 알게 되고 하나님께 순종하게 되었다는 말을 하였고, 나선미(사례 12의 어머니)도 오직 하나님께 순종하여 신앙의 명문가정을 이루는 것이 소원이라고 하였다. 하나님과의 관계에서 자율적인 모습을 보여주는 사례로는 정은아(사례 1의 딸)가 "어려울 때만 하나님을 찾고 행복할 때는 멀어지는 신앙생활"을 하면서 교회에 가지 않아도 하나님을 만날 수 있다고 생각하며 결혼과정을 겪으면서 교회에 출석을 하지 않게 되는 경우를 볼 수 있었다.

그리고 희생하시는 하나님을 사용하는 경우에 대해서는 본 연구에서는 희생하시는 하나님에 대한 인식을 가지고 있는 사례가 없었기 때문에 찾아볼 수 없었지만 일반적으로 인식하고 있는 하나님을 대상으로써 사용하는 경우는 찾아볼 수 있었는데, 자신의 잘못을 언제나 용서해 주시며 자신을 하나님의 도구로 써 주시는 것에 대해 감사하면서 자신의 혼외 이성교제를 합리화하는 나미란(사례 5의 딸)의 경우와 본 연구에서는 볼 수 없었지만 일반적으로 자기애적 성향이 강한 사람들이 하나님께 자신이 원하는 바를 투사시켜 하나님을 사용하는 경우 등을 들 수 있을 것이다. 마지막으로 하나님으로부터 멀어지고 다른 신적 존재를 추구하는 경우로는 조상민(사례 4의 아들)의 경우를 들 수 있는데, 그는 하나님에 대한 의구심을 갖게 되어 하나님이 계신지조차 확신이 안 선다고 하였다. 학창시절에 적극적인 신앙생활을 했던 것과는 매우 대조적인 신앙상태에 있음을 알 수 있었다. 또한 본 연구에서는 찾아볼 수 없었지만 어려운 일을 당했을 때나 자녀의 결혼, 입시 등 큰일을 앞두고 사주팔자를 본다거나 점을 쳐보는 경우 등도 이러한 경우에 해당한다고 할 수 있을 것이다.

2) 신앙적 경험과 하나님 인식

자녀와 어머니의 관계가 결혼과정을 통해서 어떻게 변화하는지를 가장 잘 드러내는 지표가 바로 그들의 신앙생활이라고 할 수 있다. 결혼 전 어머니와 함께 신앙생활을 잘하던 사람이 결혼을 한 이후 교회에 나오지 않게 되는 경우라든지, 반드시 믿는 사위나 며느리를 얻을 것이라던 교인들이 불신자 사위나 며느리를 맞게 되어 자녀와 함께 신앙생활을 할 수 없게 된 경우 등이 그 예이다.

자녀에게 있어서 결혼과정은 새로운 탄생이자 가족의 축소를 의미하였으며, 어머니에게 있어서 자녀의 결혼과정은 가족의 확대를 의미하였다. 이러한 결혼과정의 의미가 그들의 하나님 인식과는 어떠한 관계가 있는지를 살펴보고자 한다. 먼저 결혼과정을 통해서 그들이 고백하는 신앙적 경험에 대해 서술한 후, 그들의 하나님 인식에 대해 알아보고자 한다.

(1) 참여자들의 신앙적 경험

사례 1에서 딸 정은아는 교회가 어린 시절에 모든 활동이 이루어지는 공동체였다고 이야기하였으나 결혼과정을 겪으면서 기독교인이 아닌 남편으로 인해 교회에 나가지 않고 있으며, 현재는 교회에 가지 않아도 하나님을 만날 수 있다고 합리화하고 있다. 어머니 김선희는 행복할 때는 하나님께 감사했지만 어려울 때는 하나님을 원망하며 멀어졌다고 고백하였다. 현재 열심을 내지 못하는 신앙생활을 자책하면서도 구원에 대한 소망을 품고 있는 상태이다. 자녀를 기독교인과 결혼시키지 못한 것을 아쉬워하였지만, 결혼 초기엔 교회에 나올 것을 권유하다가 이제는 별다른 권유도 하고 있지 않다. 본 사례의 경우는 자녀와 어머니가 밀착되어 있으면서 서로에게 신적 역할을 하고 있으며 하나님에 대한 깊은 성찰이나 인식이 없는 상태이다.

사례 2에서 아들 김정식은 신앙의 모범이 되는 가정을 이루기를 바란다고 하였으나 막연하고 추상적이었다. 자신이나 하나님에 대한 깊은 성찰이 없는 상태이다. 어머니 박은영은 직장생활 중심의 생활로 인해 전적인 신앙생활을 하지 못하는 것에 대해 자책하였다. 결혼과정에서 자녀가 몸이 아팠던 일과 신혼집 장만 등의 경제적인 어려움과 그에 대한 해결과정을 겪으면서 하나님의 사랑을 깨닫고 신앙이 성장하는 체험을 하게 되었다.

사례 3에서 아들 서영준은 모태신앙으로 자연스럽게 신앙생활을 하게 되었으며 특별한 신앙적 계기나 뜨거움은 느낄 수 없었다. 어머니 이정미는 현재 자신의 신앙생활이 자신감이 부족하고 신앙심도 부족하며 봉사인식도 부족한 소극적인 생활이라고 이야기하면서 적극적인 신앙생활을 통해 신앙의 확신을 가진 사람들을 부러워하며 자신도 그러한 신앙생활을 하게 되기를 원하고 있었다.

사례 4에서 아들 조상민은 학창시절 기독교 연합동아리의 임원을 지낼 만큼 적극적인 신앙생활을 하였으나 현재는 신앙이 침체하여 하나님의 존재에 대해서조차 의구심을 갖게 되었다고 말하였다. 교회에도 잘 출석하지 않는다. 그럼에도 불구하고 자신의 아이들은 모태신앙을 갖게 하려 한다고 말하여 모순과 갈등을 드러내었다. 현재 신앙적 갈등을 회피하고 있는 상태이다. 어머니 이상숙은 열정적인 신앙생활을 하는 사람을 보면 부럽기는 하지만 자신은 실천하지 못한다고 말하면서 마음의 중심에 하나님만 계시면 된다고 합리화하고 있었다.

사례 5에서 딸 나미란은 신앙의 가정을 막연하게 동경하고 있었고 따라서 결혼과정에서나 결혼을 한 이후에도 사역자나 신앙이 좋은 이성을 동경하며 의존하는 형태가 반복되었다. 자신의 부족한 부분을 대상을 통해 충족시키고 싶어 했으며 그러한 대상에 대한 함입욕구를 지니고 있었다. 또한 자신의 부족함을 아시면서도 자신을 사용하여 주시는 하나님께 감사드리고 있었다. 어머니 박선자는 교회에서 활동하는 것이 바로 신앙생활을 잘하는 것이라고 생각하고 있었다. 그러므로 어머니 자신도 교회의 다양한 일을 하면서 매우 바쁘게 지내고 있었으며, 자신의 자녀도 교회에서 일을 하고 있으니 신앙생활을 잘하고 있다고 생각하였다. 자녀가 교회활동을 하는 동안 손자를 봐주는 것 역시 하나님의 일을 하는 것이라고 여기며 만족하고 있었다. 이는 자녀가 자신은 신앙생활을 제대로 하고 있지 못하다는 죄책감을 가지고 있는 것과 어머니와 대화를 안 한다고 대답했던 것과는 대조적인 인식이었다.

사례 6에서 딸 최서연은 믿지 않는 배우자를 만나 신앙이 후퇴

했다고 느끼고 있었으며 어머니가 자녀의 안위를 위해 기도한다는 것을 알고 있었기 때문에 자신은 어머니의 기도로 지내고 있지만 자신의 아이는 자신이 기도를 하지 않기 때문에 무슨 일이 생길지도 모른다는 막연한 두려움을 가지고 있었다. 가정 일을 등한시하며 교회 일을 열심히 하는 사람들에게는 거부감을 느끼고 있었으며, 아직까지 결혼 후 자신의 정체성 문제로 신앙은 우선순위에서 밀려난 것으로 보였다. 어머니 백지희의 경우는 자녀를 결혼시킨 후에야 비로소 하나님의 뜻을 찾으며 신앙적 재성찰의 기회를 갖게 되었다고 하였다. 예전에는 자녀를 위해 자신의 욕심대로 신앙생활을 했었는데 결혼을 시키고 나서야 모든 것이 헛됨을 느꼈다고 하였다.

사례 7에서 아들 성덕우는 어머니와 같은 교회에 다니면서 어머니를 규칙적으로 만나는 것을 장점으로 생각하고 있었다. 예전에는 교회에서 봉사도 하였는데 자녀가 두 명이 되고부터는 교회봉사를 중단하게 되었다고 말하였다. 어머니 이순옥의 경우는 자신이 간구했던 기도의 내용과 다른 결과가 현실에서 나올 때 충격을 받았으며 하나님의 뜻을 구하기보다는 자신이 원하는 바를 하나님께 구하는 기도를 하는 것으로 면담 결과 밝혀졌다. 그래서 현재 가족에 환자가 생기고 우환이 생긴 것에 대해 하나님을 두려운 분으로 인식하고 있는 것으로 보인다. 어머니는 신앙에 있어서 효도를 강조하며 자의적 해석을 하고 있었다.

사례 8에서 딸 배나은은 아버지와의 갈등이 심하였다. 가부장적인 아버지가 세상적 욕심으로 살면서 어머니와 자신에게 고통을 주는 모습을 보면서 아버지와 정반대인 신앙이 좋은 사역자를 배우자로 선택하였다. 결혼과정에서 단식투쟁을 하였으며 그 모든 것들이 하나님의 인도이셨음을 고백하며 신앙생활에 열심을 다하며 행복감을 느끼고 있었다. 어머니 김연미는 그동안 교회에서 많은 봉사활동을 하였으며 현재는 경제적 형편상 남편의 일을 돕고 있지만 딸에게 동일시를 하며 딸을 위해 신앙적 뒷바라지를 하면서 살고 싶다고 하였다.

사례 9에서 딸 박아영은 교회 일을 중요시하며 가정일은 등한시했던 어머니에 대해 불만이 있었다. 그러나 가족들이 교회를 개척하면서 구원의 확신을 받아 신앙적으로 성장하게 되었고 그 이후 결혼과정을 거치면서 그러한 신앙이 유지되고 있었다. 어머니 전희옥은 복음전도를 인생의 최고 목표로 여기고 있었는데, 면담 시 자신의 인식과 느낌보다는 일반적이고 율법적인 답변을 주로 하였다. 어머니는 자녀에게 정서적 돌봄보다는 계시적 신앙 교육 위주로 신경을 써온 것으로 보인다.

사례 10에서 아들 이민식은 그동안 신앙생활을 열심히 하지 않았는데 결혼과정 중에 큰 병에 걸린 아버지와 친척들을 보면서 하나님의 메시지로 생각하여 십일조를 내기로 배우자와 함께 결심했다고 말하였다. 어머니 김영숙은 환상을 보는 등 영적 우월감을 가지고 있었으며 교회 일과 세상일을 이분법적으로 보고 있었다. 자녀의 결혼과정 이후 하나님 일을 더 많이 할 수 있을 것 같아 기쁘다고 하였다.

사례 11에서 딸 안미리는 자신이 하나님의 일을 하고자 하는 열망이 있으나 하나님은 영적인 구원뿐만 아니라 현실적 구원도 해주셔야 한다고 생각하고 있었다. 그러나 지금의 현실은 그렇지 않기 때문에 현재 하나님에 대해 혼란스러운 상태라고 말하였다. 현재 배우자와 심하게 싸우고 있으나 하나님이 자신과 배우자를 향한 뜻을 찾게 되면 삶의 방향이 정해질 것이며 지금은 기다리는 시간이라고 이야기하였다. 어머니 고경애의 경우는 불교와 미신을 믿다가 딸을 결혼시키기 위해 교회에 나간 경우이다. 교회에 나간 뒤로 실제 딸이 결혼을 했기 때문에 증표로 생각하고 있다. 열심히 믿으려고 노력하는 중이라고 말하였다. 자신을 전혀 돌보지 않는 자녀들이 원망스럽지만 그래도 잘되기를 기도한다고 하였다.

사례 12에서 아들 민명진은 어머니가 아파서 온 식구가 함께 교회에 나가게 되었다고 하였으나 신앙적으로 어머니의 영향을 받지는 않았다고 하였다. 청년기에 생명이 위중할 정도의 커다란 사고를 당한 후 하나님을 체험하였고, 주위사람들이 적극적인 신앙 활동을 권유하고 있으나 교인들의 세력다툼이 싫어서 자신은 조용히 신앙생활을 하고 있다고 하였으며, 다른 사람의 말에 대해서는 신경 쓰지 않는다고 하였다. 어머니와 경직된 경계를 가지고 있는 것과 유사하게 교인들과도 경직된 경계를 유지하고 있었다. 어머니 나선미는 신유의 은사를 체험한 후 신앙생활을 하게 되었으며 집 안일보다 교회 일을 우선으로 한다고 하였다. 신앙의 명문가정을 이루고 싶은 소망이 있다고 하였으며 자녀가 신앙생활을 잘하고 있다고 생각하고 있었고 자녀의 결혼과정과 관련하여 자신의 신앙에는 변화를 느끼지 못하고 있었다.

이상에서 참여자들의 신앙적 경험을 결혼과정을 중심으로 살펴보았다. 이번에는 그들이 하나님을 어떻게 인식하고 있는지 알아보고자 한다. 하나님 인식은 통합 패러다임 모형에서의 중재조건으로서 참여자들은 하나님 인식에 영향을 받아 신앙적 대처를 하였으며, 다시 이러한 신앙적 대처는 신앙적 변화라는 결과를 가져오게 하였다. 따라서 신앙적 변화를 가져오게 하는 하나님 인식에 대하여 논의하는 것은 의미 있는 일이라 할 수 있겠다.

(2) 참여자들의 하나님 인식

본 연구에 참여한 자녀들은 기독교 가정에서 자라났기 때문에 교회 안에서의 교육과 더불어 어머니로부터 하나님에 대한 가르침을 받으며 자란 경우가 대부분이었다. 필자가 면접을 통해 결혼과정에서 그들이 하나님을 어떤 분이라고 생각하는지를 알아보았을 때, 일부 참여자들은 자신의 경험과 느낌을 반영한 하나님에 대해 이야기한 반면, 또 다른 참여자들은 단순히 교회에서 혹은 어머니에게서 전수받은 하나님에 대해 이야기하였다. 어머니들의 경우도 자신의 경험이 반영된 하나님 인식을 가지고 있는 참여자가 있는 반면 막연하게 계시적인 하나님 인식을 가지고 있는 참여자도 있었다. 경험적 하나님 인식과 계시적 하나님 인식의 예를 사례를 통해 살펴보면 다음과 같다.

기도가 진짜 헛되지 않구나 하는 생각을 요번에 내가 결혼시키면서 많이 체험을 했어. 하나님은 인자하시기도 하고, 우리가 필요할 때마다 공급도 하시지만, 정말 사랑하는 자식은 정말 왜 사람들도 사랑하는 자식일수록 더 매를 들라고 하는 것처럼, 사랑하는 자식한테는 더 엄한, 엄격하게 체벌도 하신다는 거를 느끼면서…… 나는 그냥 쉽게 이렇게 생각했어. 하나님은 나의 영적 부모님이다. 나는 그렇게 생각해. 이번에 **이 결혼하면서 정말 하나님은 너무너무 우리 가정을 사랑하셔 가지고, 우리 가정에 너무너무 깊이 개입을 하고 계시고, 아주 그 필요한 순간순간마다 하나님 와 계시는구나 하는 걸 내가 체험한 것이, **이의 ***병으로 인해서 우리 큰 며느리가 완전히 생각이 180도로 바뀌었어. 말하자면 그 자기가 어떻게 이 시댁에 와 가지고 내가 이 집의 큰 며느리로서 어떻게 처신을 해야 되겠다는 그 지표를 설정해 주신 것 같애.[경험적 하나님 인식 – 사례 2 어머니 박은영]

제가 볼 때 하나님은요, 가장 좋은 길로 인도해 주시는 분인 것 같아요. 제 스스로 계속 그렇게 되새김질하고 있어요. 일단 제가 수술 받을 때도 그랬던 것 같고요(결혼과정에서 단식투쟁을 하다가 몸이 안 좋아져 수술을 받게 됨 - 필자 주). ###수술이었는데, 제가 좋게 발견된 케이스여서. 그게 나이가 들어서는 굉장히 수술하기가 어렵대요. 그런 것도 그랬고……OO대학교 다닌 것도 사실 **** 만나는 과정 중의 하나였던 것 같고요. ****이랑 교제하면서 너무나 많이 상처를 받았거든요. 왜냐하면 여러 가지 소문들에 상처를 받은 게 일단은 너무 많았고. 근거 없는 소문들에 많이 울었거든요. 그런 근거 없는 소문이 정말 사람을 많이 죽이더라고요. 그래서 많이 힘들었어요. 그냥 부딪치다가 집에 와서 많이 울고 그리고 또 나가서 또 부딪히고 집에 와서 많이 울고 그랬던 것 같아요. 근데 그때는 진짜 기도 안 할 수가 없었거든요. 그리고 되게 서적도 되게 많이 보게 됐어요. 근데 서적에 정말 하나님께서 딱 보여주시더라고요. 제가 그냥 보통 하루에 한 권 정도 읽었던 것 같아요. 그때는. 책만 정말 많이 읽었었는데. 그 책을 읽을 때마다 하나님이 정말 그게 응답이라고 생각했어요. 정말 신기하게 그렇게 많이 접하게 되더라고요. 부딪치고 속상해서 집에 와서 책 읽으면. 속상했을 때 마음을 다스리게 되는 그런 책들 보게 되고. 그러면서 많이 또 마음을 털어버리게 됐던 것 같아요. [경험적 하나님 인식 - 사례 8 딸 배나은]

하나님은 모든 거를 하실 수 있고, 또…… 하여튼 내가 딱 느끼는 것은, 하나님은 모든 것을 다 하실 수 있고, 뭐 하여튼 우리가 원하기만 하면 주시는 분. 사랑이시고…… 뭐 그런 거지. 일반적인…… 하여튼 나는 하나님을 경험한다고 할까? 성령 충만. 그런데 이제 그게 좀 더 깊숙하게 들어가길 원하는데, 그렇게 잘 안되네. [계시적 하나님 인식 - 사례 3 어머니 이정미]

하나님이요? 어떻게 설명을 해야 되는 거지…… 음…… 그냥 절대자…… 그리고 어…… 잘 모르겠어요. [계시적 하나님 인식 - 사례 1 딸 정은아]

이상으로 경험적 하나님 인식과 계시적 하나님 인식의 대표적인 예를 살펴보았다. 이번에는 연구 참여자들의 신앙적 경험과 하나님 인식과의 관계를 결혼과정과 연관시켜 고찰해 보고자 한다.

3) 1차 신학으로부터 3차 신학으로의 신학적 진보

참여자들의 하나님에 대한 인식과 그들의 삶의 사건들을 비교해 보기 전에 먼저 Kaufmann의 신학방법론에 대해 간략히 살펴보고자 한다.

Kaufmann(1999)은 구성 작업으로서의 신학의 종류를 1차, 2차, 3차 신학으로 구분하였는데, 그가 말하는 1차 신학(first-order theology)은 하나님과 세계와 인간을 우리와 대자하여 있는 대상들로 간주하여 서술하는 것이다. 2차 신학(second-order theology)은 서로 대립하는 신학적 관점이 각기 나름대로의 조망을 갖고 있다는 것을 인식하는 것을 말하며, 3차 신학(third-order theology)은 2차 신학과 연계하여 하나님과 세계에 대한 우리의 개념과 상을 신중하게 구성한 상징적 구성 체계들을 통해 인간 실존을 조망하는 것을 말한다. 그러므로 그는 세계 개념과 하나님 개념은 우리의 일상 경험으로부터 추론된 모델들의 도움으로 구성된다고 하였다.

기독교 가정에서 자라난 자녀는 결혼과정을 거치면서 세계 개념을 자신의 직접적인 경험에 의해 성찰하기 시작하며 이러한 경험을 바탕으로 하나님에 대해서도 성찰하게 된다. 자녀들은 기독교 가정에서 자랐다는 이유로 어린 시절부터 교회에 다니기는 했으나 오히려 그러한 이유 때문에 하나님에 대한 자신의 인식 없이 교회에 다녔을 가능성이 많다. 그러므로 그들은 어머니로부터 실질적으로 분리되는 결혼과정을 통해 세계를 재인식하게 되며 하나님에 대해 재개념화하게 된다고 볼 수 있을 것이다.

본 연구에 참여한 어머니와 자녀의 관계는 각 가정마다 각기 다른 독특함을 가지고 있음을 앞에서 살펴보았으며, 또 그들이 인식하는 하나님도 각각의 경험에 따라 다름을 알 수 있었다. 이는 Kaufmann이 말하는 상상적 구성에 대한 예증이라 할 수 있을 것이다.

필자는 참여자들의 이야기를 통해 개개인이 자기 삶의 인식자로서 자신의 경험으로부터 출발하는 세계 개념과 하나님 개념을 가지고 있는 사례들을 볼 수 있었다. 그러나 조상민(사례 4의 아들)과 안미리(사례 11의 딸)의 경우, 재구성된 세계 개념에 대해 하나님 개념이 구성되지 않은 상태였으며, 따라서 하나님에 대한 혼돈을 느끼고 있었다. 그러나 그들 역시 계시적인 1차 신학적 하나님 개념으로는 만족하지 못하고 있음을 알 수 있었다.

자녀는 결혼과정을 통해 어머니와 물리적으로 혹은 심리적으로 분리됨으로써 이전보다는 어머니를 좀 더 객관적으로 보는 것이 가능해지며, 따라서 어머니를 통해 바라보던 세계와는 다른 자기 자신의 눈으로 바라보는 세계를 만나게 된다. 뿐만 아니라 남편과 시댁, 아내와 처가라는 또 다른 대상과 문화를 접함으로써 세계 개념을 재구성하게 된다. 또한 배우자가 믿지 않는 사람일 경우, 하나님 개념에 대해 자신의 입장을 투사하여 합리화시킨다든가 혹은 배우자가 기독교인이라고 할지라도 자신과 다른 하나님 개념을 갖고 있다는 것을 알게 되기도 한다. 이러한 환경이 하나님 개념의 재구성을 촉진시키는 요인이 될 수 있다. 즉 자녀는 결혼과정을 통해 어머니를 떠남으로써 의미와 믿음 체계를 재구성할 수 있게 되는 것이다.

예를 들어 안미리(사례 11의 딸)의 경우는 기독교인 남편과 신앙 문제로도 갈등이 많았는데, 이처럼 결혼과정이라는 새로운 경험을 하게 됨으로써 이제까지 자신이 가지고 있던 계시적 신앙으로부터 벗어나 세계 개념 및 하나님 개념에 대한 구성 및 재구성 작업이 자신이 의식하든지 의식하지 않든지 간에 일어나게 됨을 알 수 있었다. 결국 이러한 과정들이 자신이 인식하는 하나님 개념을 형성하게 만든다.

연구 참여자들을 통해 알게 된 사실은, 결혼과정이 순탄하게 진행되는 경우보다 결혼과정에서 자녀와 어머니 사이의 갈등이 야기되는 경우에 하나님에 대한 인식이 더 두드러지게 나타난다는 것이다. 하나님에 대한 인식이 행복이나 만족으로부터 오는 것이 아니라 갈등과 번민 혹은 고난을 통해서 온다는 사실은 역설적이다.

Moseley(1991)는 Fowler(1981)의 신앙발달 이론에 있어서 부정(negation)의 요소들 — 무의미, 비극, 고난 — 과 역설이 충분히 표현될 수 없다고 비판하면서, 오히려 실존의 역설에 직면할 때 변화하는 자기를 가지며, 자기의 역사를 진보의 역사뿐만 아니라 고난과 부정의 역사로 해석하는 변증법적 – 역설적 신앙발달의 해석학을 제안하였다. 변증법적이며 역설적인 신앙발달 이론에서는 진보뿐만 아니라 부정과 고난의 차원이 결정적이다(김정선, 2006). 필자는 이러한 Moseley의 주장에 동의한다. 그 이유는 본 연구에서 결혼과정을 경험하면서 Kaufmann이 말하는 3차 신학적 과정, 즉 자신의 인식을 바탕으로 한 하나님 개념을 가지고 있는 사람들은 거의 다 결혼과정에서 긍정의 요소들보다는 부정의 요소들로 인하여 하나님 개념을 재구성했기 때문이다.

그러므로 필자는 즐겁고 행복할 때에는 1차 신학적 단계에 머물러 있던 참여자들이 어려움과 고난을 통하여 3차 신학적 단계로 진입한다는 사실을 기초로 하여, 고난을 통한 신학적 진보(progress)를 의미하는 '역설의 신학'을 제안하는 바이다. 이는 신앙발달의 단계나 구조보다 단계 이행이나 과정을 중요시했던 Loder(1989)의 주장과 맥을 같이한다고 할 수 있다. 또한 오택현(1999)이 예수 그리스도는 십자가에 달려 돌아가셨기 때문에 하나님의 능력으로 부활하실 수 있었고 궁극적으로 그의 자녀들에게 새로운 생명을 허락해 주셨다고 함으로써 이성으로는 이해하기 힘든 '역설의 신학'이 기독교의 신학이라고 한 것과도 연결된다. Hunsinger(2002)는 Robert Jenson의 조직신학에 관한 소고에서 Jenson에게 있어서 그리스도의 구원사역의 중요성은 그의 죽음에 있는 것이 아니라 그의 부활에 있다고 설명하면서, 좀 더 정확히 말하자면 그리스도의 죽음은 부활의 필수불가결한 선행조건이었다고 하였다. 이와 같은 맥락에서 결혼과정에서의 어려움과 고난을 통한 신학적 진보는 고난 뒤의 진보, 죽음 뒤의 부활, 고통 뒤의 영광이라는 역설의 신학을 시사해 주고 있다.

결혼과정을 경험함으로써 Kaufmann이 말하는 3차 신학적 과정의 단계에 들어선 참여자들은 박은영(사례 2의 어머니), 나미란(사례 5의 딸), 백지희(사례 6의 어머니), 배나은(사례 8의 딸), 이민식(사례 10의 아들), 고경애(사례 11의 어머니)이다. 김연미(사례 8의 어머니)와 박아영(사례 9의 딸), 김영숙(사례 10의 어머니), 민명진(사례 12의 아들)과 나선미(사례 12의 어머니)는 결혼과정을 겪기 이전에 이미 3차 신학의 단계에 들어섰음을 알 수 있었다. 조상민(사례 4의 아들)과 안미리(사례 11의 딸)는 2차 신학의 단계로 보인다. 이처럼 3차 신학 과정으로서 하나님에 대한 인식적 고백을 한 참여자들과 2차 신학의 단계에 있는 참여자들은 거의 대부분 어려움을 겪는 과정을 통해서 하나님에 대해 인식하며 하나님 개념을 재구성하기 시작했음을 알 수 있었다.

결혼과정을 통해 하나님에 대해 인식하는 3차 신학적 과정을 겪은 참여자들을 중심으로 살펴보면, 박은영(사례 2의 어머니)의 경우, 결혼과정 중에 아들의 신체적 고통과 수술을 경험하고 또 며느리의 학업에 있어서의 어려움을 경험하면서 자신의 삶에 개입하시는 하나님의 실존을 고백하였으며, 나미란(사례 5의 딸) 역시 결혼과정에서 대상에 대한 추구와 실망을 반복하는 과정에서 하나님에 대해 재성찰하며 자신의 경험이 녹아 들어간 하나님 인식을 가지고 있었고, 백지희(사례 6의 어머니)는 자녀의 결혼과정을 겪으면서 허무감을 느끼며 그동안의 신앙이 자기중심적이고 자녀에 대한 욕심으로 신앙생활을 했다는 것에 대해 반성하면서 비로소 하나님의 뜻을 찾게 되는 계기가 되었다. 배나은(사례 8의 딸)은 어머니와 교인들의 결혼반대를 무릅쓰고 사역자와의 결혼을 관철한 경우로서 단식투쟁을 하고 그로 인해 그동안 몰랐던 육체적 질병을 알게 되어 수술을 하는 등 어려움을 많이 겪었지만 그럴수록 기도하고 신앙서적들을 읽으면서 하나님의 메시지를 발견했다고 한다. 또한 이민식(사례 10의 아들)은 결혼과정 중에 아버지를 비롯한 친척들의 병환으로 인해 하나님에 대해 재인식하고 배우자와 신앙의 성장을 다짐하게 되었다.

조상민(사례 4의 아들)과 안미리(사례 11의 딸)의 경우는 2차 신학의 단계에 있는 것으로 보이는데, 조상민의 경우, 갈등이 심했던 어머니와 분리되는 과정에서 믿지 않는 배우자를 얻게 되고 하나님에 대한 인식에 있어서도 하나님이 안 계실지도 모른다는 등 혼란을 겪는 과정에 있었다. 그러나 이는 그가 계시적인 1차 신학에 순종하는 것이 아니라 인식적인 3차 신학으로 전환하는 과도기에서 현재 2차 신학의 단계에 있음을 보여주고 있다. 또한 안미리는 결혼과정이 처음에는 순탄했으나 배우자와의 신앙적, 현실적 갈등이 심해지면서 하나님에 대한 인식의 혼란을 느끼고 있다. 그 이외의 나머지 사례들은 1차 신학적 관점을 가지고 있었다.

이상에서 살펴본 바와 같이 결혼과정을 통해 자녀나 어머니의 신앙이 재정립되는 과정들을 볼 수 있었는데, 기독교 가정에서 자라 결혼과정을 경험하는 자녀들은 Kaufmann이 말한바, 1차 신학, 즉 어머니가 전해 주는 계시적 신학으로부터 자신이 스스로 하나님을 인식하고 체험하는 과정을 통해 하나님과의 관계를 정립해 가는 3차 신학으로 향해 가는 과정 중에 있는 것으로 보인다. 연구 참여자들 중에는 여전히 계시적인 신학에 머물러 있다거나 심지어 하나님이 안 계실지도 모른다는 혼란과 갈등 속에 있는 경우도 있었으나 이러한 차이는 그들이 1차 신학에서 2차 신학을 거쳐 3차 신학으로 향해 가는 과정 중에 있음을 보여준다고 할 수 있다. 어머니 역시 자녀의 결혼과정을 통해 하나님에 대한 인식의 재구성이 일어나기도 하였고 혹은 그들 삶의 일생이 자신과 만나주시고 자신의 체험과 인식을 통해 느낄 수 있는 하나님을 찾아가는 과정에 있음을 확인할 수 있었다. 어머니들은 삶의 다양한 경험과 질고를 통해서 자신에게 응답하시는 하나님을 인식하고 체험하였으며, 이정미(사례 3의 어머니)의 경우와 같이, 아직 1차 신학의 상태에 머물러 있는 사람들의 경우에도 자신만이 체험하고 인식하는 하나님을 고백하는 다른 사람들을 부러워하며 갈망하고 자신도 그렇게 되기를 간절히 원하고 있음을 볼 수 있었다.

4) '결혼과정을 통해서 본 모-자녀 관계변화'이론의 8가지 유형과 신학적 진보

이번에는 앞에서 설명한 신학적 진보에 대한 조망을 '결혼과정을 통해서 본 모-자녀 관계변화'에 관한 8가지 유형의 근거이론에 적용시켜 보고자 한다.

먼저 통제상실형의 경우(사례 4)는 자녀가 2차 신학의 단계에 있음을 알 수 있었다. 결혼과정을 겪으며 어머니의 통제로부터 벗어나는 과정에서 어머니에 대한 원망과 혼란스러운 상황, 그리고 어머니가 함께 다니길 원하는 교회로부터 멀어지고 싶은 마음, 권위자인 목회자에 대한 불만 등의 다양한 감정이 혼재되어 2차 신학의 단계에 머무르게 된 것으로 볼 수 있다. 즉 어머니의 통제로부터 벗어나려는 시도가 그의 신앙에 영향을 주고 있음을 알 수 있었다.

통제형인 경우(사례 2, 7, 9)는 자녀가 결혼과정 이전에 특별한 경험과 계기로 인해 3차 신학의 단계에 들어선 사례 9의 경우를 제외하곤 1차 신학의 단계에 머물러 있었다. 이는 통제적인 어머니의 신앙을 자녀가 계시적인 신학으로 그대로 받아들이는 경우를 보여준다고 할 수 있다.

상호의존형의 경우(사례 1)는 어머니와 자녀가 서로에게 밀착되어 의존함으로 인해 하나님보다도 어머니와 자녀의 관계가 더 우선시되고 서로에게 신적 존재로 기능하고 있었다. 그들은 자신의 경험으로부터 체험한 하나님이 아닌 일반적으로 이야기되고 있는 하나님에 대한 인식을 가지고 1차 신학의 단계에 머무르고 있었다.

또한 독립형의 경우(사례 12)는 이미 결혼과정 이전에 3차 신학의 단계에 있었는데 이는 거절하는 어머니로 인해 양육적 돌봄에 대한 부족감으로 자신이 스스로 신앙의 길을 걸어가고 있었다고 볼 수 있다. 특히 본 사례는 목숨이 위태로울 정도로 위험한 사고를 경험함으로써 하나님을 체험할 수 있게 되었던 경우였다.

의례형(사례 3, 6, 10)의 경우는 자녀가 1차 신학에 머물러 있는 경우도 있었고 3차 신학에 도달한 경우도 있었는데, 어머니가 자녀의 결혼과정에서 자녀를 의례적으로 대하게 된 것이 매사에 자녀와의 관계에서 의례적으로 대했던 것에 기인하는 경우에는 자녀가 1차 신학에, 교회 일을 열심히 하느라고 자녀의 결혼과정에 의례적으로 대처했던 어머니의 경우는 자녀가 3차 신학에 있음을 알수 있었다. 이러한 경우는 어머니의 신앙생활이 자녀에게 모델이된 것으로 보인다. 의례형 중에서 1차 신학에 머무르는 자녀들의 경우는 생활에 있어서 특별한 어려움을 느끼지 못하고 비교적 평탄한 생활을 하는 경우였다.

그리고 희생형의 경우(사례 5, 11)는 자녀가 3차와 2차 신학에 있는 경우들이었는데, 자신에게 헌신적인 어머니가 있는 환경 속에서 힘든 상황들로 인해 나름대로 하나님에 대한 고민과 체험을 하며 신학적 진보를 이루고 있었음을 알 수 있었다.

동일시형의 경우(사례 8)는 자녀가 3차 신학을 지니고 있었는데 이는 자신의 결혼을 반대하는 어머니의 반대에 맞서 결혼을 관철시키면서 겪은 어려움과 하나님에 대한 간구, 신앙적 열심 등이 자신의 체험과 어우러진 결과로 볼 수 있겠다.

이상의 내용을 살펴보면 어머니가 자녀에게 통제적일 경우 자녀는 1차 신학에 머무를 가능성이 많으며, 어머니의 통제로부터 벗어나기 위한 과도기나 결혼과정의 다른 어려운 상황들을 만날 때에는 2차 신학의 단계에 머무를 가능성이 있고, 자녀가 어머니로부터 심리적 분리를 이루며 결혼과정의 어려움을 통합하게 될 때 3차 신학을 갖게 되는 경우가 많다고 할 수 있겠다.

이상과 같이 필자는 참여자들과의 면담을 통해 여러 가지 다양한 요인들이 결혼과정에 연결되어 개인의 신학 정립에 영향을 미치고 있다는 사실과, 하나님에 대한 인식에는 삶의 경험이 그대로 반영된다는 사실을 알 수 있었다. 또한 개인의 신학은 Kaufmann이 말하는 1차, 2차, 3차 신학의 과정을 거쳐 진행되고 있음을 알 수 있었으며, 이를 기독교 가정의 신학적 진보(theological progress) 과정으로 볼 수 있다고 생각한다.

따라서 '떠남'은 한 사람에게 자신의 정체성을 확립시킬 뿐만 아니라, 어머니가 인도해 왔던 계시적인 신앙으로부터 벗어나 자기자신의 신앙, 곧 인식적인 신앙을 갖게 되는 진입로라고 할 수 있다는 점에서 신학적 진보로서의 의미를 부여할 수 있을 것이다.

2. 동역자 관계로의 전환

상황 모형에서의 두 번째 나선형 부분(즉 통합 패러다임 모형에서의 결과 부분)에는 '상호적으로 전환'과 '의존'이라는 범주가 나타났다. 이러한 범주들을 떠남의 관점에서 바라보고자 한다.

떠남은 결혼과정을 경험하는 자녀와 그 어머니 사이에서 일어나며 또한 일어나야 하는 과정이라고 할 수 있다. 그러나 결혼과정을 경험하는 모든 모-자녀들이 이러한 과정을 잘 겪어 나간다고 말할 수는 없을 것이다. '상호적으로 전환'이라는 범주는 자녀의 떠남과 어머니의 떠나보냄이 바람직하게 이루어져 모-자녀 관계가 그동안의 수직적인 관계로부터 수평적인 관계로 균형 있게 전환되는 것을 보여준다고 할 수 있다. 반면에 '의존'이라는 범주는 이러한 떠남과 떠나보냄을 잘 이행하지 못하게 될 때 일어나는 결과라고 할 수 있을 것이다.

자녀들은 결혼으로 인해 어머니와의 관계가 이전보다는 더 좋아졌다고 고백하는 경우가 대부분이었다. 사이가 좋았던 모-자녀는 사이가 좋았던 대로, 또한 갈등이 많았던 모-자녀는 갈등이 많았던 대로 물리적인 분리로 인해 서로 부딪칠 확률이 적어짐으로써 관계가 향상되었다고 고백하였다. 어머니는 자녀를 대견한 마음과 안타까운 마음으로 바라보게 된다거나, 자녀는 어머니를 이제 좀 더 이해하게 됨으로써 모-자녀 관계가 수직적인 관계로부터 수평적인 관계로 변화하는 과정에 있음을 알 수 있었다. 그리하여 결혼 전에는 어머니가 일방적으로 사랑을 주었던 모-자녀 관계가 결혼 후에는 상호적인 사랑의 관계로 바뀌었다고 인식하는 자녀도 있었으며, 어머니가 마음속의 이야기를 자신에게 많이 한다고 생각하는 자녀의 경우도 볼 수 있었다. 또한 전통적인 유교사상과 가족가치관으로 인해 혹은 성경말씀으로 인해, 결혼을 했으니까 이제 어머니에게 효도를 해야 한다는 생각과 어머니에 대해 염려하는 모습을 보여주는 등 어머니에 대한 관심이 증가된 모습을 보여주었다. 이는 모-자녀 관계가 결혼과정을 거치면서 상호적으로 전환된 것을 보여준다. 사례를 들어보면 다음과 같다.

가장 포인트가 되는 거는 어머니의 사랑이 one way였던 것이 이제 한 way 가 더 생겼다고 할까. [성덕우: 사례 7-아들-69]

결혼하고 나서 내가 엄마를 한번 정말 깊이 안아준 적이 있거든요. 엄마가 우리 집에 왔다가 집에 갈 때 엘리베이터 앞에서 울었던 기억이 있고, 엄마를 안고서. [안미리: 사례 11-딸-24]

모-자녀 관계가 상호적이 될 때 자녀는 어머니로부터 잘 떠날 수 있게 되고 어머니 또한 자녀를 잘 떠나보낼 수 있게 된다. 다음의 성경말씀은 자녀의 떠남이 예수님의 동역자가 되는 데 필수적임을 말해 준다.

> "예수께서 가라사대 내가 진실로 너희에게 이르노니 나와 및 복음을 위하여 집이나 형제나 자매나 어미나 아비나 자식이나 전토를 버린 자는 금세에 있어 집과 형제와 모친과 자식과 전토를 백배나 받되 핍박을 겸하여 받고 내세에 영생을 받지 못할 자가 없느니라(막10:29-30)."
>
> "가라사대 죽은 자들로 자기의 죽은 자들을 장사하게 하고 너는 가서 하나님의 나라를 전파하라 하시고 또 다른 사람이 가로되 주여 내가 주를 좇겠나이다마는 나로 먼저 내 가족을 작별케 허락하소서 예수께서 이르시되 손에 쟁기를 잡고 뒤를 돌아보는 자는 하나님의 나라에 합당치 아니하니라 하시니라(눅9:60-62)"

이와 같이 성경은 가정이 중요한 공동체임을 말해 주지만 그럼에도 불구하고 가정에 안주하지 말고 가정을 뛰어넘을 것을 이야기한다. 그래야만 핏줄로 이어진 가족만이 아니라 소외계층에게로, 세계로, 나아가 지구까지도 사랑할 수 있을 것이다. 또한 '떠남'을 통해 이러한 사명을 감당할 수 있을 때 예수님의 동역자가 될 수 있는 것이다.

예수님도 어머니를 떠나 공생애를 시작하셨다. 동역자가 되기 위해 자녀는 어머니를 떠나게 되고 또한 어머니는 그런 자녀를 인정하고 떠나보내야 한다. 이제 둘 사이의 관계는 수평적이 되며 한쪽에 쏠려 있던 권력이 점차 균형을 이루어 갈 수 있게 될 것이다. 권력이 균형을 이룬다는 것은 상호존중의 관계가 되는 것을 의미한다. 이러한 균형은 결혼과정을 겪고 있는 모-자녀 사이를 이전보다 좋게 만들 것이다. 즉 일방적이었던 권력의 흐름이 상호적이 되고 갈등적이었던 관계가 점차 갈등이 완화되며 갈등이 해결되는 상황으로 변화할 수 있게 될 것이다.

떠나는 자녀를 인정한다는 것은 쉬운 일이 아니다. 근거자료를 통해 보았듯이 상실감으로 인한 분리불안, 통제욕구, 의존욕구 등이 자녀를 떠나보내는 데 걸림돌이 되기도 한다. 그러나 떠남과 떠나보냄이 잘 이루어질 때 그들은 그리스도 안에서의 동역자로서 자신에게 주어진 은사를 충분히 활용하는 일꾼으로 설 수 있게 될 것이다. 떠남이 신학적 진보를 의미한다는 것은 떠남으로 인해 그리스도 안에서 동역자로서 성장할 수 있다는 것을 의미하기도 하는 것이다. 떠남과 떠나보냄으로써 핏줄로 연결된 가족에 대한 욕심을 내려놓을 때 하나님께서 우리에게 주신 사명을 감당할 수 있는 하나님의 밭이요, 하나님의 집이 될 수 있을 것이다.

> "그런즉 심는 이나 물주는 이는 아무 것도 아니로되 오직 자라나게 하시는 하나님뿐이니라 심는 이와 물주는 이가 일반이나 각각 자기의 일하는 대로 자기의 상을 받으리라 우리는 하나님의 동역자들이요 너희는 하나님의 밭이요 하나님의 집이니라(고전3:7 - 9)."

예수님께서는 동역자를 부르시고, 사명을 주시고, 사명을 감당하는 자들에게 세상 끝날 때까지 함께하신다는 약속의 말씀을 주셨다(마28:18 - 20). 그러므로 어머니가 자녀를 떠나보내는 것은 자녀를 이제 동역자로 세상에 파송하는 것을 의미한다.

그러나 필자는 근거자료를 통해 어떤 자녀들은 여전히 어머니에게 경제적, 심리적, 신앙적으로 의존하며 어머니를 떠나지 못하고 있는 것을 볼 수 있었고, 어머니 역시 자녀를 떠나보내지 못하고 자녀에게 의존하는 경우들도 볼 수 있었다. 이러한 점이 바로 목회상담적 개입이 필요함을 시사해 준다고 할 수 있다. 어머니를 떠나 그리스도 안에서 동역자로서의 자신의 정체감을 찾고 자신이 하나님께 받은 은사들을 충분히 활용하여 하나님의 사역에 동참하기 위하여 떠남과 떠나보냄을 잘할 수 있도록 돕는 개입이 필요하다고 생각한다.

어머니들 역시 자녀에게 항상 자신이 신앙적인 모델의 위치에 있을 것이라는 생각을 고집하지 말아야 할 것이다. 어머니는 그동안 자녀를 양육해 오면서 신앙적 모델로서 자녀에게 신앙적 지원을 해 왔다면 이제는 자녀를 떠나보냄으로써 자녀가 신학적 진보를 이루고 하나님께서 허락하신 독특한 은사들을 충분히 발휘할 수 있도록 응원해 주고 지원해 주는 자세를 가져야 할 것이다. "그러나 먼저 된 자로서 나중 되고 나중 된 자로서 먼저 될 자가 많으니라(막10:31)."라고 하신 예수님의 말씀을 새겨보아야 할 것이다. 자녀 역시 자신이 어머니와 마찬가지로 예수님의 동역자라는 사실을 깨닫게 되면 예수님이 제자들을 부르실 때 제자들이 가정을 떠나 예수님을 따라간 것과 마찬가지로 어머니로부터의 떠남을 좀 더 수월하게, 그러면서도 의미 있게 받아들일 수 있을 것이다.

이상에서 살펴본 바와 같이 결혼과정에서의 떠남은 모–자녀에게 그리스도 안에서의 동역자 관계를 형성하게 한다고 할 수 있다. 본 연구에서는 결혼과정을 경험하는 자녀와 그 어머니가 자신들의 욕구를 충족시키기 위해 서로 의존하거나 일방적이었던 관계를 넘어 상호적이며 수평적인 관계가 됨으로써 상호존중하는 관계가 되는 것과 자녀가 어머니를 떠남으로써 신학적 진보를 이루고 그동안 어머니가 이끌었던 신앙의 모습으로부터 하나님께서 허락하신 자신의 은사를 발견하고 사용할 수 있는 동역자 관계로 변화하는 것이 바람직함을 알아보았다.

3. 하나님의 사랑에 대한 재성찰 및 창조사역에의 동참

상황 모형에서의 세 번째 나선형 부분(즉 통합 패러다임 모형에서의 결과 부분)에는 '심리적 분리', '나만의 가족에 대한 애착', '자녀에 대한 통제', '통제권의 상실', '가족의 확대'라는 범주들이 나타났다. 이러한 범주들을 떠남과 떠나보냄의 관점에서 바라보고자 한다.

'심리적 분리', '나만의 가족에 대한 애착'이라는 범주는 떠남과 관련되어 있는 범주라 할 수 있고 또한 '통제권의 상실'은 떠나보냄과 관련된 범주라고 할 수 있는 데 반해, '자녀에 대한 통제', '가족의 확대'는 어머니가 자녀를 떠나보내지 못하는 것과 관련된 범주라고 할 수 있다.

결혼과정은 인생의 전환기적 단계이므로 커다란 변화를 맞게 되는 시기이다. 근거자료로부터 자녀들이 생활과 환경의 총체적인 변화와 함께 정서적 변화를 경험한다는 것을 알 수 있었으며 어머니 역시 상실감 등의 정서적 변화를 경험한다는 것을 알 수 있었다. 여기서 변화에 대한 관점을 위해 과정신학에 대해 간략히 언급하고자 한다.

박만(2004)은 과정 신학에 대해 다음과 같이 말하고 있다. 첫째, 과정 신학(Process theology)은 정말로 실재하는 것은 존재(being)가 아니라 변화(change) 혹은 과정이라고 본다. 즉 존재하는 모든 것은 유한적이어서 경험될 수 있는 것이며 계속 변화되어 가는 과정 속에 있다고 본다. 둘째, 과정 신학은 세계를 움직여 새로운 단계로 가게 하는 근본적인 힘은 강제력이나 폭력이 아니라 사랑의 설득으로, 이것이 바로 하나님 혹은 하나님의 힘이라고 본다. 셋째,

과정신학에 의하면 하나님도 이 세계와의 관계 속에서 끊임없이 미래의 가능성을 향해 새롭게 결단하며 변화되어 가는 존재이다. Whitehead(1929)에 의하면 신은 현실화의 과정을 계속되게 하며, 또 질서를 잡는 실재이며, 또한 이 과정들을 통해 새로움(novelty)이 나타나도록 하는 실재이다. 즉 하나님은 이 세상의 모든 것과 관계 맺으면서 끊임없이 자기를 변화시켜 나가는 존재라는 것이다.

또한 Cobb(1976)은 과정 신학에서의 하나님 이해를 다음과 같이 설명하였다. 첫째, 변화하며 함께 공감하는 하나님이다. 피조물의 기쁨과 슬픔, 고통에 깊이 참여하고, 그 자신도 그러한 감정을 느끼면서 변화되는 하나님(passible and changeable God)이야말로 참다운 하나님으로 보았다. 둘째, 세계를 즐김으로 인도하는 하나님이다. 하나님의 창조 목적은 피조물들이 그 삶을 기쁘게, 행복하게 사는 데 있다고 하였다. 그러나 이것은 도덕적 요구와 모순되지 않는데, 그 이유는 하나님은 모든 다른 존재들의 즐김을 증가시키기를 원하는 방식으로 우리의 즐김이 이루어지기를 원하시며, 이는 결국 모두를 위한 정의와 평등이라는 도덕적인 행위로 나타나기 때문이라고 하였다. 셋째, 사랑의 설복의 힘으로서의 하나님이다. 하나님은 '무엇이든 할 수 있는 강제적인 힘'이 아니라 '사랑의 설득력'으로 이해되어야 한다고 주장하였다. 그리하여 다른 이로 하여금 자유롭게 하고, 스스로 결정하게 하며, 창조성을 발휘하게 하고, 미래로 개방하게 하며, 스스로 책임적으로 살도록 한다. 넷째, 모험적인 사랑의 힘으로서의 하나님이다. 하나님은 모든 현실성들이 각자의 결단에 의해 최선으로 미래의 새것을 만들어 갈 수 있도록 하기 위해 끊임없이 격려하고 설득한다. 따라서 하나님의 힘은 모험적인 사랑의 힘이며 현실의 질서에 대한 계속된 도전이며 극복이다. 다섯째, 남성적이며 동시에 여성적인 사랑의 응답의 하나님이다. 지나친 남성 중심적인 기독교에 대해 비판하며 보다 균형 잡힌 하나님 이해를 하여야 한다고 주장하였다(박만, 2004).

변화에 대한 이와 같은 과정 신학적 이해는 변화 속에서 하나님의 창조의 섭리를 볼 수 있게 해 준다. 떠남과 떠나보냄은 창조의 과정인 변화에 동참하는 우리의 반응인 것이다. 상황 모형의 나선형 부분에 나타난 범주인 '심리적 분리', '나만의 가족에 대한 애착'은 결혼이라는 전환기적 사건에 따른 자녀의 반응으로서, 가족 구조와 경계에 변화를 가져오는 요인이 된다. 이때 어머니는 '자녀에 대한 통제'를 하기도 하고 그에 대한 자녀의 반발로 인해 '통제권의 상실'을 경험하기도 한다. 이러한 결과가 나타나게 하는 작용/상호작용 전략은 자녀의 '투쟁'이나 어머니의 '자녀에 대한 지원'과 '동일시'였다.

어머니는 자녀를 경제적, 심리적인 방법으로 통제할 뿐만 아니라 '신앙'을 자녀를 통제하는 효과적 도구로 사용하고 있었다. 특히 결혼으로 인해 물리적으로 거리가 생긴 자녀에 대한 어머니의 신앙적 통제는 기독교인으로서의 당연한 권한이자 의무로 인식하고 있었고, 자녀를 통제하는 방편으로서 신앙과 효도를 일치시키는 경우도 볼 수 있었다. 결혼과정 중 투쟁을 하게 되는 자녀는 어머니와 극한 대립을 하게 된다. 이러한 투쟁은 그동안 어머니로부터 받아온 통제에 대한 항거요 어머니로부터의 분리에 대한 선언이요 자신의 정체감을 찾아가는 하나의 방식이었다. 그러나 그로 인해 남는 상처와 아픔으로 인해 어머니와 자녀는 서로 대화조차 하지 못하게 된 사례도 있었는데(사례 4), 이처럼 떠남과 떠나보냄이 자연스럽게 이루어지지 않은 경우에는 용서와 화해의 과정이 필요하게 된다. 떠남과 떠나보냄으로 인해 그리스도 안에서 동역자로서의 삶을 살아가게 된 두 사람이 서로에 대한 용서와 화해가 전제되지 않는다면 그들의 사역을 하나님이 받으시지 않을 것(마5:24)이기 때문이다. 자녀의 신앙을 어머니가 통제하는 것이 아니라 하나님이 인도하시도록 자녀를 떠나보낸다면 우리를 눈동자와 같이 지키신다는 성경말씀(시17:8)에 대해 우리가 믿고 반응하는 것이 된다.

자녀의 범주인 '심리적 분리'와 어머니의 범주인 '통제권의 상실'은 자녀가 모험을 할 수 있도록 돕는다. 이것은 과정신학에서 말하는 모험적인 사랑의 힘으로서의 하나님을 수용하는 신앙의 모습이라고 할 수 있다. 이러한 하나님의 사랑은 떠나는 자녀나 떠나보내는 어머니 모두에게 적용되는 것이다. 어머니가 자녀양육이라는 자신의 역할을 하나님으로부터 받은 사명으로 인식하게 되면 모험의 길을 떠나는 자녀를 사랑으로 떠나보낼 수 있게 된다. 자녀가 자신에게 속한 것이 아니라 하나님께 속한 것임을 알기 때문이다. 하나님이 떠나는 자녀와 동행하심을 믿을 때 자녀를 떠나보내기가 쉽게 된다.

또한 '가족의 확대'라는 범주는 우리를 하나님의 사랑에 대한 재성찰로 인도해 준다. 가족의 확대는 좁은 의미에서는 사위나 며느리로의 확대를 의미할 수 있지만 넓은 의미에서는 소외계층이나 인류공동체로의 확대를 의미할 수 있게 된다. 백지희(사례 6의 어머니)의 경우에는 자녀를 결혼시키고 나니까 이제야 하나님의 뜻을 찾게 되었다고 하면서 그동안 너무 자신의 자녀에 대한 욕심으로 살아온 것에 대해 회개하게 됨을 고백하였다. 즉 자녀를 떠나보냄으로 인해 하나님의 사랑과 사역에로의 시각이 넓어진 것이다. 자신만의 가족, 핏줄로 이루어진 가족으로의 함몰로부터 신앙공동체로서의 가족, 보편적 인류애로 그 사랑이 확장되고 있음을 보여 주었다. 결국 가족의 의미를 확장해야만 세상의 이웃들과 소외계층까지도 만날 수 있게 될 것이며, 이는 Archie Smith(2004)가 '선택에 의한 형제자매'를 이야기한 것과 같은 맥락으로 볼 수 있을 것이다. 예수님은 누구든지 하나님의 뜻대로 하는 자는 예수님의 형제요 자매요 모친(막3:31 – 35; 마12:46 – 50)이라고 하셨다. 가족의 의미를 확장시키지 못하고 자신의 자녀를 우상으로 만들게 되었을 때에는 심지어 예수님의 제자들 사이에서도 분란이 생겼던 예를 찾아볼 수 있다.

> "그 때에 세베대의 아들의 어미가 그 아들들을 데리고 예수께 와서 절하며 무엇을 구하니 예수께서 가라사대 무엇을 원하느뇨 가로되 이 나의 두 아들을 주의 나라에서 하나는 주의 우편에, 하나는 주의 좌편에 앉게 명하소서……
> 열 제자가 듣고 그 두 형제에 대하여 분히 여기거늘(마20:20 – 24)"

이와 같이 용서와 화해를 통한 하나님의 사랑에 대한 재성찰과 하나님의 창조사역에의 동참을 위해서는 자녀의 떠남과 어머니의 떠나보냄이 필요하다. 자녀가 가정을 떠나 자신의 정체감을 찾고 새로운 가정을 만드는 것 역시 변화에의 기여이며 창조사역에의 동참이라고 할 수 있다. 그러나 모든 떠남과 떠나보냄이 성공적으로 진행된다고 볼 수는 없을 것이다. 잘 떠나고 잘 떠나보내는 것이 보다 중요하다고 할 수 있을 것이며 이를 위해서는 용서와 화해가 선행되어야 한다.

이러한 과정을 거쳐 떠나는 자녀에게 어머니가 축복을 해 준다면 자녀나 어머니 모두가 안정감을 가지고 하나님의 창조사역에 동참할 수 있게 될 것이다. Anderson과 Mitchell(1993)은 축복은 통제와 권력을 나타낸다고 하였으며, 사랑으로 자녀를 떠나보내는 방법이라고 하였다. 본 연구에서도 어머니의 통제와 권력이 두드러지게 나타나는 사례들이 있었다(사례 2, 7, 9). 그들의 통제와 권력이 자녀에 대한 축복으로 전환될 수 있다면 떠남과 떠나보냄을 위한 효과적인 의식(ritual)이 될 수 있을 것이다.

하나님이 창조활동을 계속하시는 한 가족도 변화되는 창조의 과정 속에 있다. 어머니는 자녀의 떠남도 이러한 창조의 과정으로 받아들여 그들을 축복하며 떠나보내야 할 것이다. 하나님의 사랑도 예수님을 이 세상에 떠나보내심으로 완성되었다고 할 것이다.

그러나 모든 변화에는 크든 작든 항상 상실이 따르게 마련이며 따라서 애도가 동반된다(Anderson & Mitchell, 1993). 변화가 아무리 발전적이고 예측할 수 있고 고대해 왔던 것이라고 하더라도 상실과 애도는 동반된다. 이러한 상실과 애도를 감당하지 못할 때 어머니는 자녀를 떠나보내지 못하게 되고 자녀 역시 어머니를 떠나지 못하게 된다. 안미리(사례 11의 딸)의 경우에서는 학대하는 가정에서 자랐기 때문에 떠남이 더 어렵게 느껴져 결혼도 늦게 하게 되었으며, 신체적으로는 떠났지만 결혼 후에도 정체감 문제와 경제적 어려움으로 인해 커다란 갈등을 겪게 되었는데, 이는 정서적 단절로 인해 새로운 관계 맺음에 어려움을 겪기 때문인 것으로 보인다. 즉 잘 떠나지 못했기 때문에 잘 시작하지 못한 것이다. 그러므로 결혼과정의 모-자녀가 잘 떠나고 잘 떠나보낼 수 있도록 목회적 돌봄을 수행하는 것이 필요하다 할 것이다.

4. 새로운 은유: 그리스도의 몸 체현을 위한 세포분열

필자는 결혼과정에서의 떠남은 신학적 진보이며 동역자 관계로의 전환일 뿐만 아니라 하나님의 사랑에 대한 재성찰과 하나님의 창조사역에의 동참이라는 신학적 재성찰 결과를 통합하여 이제 떠남에 대한 새로운 은유(metaphor)를 제안하고자 한다.

떠남으로 인해 어머니와 자녀는 심리적으로 분리되게 되고 또한 계시적인 신앙으로부터 벗어나 자신의 경험을 통한 신앙의 단계로 성장하게 되며, 서로가 그리스도 안에서 동등한 신분의 동역자로 전환될 뿐만 아니라 가족의 의미를 확장하고 하나님의 창조사역에 동참하게 된다는 것은, 다시 말해 떠남으로 인해 어머니와 자녀가 그리스도의 몸된 교회로서의 사명을 이전보다도 더 잘 감당하게 된다는 것으로 볼 수 있을 것이다.

어머니와 자녀는 그리스도의 몸으로서의 교회를 형성하게 되는데, 그리스도의 몸에 대한 기독교 전통의 의미뿐만 아니라 수많은 세포들이 모여 하나의 커다란 몸을 형성하게 된다는 유기체로서의 몸에 대한 관점을 함께 연결시켜 본다면, 어머니와 자녀의 분리와 떠남은 세포가 분열된 후 성장하고 다시 분열됨으로써 무수히 많은 세포로 확산되고 전체적으로 하나의 몸인 그리스도의 몸을 이루는 것으로 비유할 수 있을 것이다. 따라서 필자는 떠남에 대한 새로운 은유로서 '그리스도의 몸 체현을 위한 세포분열'이라는 은유를 제안하는 바이다.

우리 몸의 탄생과 성장은 세포분열에 의해 이루어지고 있다. 세포분열이란 한 개의 세포가 두 개의 세포로 갈라져 세포의 개수가 불어나는 생명현상으로서, 이 과정에서 분열되는 세포를 '모세포'

라고 하며, 분열 결과 새로 생겨난 세포를 '딸세포'라고 한다. 분열이 끝나고 새로 생긴 딸세포는 자신의 크기 등을 키우는 기간(G1기)을 거친 후, 다음에 올 분열을 위해 유전자를 두 배로 복제하고 합성하는 기간(S기)을 갖게 되며, 분열기에 필요한 단백질을 합성하고 공급하는 기간(G2기)을 보낸 후, 다시 세포분열기(M기)로 들어가게 된다(두산세계대백과, 인터넷판).

이러한 세포분열은 유기체가 성장하는 과정에 필수적인 것인데, 이러한 세포분열이 이루어지는 과정을 떠남의 유비로 삼고자 한다. 어머니의 태로부터 태어나 어머니의 양육을 받으면서 자라난 자녀는 결혼이라는 적절한 시기가 되면 어머니로부터 떠나 새로운 가정을 이루게 되는데 필자는 이러한 과정을 세포분열로 비유하고자 한다. 또한 세포분열이 이루어진 후에 딸세포가 성장하는 과정은 결혼과정을 거쳐 어머니를 떠난 자녀가 자신의 가정을 꾸리며 자신의 아이를 생산하고 양육하는 과정에 비유할 수 있다. 이러한 세포분열 과정이 반복되면서 전체로서의 몸을 이루게 되는 것이며 기독교 가정 자녀의 떠남과 어머니의 떠나보냄은 그리스도의 몸으로서의 교회를 이루어 가는 과정이라고 말할 수 있을 것이다.

몸속의 세포는 세포막으로 인해 서로 분리되어 있으면서도 내적으로 서로 연결되어 있다. 결혼과정을 통해서 자녀는 어머니를 떠나게 되지만 그러나 그들은 핏줄로 연결된 가족으로서 서로에 대한 관심과 지지 혹은 원망과 갈등으로 심리적으로 연결되어 있을 뿐만 아니라 경제적, 사회적으로도 연결되어 있다. 또한 세포들이 연결되어 결국 하나의 몸을 이루게 되는데, 세포가 생존하기 위해 필요한 산소나 영양분은 혈관을 통해 온몸에 있는 세포들에게 끊임없이 공급된다. 이는 그리스도 안에서 한 몸을 이루는 교회로서의 기독교인들과 교회의 머리되신 그리스도와의 관계(골1:18, 엡 1:22)로 비유할 수 있겠다. 또한 그리스도의 몸을 이루는 모든 세포들은 그리스도 안에서의 동역자로서의 지위를 나타내 줄 수 있다. 어느 세포 하나 중요하지 않은 것이 없으며 하나의 몸을 이루는 소중한 지체들이라고 할 수 있기 때문이다(고전12:14 - 22). 또한 그리스도의 몸을 이루는 동역자가 되기 위해서는 신학적 진보를 통해 자신의 경험으로 고백하는 하나님에 대한 인식이 있어야 할 것이다.

필자는 그리스도의 몸으로서의 교회에 대한 김균진(1996)의 연구를 살펴봄으로써 '그리스도의 몸 체현을 위한 세포분열'이라는 은유를 좀 더 명확히 하고자 한다. 기독교에서는 교회를 '성도의 공동체'(Communio Sanctorum)로 파악하는데, '그리스도의 몸'의 개념은 이러한 교회 개념을 적절히 나타낸다. '그리스도의 몸'의 개념은 사도바울에 의하여 사용되었으며(고전12:27, 6:12 - 20, 12:12 - 13), 이 개념을 구체적으로 살펴보면 다음과 같다.

첫째, '그리스도의 몸'의 개념은 모든 교인들과 교회들의 평등을 말한다. 교회는 '근본적으로 평등한 사람들의 사귐(Gemeinschaft)'(Küng, 1976)이다. 각 교인들의 기능은 다르나 그 모든 기능들은 그리스도의 몸된 교회를 유지하기 위하여 필요하며 어느 기능도 없어서는 안 된다. 모든 교인들은 자유로운 신앙의 결단을 통하여 한 몸에 속한 지체이며 한 몸을 이룬다. 그러므로 백인종과 유색인종, 여자와 남자, 부유한 사람과 가난한 사람, 사회적 지위가 높은 사람과 낮은 사람, 높은 교육을 받은 사람과 받지 못한 사람, 장애인과 비장애인이 함께 만나고 사귐을 나누면서 교회 공동체를 형성하고 함께 이끌어 나가야 한다.

둘째, '그리스도의 몸'으로서의 교회는 오늘날 '형제자매들의 공동체' 혹은 '친구들의 공동체'라 불리며 교권주의적 교회관을 거부한다. 그것은 '계급 없는 사귐(die klassenlose Gemeinschaft)'(Kraus, 1983)을 의미한다. '형제자매들의 공동체', '친구들의 공동체'는 기독교가 신앙하는 하나님의 '사회적 삼위일체'에 그 뿌리를 가지고 있다. 성부, 성자, 성령은 분명히 세 신적 인격(Person)이지만, 사랑과의 가운데서 한 '몸' 곧 일체(一體)를 이룬다. 그들은 한 몸의 관계 속에서 서로 구분되지만 분리되지 않는다. 한 몸 안에 속한 지체들 사이에는 기능의 차이는 있으나 계급적, 신분적 차이는 인정되지 않는다. 그들은 모든 것을 함께 나누며, 모든 것을 함께 행한다. 아버지 하나님이 계신 곳에는 그의 아들과 성령이 함께 계시며, 아들이 계신 곳에는 그의 아버지와 성령이 함께 계시고, 성령이 계신 곳에는 아버지 하나님과 그의 아들이 함께 계신다. 이렇게 함께 있으면서, 그들은 각자의 주체성과 개체성을 가지며 사회성 안에 있다(김균진, 1990).

셋째, '그리스도의 몸'으로서의 교회는 그리스도의 '지상적 – 역사적 실존 형식'이다. 그리스도와 교회의 한 몸 됨은 성찬에 관한 그리스도의 말씀에 나타난다. 떡은 그리스도의 몸이요, 포도주는 그의 피다. 교회 공동체는 이 떡을 먹고 포도주를 마심으로써 "그리스도의 몸에 참여하며"(고전10:16) 그의 고난에 참여한다. 그리스도의 고난은 그의 고난이요, 그리스도의 부활의 승리와 기쁨은 그 자신의 승리와 기쁨이다. 이제 교회 공동체에 속한 모든 교인들의 몸은 그들 자신의 것이 아니라 그리스도의 몸에 속한 지체이다(고전6:15). "교회로서 실존하는 그리스도(Christus als Gemeinde existierend)"라는 본훼퍼의 명제(Bonhoeffer, 1969)와 "예수 그리스도는 교회이다(Jesus Christus ist Gemeinde)"라는 칼 바르트의 명제(Barth, 1964)는 '교회는 그리스도의 몸'이라는 교회관을 보다 더 철저히 서술하고 있다. 교회는 땅 위에 계신 그리스도의 실존 형식이다. 그러므로 교회는 그가 있는 곳에 정말 그리스도가 나타나도록 존재해야 한다는 당위성이 여기에 내포되어 있다.

넷째, 예수님은 사적 존재가 아니라 철저히 사회적 존재, 공적 존재로 나타난다. 그는 단순히 하나님을 선포하지 않고 '하나님의 나라'를 선포한다(막1:15). 뿐만 아니라 그가 선포하는 하나님의 나라를 자신의 삶과 존재를 통하여 앞당겨 일으킨다. 그는 '하나님 나라의 현실'이었으며(김균진, 1987), '하나님 나라 자체(Auto - basile - ia, Origenes)'였다. 교회가 이러한 '그리스도의 몸'이라면, 교회는 지상에 있는 하나님 나라의 현실 내지 실재라고 말할 수 있다. 이것은 현실의 교회 자체가 하나님의 나라라는 말이 아니라, 교회는 예수의 뒤를 따라 하나님 나라의 현실이 되어야 하고, 이 사회와 세계 안에 세워져야 할 하나님의 나라가 먼저 교회 안에 실존한다는 것을 보여주어야 할 당위성을 말한다.

다섯째, 바울이 말하는 그리스도의 몸의 '성장'은 내적인 성장과 외적인 성장을 말한다. 내적인 성장은 교회에 속한 그리스도인들이 그들의 머리 되신 그리스도와 그들 사이에 보다 더 깊은 사귐을 가질 때 일어난다. 또한 외적인 성장은 그리스도의 복음이 모든 곳에 선포되며 하나님과 적대관계에 있는 모든 피조물이 그리스도를 통하여 하나님과 화해됨으로써 일어난다. 그리스도의 몸된 교회의 성장은 단순히 양의 성장에 있는 것이 아니라, 세상의 빛과 소금으로서 그리스도의 주권을 모든 피조물 속에 세우는 데 있다.

이상으로 그리스도의 몸으로서의 교회에 대한 의미를 살펴보았다. 요약하면 결혼과정에서의 떠남은 '그리스도의 몸 체현을 위한 세포분열'이라고 표현할 수 있으며, 이때 그리스도의 몸을 체현한다는 의미는 그리스도 안에서 반드시 필요한 지체로서 서로 평등하며, 지상에 실존하는 그리스도의 교회요 하나님 나라의 실재로서, 그리스도와의 깊은 사귐 속에서 다른 모든 것들을 하나님 안에서 화해시키는 동역자가 되는 과정이라고 할 수 있다. 떠남은 이러한 그리스도의 몸을 이루기 위한 과정에서 필수적으로 요청되는 과정인 것이다.

이상으로 본 연구의 근거자료를 기반으로 결혼과정에서의 '떠남'에 대한 신학적 재성찰을 해 보았다. 이를 요약하면 다음과 같다. 첫째, 떠남은 모-자녀에게 1차 신학으로부터 3차 신학으로의 신학적 진보를 경험하게 한다. 이러한 과정을 설명하기 위해 역설의 신학을 언급하였다. 둘째, 떠남은 모-자녀를 그리스도 안에서 동역자 관계로 전환시켜 준다. 셋째, 떠남은 모-자녀에게 하나님의 사랑에 대한 재성찰 및 하나님의 창조사역에의 동참을 의미한다. 넷째, 떠남에 대한 새로운 은유로서 떠남은 '그리스도의 몸 체현을 위한 세포분열'임을 제안한다.

제2절 목회상담 전략

1. 목회적 돌봄의 필요성

본 절에서는 근거자료와 함께 떠남에 대한 신학적 재성찰 결과를 기초로 목회상담 전략에 대해 논의하고자 한다. 목회적 돌봄이 우리의 일상생활과 연관되어 있어야 한다는 점에서 볼 때, 가족생활 주기에 있어서 전환기라고 할 수 있는 결혼과정에 있어서의 적절한 개입은 실질적인 의미가 있다고 할 수 있다. 왜냐하면 자녀가 어머니를 잘 떠나지 못하는 것이나 어머니가 자녀를 잘 떠나보내지 못하는 것은 자녀의 결혼생활에 갈등을 유발할 수 있는 주요 요인이 될 수 있기 때문이다. 자녀가 떠날 준비가 되지 않았는데 부모가 떠나보내려 한다거나 반대로 부모는 떠나보낼 준비가 되지 않았는데 자녀는 떠나려 할 때 그 가족은 변화에 대한 부적응이 일어날 수 있으며 이에 대한 적절한 돌봄으로서의 목회상담적 개입이 필요하다고 생각한다. 이는 또한 교회가 떠남과 떠나보냄의 문제를 개인이나 가족의 문제나 책임으로 국한시키지 않고 Browning(1980)이 말하는 공적인 역할에 적극적으로 참여하는 것이라고 할 수 있을 것이며, 신학적 재성찰의 결과를 실천하는 신학하기의 작업이라고 할 수 있을 것이다.

유영권(1996)은 사람이 살아감에 따라 지금까지 소유했고 이용했던 삶의 체계방식이 더 이상 새 상황에 적용되지 않을 때 공동체의 도움과 안전한 환경이 주어지게 되면 새 경험들을 맞을 때 그 새 경험들을 왜곡하지 않고 재조정하게 됨으로써 새 의미구조가 생겨나게 되고 이해의 폭이 넓어진다고 하면서, 목회상담은 개인의 이야기의 해석과 함께 신학적인 차원의 의미를 제시해 주어야 한다고 하였다.

결혼과정은 어머니와 자녀의 관계를 재정립하는 시기일 뿐만 아니라 하나님에 대한 인식의 재정립 시기이기도 하므로 결혼과정을 겪고 있는 자녀와 어머니에게 목회적 돌봄을 제공하는 것은 적절하고도 필요한 일이라고 생각된다. 특히 교회는 어머니와 자녀가 함께 정기적으로 출석하여 상담에 참여하기에 적절한 공간이라고 할 수 있으므로 목회상담적 개입을 통하여 결혼이라는 전환기적 변화에 적절히 대비함으로써 떠남과 떠나보냄이 효과적으로 이루어질 수 있도록 도와야 할 것이다.

그동안 결혼을 앞둔 사람들을 위해 결혼준비나 예비부부를 위한 프로그램들(김난희, 1999; 김형주, 1990; 박미경, 1997; 송재명, 2000; 윤현숙, 2000; 조성미, 2002)은 제시된 바 있었으나 자녀의 결혼을 앞둔 어머니를 위한 프로그램이나 그 둘을 대상으로 하는 프로그램은 찾아볼 수가 없었다. 그러나 본 연구의 결과, 결혼과정 속에서 자녀보다도 어머니가 상실감이나 허무감과 더불어 분리불안을 더 느끼고 있는 것으로 나타났으므로, 결혼과정에 있는 자녀뿐만 아니라 어머니에 대한 목회상담적 돌봄이 필요하다고 여겨진다. 어머니들이 자녀의 결혼을 통하여 느끼는 상실감은 중년기 위기와도 연결될 수 있기 때문이다.

중년기의 위기와 관련하여 박현숙(2002)은 중년기는 폐경, 호르몬의 변화, 탈모 등으로 신체적 증상을 경험하고, 자녀들의 학업, 진로, 결혼문제 등으로 인한 자녀와의 갈등, 배우자와 노부모와의 갈등, 경제적 여건의 변화 등에 적응해야 하는 시기라고 하였고, Viorst(1986)는 상실감의 불안과 위협이 중년기 위기의 근원을 이룬다고 하면서 중년기는 연로한 부모와의 사별, 장성한 자녀들과의 이별 등 그동안의 인간관계의 끈이 상실되는 시기이며, 동시에 직장에서 자신의 현실적 한계를 구체적으로 체험하게 됨으로써 꿈의 끈이 상실되는 경험을 하게 되는 분노와 우울감의 시기라고 하였다. 또한 Neugarten(1968)은 중년기는 자신에 대한 새로운 정체성의 탐구, 시간에 대한 새로운 인식, 죽음에 대한 심각한 깨달음의 시기로 특징지어지는 삶의 전환기라고 하였다.

이처럼 중년기에 맞게 되는 다양한 위기들 혹은 변화들 가운데서 자녀의 결혼은 중요한 사건임에 틀림이 없으며 결혼과정 속에서 자녀를 어떻게 떠나보내는지가 이후의 어머니의 중년기 삶에 영향을 미치게 될 것임을 알 수 있다.

한편 자녀에게 있어서도 결혼과정은 하나의 발달단계이며 성숙으로의 과정이자 또 한편으로는 위기가 될 수 있다고 본다. Mahler(1975)는 분리 – 개별화 이론에서, 화해기의 유아는 이동을 하는 것에 대해 어머니와의 공생적 결합으로부터 심리적으로 분리되는 것임을 불안하게 자각하게 되고 어머니와 자신의 바람이 항상 일치하지는 않는다는 것을 인식하게 되어 연습기에 누렸던 전능감에 도전을 받고 양가감정을 느끼게 된다고 하였다. 한편으로는 어머니와 분리되어 위대한 존재가 되고 싶은 욕구를 갖게 되고 또 다른 한편으로는 어머니에게 의존하여 어머니가 자신의 소망을 마술적으로 실현해 주기를 바라는 욕구를 갖게 되는데, 이러한 욕구 사이의 갈등으로 인해 유아는 화해 위기(rapprochement crisis)에 처하게 된다고 하였다. 결혼과정은 이러한 화해 위기의 특성을 보여준다고 할 수 있는데, 근거자료에 의하면 결혼과정을 경험하고 있는 자녀는 어머니로부터 심리적으로 분리되어 '나만의 가족에 대한 애착'이 각별해지는 반면, 대개 경제적 문제나 자녀양육 문제 등에 대하여는 어머니에게 의존적인 모습을 보여주었다. 이는 박영신과 김의철(2004)이 한국의 부모 – 자녀 관계에 관한 연구를 통해 자녀들은 어머니에게 고마움을 느끼는 동시에 여전히 희생적인 어머니를 기대하고 있음을 밝힌 것과도 일치한다 하겠다.

그러므로 자녀의 결혼과정은 자녀 자신뿐만 아니라 중년기의 어머니에게 있어서도 큰 변화를 가져오는 인생의 전환기라 할 수 있다. 즉 어머니에게 있어서는 손자들에게 할머니 소리를 듣게 되는 조부모기로의 진입단계가 되고, 자녀에게 있어서는 어머니로부터 물리적, 경제적 거리감을 체험하면서 실질적으로 분리되는 시기가 되기 때문이다. 또한 결혼과정을 통해 떠남과 떠나보냄이 잘 이루어지게 되면, 어머니와 자녀는 모 – 자녀 관계에 대한 재성찰을 하게 될 뿐만 아니라 신학적인 진보를 경험하고, 그리스도 안에서의 동역자 관계로 전환되며, 하나님의 사랑에 대한 재성찰 및 하나님의 창조사역에 동참하게 될 것이다. 반면 떠남과 떠나보냄이 잘 이루어지지 않으면 이러한 변화에 대한 부적응이 일어나게 될 것이므로, 떠남과 떠나보냄이 잘 이루어질 수 있도록 목회상담 전략을 수립하는 것이 의미 있다 할 것이다.

2. '그리스도의 몸 체현을 위한 세포분열'을 위한 모 – 자녀 관계 프로그램 제안

필자는 결혼과정을 경험하는 자녀와 어머니를 위한 프로그램을 교회에서 실시할 것을 제안하는 바이다. 그 이유는 교회는 자녀와 어머니가 함께 만날 수 있는 최적의 장소이며 인생의 전환기적 변화에 대한 준비를 교회에서 한다는 것 자체가 상징적 의미를 부여해 줄 수 있다고 생각하기 때문이다. 또한 Browning(1980)이 말하는 공적인 역할에 교회가 참여하는 한 가지 방법이라고 할 수 있기 때문이다. 직장생활로 시간 내기가 어려운 자녀나 어머니의 경우에는 주일 예배 후 시간을 활용하여 프로그램을 진행할 수도 있으며 그렇지 않은 경우에는 적절한 시간을 활용하면 될 것이다. 여기에서 결혼과정에 있는 자녀와 어머니라 함은 결혼을 준비하고 있거나 결혼을 하고 나서 신혼기를 보내는 자녀와 그들의 어머니를 포함하게 된다. 본 연구의 결과에서 보듯이 결혼과정은 결혼식을 중심으로 하여 확장적 의미를 가지며 또한 그 변화가 과정적으로 일어나기 때문이다. 그리고 결혼과정에 있는 자녀와 어머니는 결혼 준비로 인해 바쁜 경우를 종종 보아왔기 때문에 본격적인 결혼준비가 시작되기 전에 실시하면 더 효과적이리라 생각한다. 물론 이미 결혼을 한 모-자녀에게도 본 프로그램에의 참여가 효과적일 것으로 여겨지지만 결혼을 하기 전의 모-자녀들이 참여하면 더 유용할 것이다. 연구 참여자들 중 어떤 사례들은 어머니가 주도적으로 모든 결혼준비를 다 했다고 응답한 경우도 있었는데, 그러한 경우는 자녀와 어머니와의 경직된 경계로 인해 아무런 대화 없이 결혼준비가 진행된 경우였음을 알 수 있었다. 그러한 상황 속에서 결혼준비 과정이 진행되기 전에 어머니와 자녀가 그동안 서로에게 닫아두었던 마음의 문을 여는 의미로도 이러한 프로그램 참여가 그들의 관계 회복의 계기로 활용될 수 있을 것이고, 결혼이라는 중대사를 준비하는 데 있어서 자녀와 어머니가 함께함으로써 그 자체가 그들 관계의 화해 및 성장과 동역자로의 전환을 의미하는 의식(ritual)이 될 수 있다고 생각하기 때문이다.

그동안의 프로그램들은 결혼을 앞둔 예비부부의 분화에 중점을 두었는데, 필자는 통합 패러다임모델에 나타난 것과 같이 자녀들이 느끼는 두려움, 새로운 역할을 감당할 수 있을지에 대한 불안, 책임감으로 인한 부담감, 어머니와의 관계에 대한 자책감과 어머니들이 느끼는 상실감, 허무감, 미래에 대한 불안과 자녀에 대한 염려를 덜어주면서도 모 – 자녀 관계가 권력의 균형을 이루어 동역자로 전환될 수 있도록 하고, 하나님의 사랑에 대한 재성찰과 함께 하나님의 창조사역에 동참할 수 있도록 하며, 그들이 신학적 진보를 인식하는 데 도움을 줄 수 있는 총체적이고 전반적인 프로그램이 마련되어야 한다고 생각한다. 왜냐하면 결혼과정은 모 – 자녀 관계에 있어서, 심리학적 주제인 분리(separation)뿐만 아니라 신학적 주제인 떠남(leaving)의 과업을 이루어야 하는 과정이기 때문이다.

필자는 프로그램을 구성하는 데 있어서 포함되어야만 하는 요소들을 본 연구의 근거자료 및 연구결과와 일치시켜 제안하고자 한다. 근거자료에서 중재조건은 결혼과정의 현상에 대한 작용/상호작용 전략을 촉진하기도 하고 억제하기도 하는 요인이 되었다. 그러므로 본 연구에서는 현상과 중재조건에 대한 적절한 개입을 통해 효과적인 프로그램을 구성하기 위한 제안을 하기 위해 상황 모형에서 맨 왼쪽 부분(통합 패러다임 모형에서의 현상 부분)과 화살표 모양의 가운데 부분(통합 패러다임 모형에서의 중재조건 부분)과 연관하여 효과적인 목회상담 전략을 찾아보고자 한다.

먼저 통합 패러다임 모형에서 현상에 속하는 범주로는 '상황적 변화', '정서적 변화', '경제적 문제', '물리적 분리' 등이 있었고, 중재조건에 속하는 범주로는 '하나님 인식', '배우자 및 사위/며느리의 신앙상태', '응집된 관계의 경험', '변화인식 부재', '(부모/시부모의)통제', '자녀에 다른 차이(서열별/성별)', '자녀의 투쟁', '(어머니의)경쟁심' 등이 있었다. 이에 해당되는 부분을 상황 모형에서 음영으로 표시하면 <그림 18>과 같다.

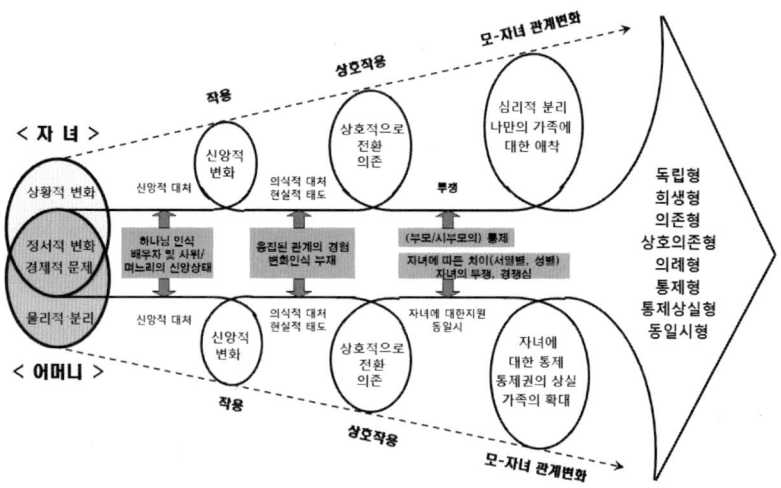

〈그림 18〉 목회상담 전략개발을 위한 상황 모형의 활용

이러한 범주들을 연관성 있는 것끼리 묶어서 범주들과 관련된 소집단 프로그램의 구성요소들을 제안해 본다면 <표 21>과 같다.

〈표 21〉 소집단 프로그램 구성요소

통합 패러다임 모형에서의 현상 및 중재조건	소집단 프로그램 구성요소
상황적 변화, 변화인식 부재	1) 변화는 하나님의 창조사역이라는 것을 인식하고 수용하기
정서적 변화	2) 상실에 대한 애도과정 거치기
경제적 문제	3) 현실적, 경제적 문제해결을 위해 정보를 탐색하고 실천을 시도하기
응집된 관계의 경험, 자녀의 투쟁, (어머니의)경쟁심	4) 용서하고 화해하기
하나님 인식	5) 하나님의 사랑에 대해 재성찰하기
(부모/시부모의)통제, 배우자 및 사위/며느리의 신앙상태	6) 자녀를 그리스도 안에서의 동역자로 파송하기

이러한 6가지 구성요소들로 프로그램을 구성한다면 프로그램의 실시 기간은 오리엔테이션을 위한 첫 회기와 각 구성요소별 회기들을 합하여 7회기 정도가 적합할 것으로 생각되며, 한 회기당 2시간 정도를 제안하는 바이다. 결혼과정에 진입하는 자녀와 어머니들은 결혼준비에 필요한 여러 가지 다양한 것들을 준비하느라 심적으로 그리고 시간적으로 바쁜 일정을 보내고 있었다. 따라서 기간이 길어질 경우 부담을 느끼거나 중도 탈락할 우려가 있다고 여겨진다. 한 주에 한 번 진행할 수도 있으며, 토요일과 주일 예배를 드린 이후 시간을 이용하여 집중적으로 진행할 수도 있을 것이다. 정보의 교환이나 의식(ritual) 등의 프로그램 내용상 소집단으로 진행하는 것이 효과적이라 생각한다. 다만 소집단으로 진행할 때에는 최대 6쌍을 넘지 않도록 한다. 김난희(1999)는 결혼예비교육을 위해 대단위로 진행되는 강의식 프로그램 5가지의 효과성을 평가해 본 결과 아무런 태도변화가 일어나지 않았다고 보고하면서 대단위 강의식 프로그램은 효과적인 돌봄이 아니라고 하였다. 필자도 원활하고 효과적인 집단 프로그램의 운영을 위해 소집단 형태를 제안한다.

프로그램의 전체 목표는 신학적 재성찰과 실천을 통한 모-자녀 관계의 회복 및 성장이라고 할 수 있다. 결혼과정에서의 떠남에 대한 본 연구의 신학적 재성찰 결과인 신학적 진보의 경험, 동역자 관계로의 전환, 하나님의 사랑에 관한 재성찰 및 창조사역에의 동참은 하위목표로 잡고자 한다. 이러한 목표를 실행하기 위한 전략은 위의 6가지 구성요소가 될 것이다.

6가지 전략에 따른 구체적인 내용은 다음과 같다.

1) 변화는 하나님의 창조사역이라는 것을 인식하고 수용하기

상황 모형의 맨 왼쪽 음영부분(통합 패러다임 모형의 현상)에는 자녀의 경우 생활의 변화와 환경의 변화가 함께 어우러져 총체적인 '상황적 변화'를 경험하게 되는 것으로 나타났다. 어머니로부터 물리적으로 떨어져 산다는 것 자체가 그동안 경험하지 못했던 새로운 변화였다. 결혼을 한 자녀는 이미 그러한 변화를 겪고 있을 뿐만 아니라 결혼을 준비 중인 자녀의 경우에도 곧 다가올 미래에 대해 설렘과 함께 두려움을 느끼고 있었다. 그럼에도 불구하고 상황 모형의 화살표모양의 음영부분(통합 패러다임 모형의 중재조건)에 '변화인식 부재'라는 범주가 나타났다는 것은 떠남으로 인한 두려움이나 떠나보냄으로 인한 섭섭한 감정 혹은 변화를 인정하거나 수용하고 싶지 않기 때문에 변화에 대한 인식을 회피한 것으로 볼 수 있다.

따라서 자녀가 결혼과정이 자신의 삶에 총체적인 변화를 가져왔음을 인정하면서도 한편으로는 변화를 느끼지 못한다고 표현하는 양가감정을 있는 그대로 표현하고 인정할 수 있도록 해야 할 것이다. 왜냐하면 변화를 인식하고 인정해야만 변화로 인해 생긴 다양성을 받아들일 수 있게 되기 때문이다.

과정신학에 의하면 하나님은 이 세상의 모든 것과 관계 맺으면서 끊임없이 자기를 변화시켜 나가는 존재이다. 그러므로 삶의 변화에의 반응과 참여는 하나님의 창조사역에의 동참임을 알도록 돕는 것이 필요하다. 상황의 총체적 변화를 불안하게 여기기보다는 축복받은 다양성으로 느낄 수 있도록 또는 변화에 따르는 혼돈을 견딜 수 있는 능력을 배양할 수 있도록 하는 것이 필요하며, 변화에 대한 창조적 의미와 성경적 의미에 대한 교육이 필요할 것이다. 그리하여 변화에는 모험과 상실, 기쁨과 고통이 동반된다는 점을 인식할 수 있도록 한다.

또한 Erikson(1963)이 제시한 심리사회적 발달단계의 8가지 단계에 각 단계마다의 갈등이 있다는 것은 변화에 따르는 적응과 부적응의 모습을 드러내주는 것으로 볼 수 있다. 따라서 변화에 따르는 인간의 양가적 감정과 인간 실존의 역설을 이해할 수 있도록 모-자녀를 도와줌으로써 그들이 변화를 인식하고 수용할 수 있도록 하며, 변화에 따른 가족 경계의 재구조화도 수용의 한 방법임을 알려준다. 변화를 수용하되 적극적인 방법으로 수용할 수 있도록, 즉 변화에 떠밀리는 것이 아니라 적극적으로 변화를 수용하고 선택할 수 있도록 변화를 격려해 주는 것이 필요하다. 그리고 결혼을 통해 새로운 가정을 만드는 것은 하나님의 창조사역에의 동참임을 깨달을 수 있도록 한다.

이를 위한 구체적 프로그램으로서는 다음과 같은 방법들을 시도해 볼 수 있을 것이다. 먼저 결혼과정을 경험하는 모-자녀는 변화를 인식할 수도 있고 인식하지 않으려 할 수도 있다. 따라서 목회상담자는 프로그램에 참여한 자녀들과 어머니들이 변화를 구체적으로 탐색할 수 있도록 해야 할 것이다. 이를 위한 구체적 방법으로서, 목회상담자가 결혼과정에서 일어날 수 있는 총체적인 변화에 대한 내용을 목록으로 작성하여 모-자녀에게 배부하고 해당되는 사항에 체크함으로써 이야기를 풀어 나갈 수도 있다. 목록에는 그들이 경험할 수 있는 다양한 생활적 변화와 환경적 변화를 망라하여 자신들의 현재 위치가 인생에 있어서의 중요한 전환점이라는 사실을 인식하게 하고 프로그램 참여에 대한 기대를 갖게 한다.

자신들이 목록에 체크한 변화에 대한 생각과 느낌을 나누고 특별히 어려운 점이 있으면 자세하게 나눌 수 있도록 조절한다. 또한 그러한 변화에 대해 그동안 어떻게 대처해 왔는지를 간단히 적은 후 함께 나눈다.

또한 Erikson(1963)이 제시한 심리사회적 발달단계에 대해 소개해 준 후 현재의 자신과 비교해 보게 한 후 현재 단계에서의 갈등이 무엇인지를 함께 나눈다. 소집단으로 진행하게 되면 변화에 대한 이러한 갈등이 자기 혼자만의 것이 아니라 여러 사람이 같은 갈등을 겪고 있다는 사실로 인해 지지를 받게 될 것이다.

그리고 인간 삶에 대한 역설과 변화는 하나님의 창조사역임을 발견할 수 있는 성경말씀을 함께 찾아보며 소개하고 그에 대한 느낌과 자신의 삶에 적용하는 방안에 대해 함께 나누는 시간을 갖는다.

2) 상실에 대한 애도과정 거치기

결혼과정을 앞두고 있는 자녀와 어머니는 다양한 정서가 혼재되어 있다. 상황 모형의 맨 왼쪽 음영부분(통합 패러다임 모형의 현상)에는 모 – 자녀 모두에게 '정서적 변화'로서 긍정적 정서(정서적 만족)와 더불어 부정적 정서가 나타났다. 자녀는 자신이 사랑하는 배우자와 새로운 삶을 시작한다는 설렘과 기쁨뿐만 아니라 그동안 어머니의 보호 아래 지내온 것과는 달리 이제 어머니로부터 실제적인 분리의 단계에 들어간다는 두려움, 자신이 이끌어 가는 새로운 가정에 대한 책임감 등도 갖게 된다. 한편 어머니는 자녀에게 짝을 지어 주어야 한다는 부모로서의 책임을 다하게 되었다는 안도감과 더불어 자녀를 떠나보낸다는 상실감과 허전함을 느끼게 된다. 자녀와 어머니의 정서적 변화를 비교해 보면 어머니의 경우가 더 많은 정서적 변화를 느끼고 있었으며 특히 상실감을 많이 느끼고 있었다. 자녀 역시 어머니를 떠나면서 상실감을 느끼게 되는데, 함께 지냈던 가족이라든가 익숙한 자기 집이나 자신의 방 등과 같은 환경, 그리고 가족 안에서의 자신의 역할 등에 대한 상실감을 갖게 될 수 있다. 어머니의 경우는 자녀를 떠나보냄으로써 자신의 품 안에 있던 자녀를 보내는 것에 대한 상실감과 그로 인해 '빈둥지증후군'을 경험하게 될 수도 있고, 또한 그동안은 자녀에게 있어서 첫 번째였던 자신의 존재감이 사위나 며느리에 의해 밀려나게 될지도 모른다는 불안감을 느끼게 될 것이다. 근거자료에서 나타난 바와 같이 결혼과정으로 인해 느끼는 분리불안과 상실감은 자녀보다 어머니의 경우가 더욱 크다는 사실을 알 수 있다.

그러므로 모든 변화에는 상실이 포함되기 마련이며 따라서 모든 변화에는 상실에 대한 애도과정이 필요함을 알려준다. 더욱이 결혼과정은 인생의 커다란 전환기 중 하나이므로 혼돈과 변화가 수반될 수 있으며 그에 따른 애도를 견딜 수 있어야 함을 이야기한다. 또한 목회상담자는 상실감에 대한 애도감정을 표현하는 것이 잘못된 일이 아니라는 것을 알려줄 필요가 있다.

잘 떠나고 잘 떠나보낸다는 것은 자녀와 어머니 두 사람 관계의 단절이 아니라 언제든 다시 돌아올 수 있는 가능성에 대해 열려 있도록 하는 요인이 된다는 것을 알린다. 또한 모-자녀의 관계는 연합성과 독립성이 공존하는 역설적인 관계임을 알게 한다. 떠남과 떠나보냄으로 인한 상실감을 서로에게 표현하고 그에 대한 지지를 받아야 변화에 적응하기가 쉬워진다. 또한 애도과정을 거쳐야 자신의 에너지를 미래에 집중적으로 쏟아 넣을 수 있다.

모-자녀로 하여금 상실에 대한 애도과정을 거치게 하기 위해 위에서 제시한 바를 실제로 적용하기 위한 구체적 프로그램으로서는, 참여자들 스스로 결혼과 관련된 감정에 대한 문장을 완성하여 서로의 감정을 나눌 수도 있을 것이며, 목회상담자가 다양한 형용사들이 적혀 있는 감정 목록을 준비하여 자신이 느끼고 있는 감정에 체크하게 한 후 함께 나눌 수도 있다. 또한 모-자녀의 추억이 담겨 있는 사진이나 편지, 카드 등을 가져오게 하여 그에 대한 이야기와 느낌들을 충분히 나누게 할 수도 있다.

이처럼 결혼과정을 겪고 있는 자녀와 어머니의 긍정적, 부정적 정서를 언어로 표현하여 자신의 감정뿐만 아니라 서로의 마음을 알고 수용해 주는 시간이 필요하다. 상실감과 같은 부정적 정서에 대해서는 그러한 감정을 충분히 나눈 후에 재명명(reframing) 등을 통해 긍정적인 시각으로 미래를 바라볼 수 있도록 한다.

3) 현실적, 경제적 문제해결을 위해 정보를 탐색하고 실천을 시도하기

상황 모형의 맨 왼쪽 음영부분(통합 패러다임 모형의 현상)에는 '경제적 문제'가 시급하고도 절실한 문제로 나타났다. 자녀들이 직장생활을 하여 어느 정도 저축을 하였다고 하더라도 터무니없이 높은 한국의 집값 때문에 자신의 힘으로는 결혼 후 살게 될 집을 마련하기가 매우 어려운 것이 현실이다. 또한 한국적 정서에 따르면 부모가 자녀의 집을 마련하는 데 도움을 주는 것이 보편적인 현상이어서 자녀의 결혼을 앞둔 어머니들은 경제적 문제를 매우 절실하게 느끼고 있었으며 특히 아들을 가진 어머니는 집을 마련해야 한다는 부담감이 매우 높았다. 또한 어머니들은 자녀들이 결혼을 한 후에 현실적 문제들을 잘 처리해 나갈 수 있을지에 대해 염려하는 경우가 많았다.

따라서 프로그램에는 결혼과정 및 그 이후의 삶에 대한 현실적 준비 및 계획이 포함되기를 제안한다. 자녀나 어머니 모두 현재의 실제적 진행과 미래에 대한 청사진이 그려진다면 미래에 대한 막연한 불안이나 염려로 인한 어머니의 개입이나 통제가 완화될 수 있으며, 자녀 역시 어머니에게 의지하는 정도를 완화시킬 수 있기 때문이다.

구체적으로는 주택 문제에 대해서 구체적인 장·단기 계획을 세우는 것이 도움이 되리라 본다. 각종 금융정보 및 내집 마련에 관한 정보 등을 수집하는 것을 과제로 부여하여 프로그램을 통해 함께 나누도록 한다. 소집단으로 진행될 때에는 집단원들과 함께 서로 정보를 교환할 수도 있을 것이다. 유익한 정보를 얻게 되면 실천에 옮길 수 있도록 격려한다.

또한 자녀들이 빨래하기나 청소하기, 반찬 만들기 등의 집안일을 해 보지 않은 경우들도 많기 때문에 이러한 부분에서도 하나씩 과제로 내주고 어머니로부터 차근차근 배우는 기회를 갖는 것도 좋을 것이다.

이처럼 현실적인 문제들과 경제적인 문제들에 대한 해결을 위해 정보를 탐색하고 함께 나누며, 유용한 해결방법을 발견하면 즉시 실천에 옮김으로써 떠남과 떠나보냄으로 인해 갖게 되는 모−자녀의 불안을 완화시키는 데 도움을 줄 수 있다.

4) 용서하고 화해하기

상황 모형의 화살표모양의 음영부분(통합 패러다임 모형의 중재조건)에는 '응집된 관계의 경험', '자녀의 투쟁', '(어머니의)경쟁심'이라는 범주가 나타났다. 이를 유발하는 인과적 조건으로는 '모-자녀 간 원망 및 갈등'이라는 범주가 있다.

결혼과정에서 자녀가 투쟁을 하는 경우는 결혼에 반대하는 부모에 대한 투쟁이므로 부모로부터 떠나기 위한 격렬한 투쟁의 모습을 보인다. 투쟁을 통해 결혼에 대한 자신의 의지를 관철한 자녀들의 경우는 어머니가 통제하는 분위기 속에서 어머니의 권력에 대한 반발심을 가지고 성장한 경우임을 알 수 있었다. 결혼과정에서의 투쟁은 어머니로부터의 떠남에 대한 선언인 셈이었다. 그러나 이러한 투쟁과정을 거쳐 떠난 자녀는 결혼 후 어머니와 원활한 대화를 할 수 없게 되고 감정적으로도 단절된 상태가 된다(사례 4). 그러나 잘 떠난다는 것은 필요할 때면 언제든 돌아갈 수 있다는 안정된 마음을 가지고 떠나는 관계가 될 때라고 말할 수 있다. 다시 돌아갈 수 없는 상태로 떠나는 것은 건강한 떠남이 아니다. 어머니가 언제든 자신을 받아줄 것이라는 믿음을 가질 수 있는 것이 중요하다.

따라서 프로그램에서는 성서 속의 탕자의 비유를 통해 용서와 화해의 의미를 알고 어머니와 자녀 사이에 이러한 용서와 화해를 경험할 수 있도록 한다. Anderson과 Mitchell(1993)은 탕자가 아버지에게 다시 돌아갈 수 있었던 것은 돌아가면 아버지가 자신을 다른 종들처럼 대해 줄 것이라는 믿음이 있었기 때문이라고 하였다. 그러므로 투쟁을 하면서 떠난 자녀가 다시 돌아올 수 있기 위해서는 화해가 필요하다. 그렇지 않으면 정서적 단절이 일어나 다시 돌아오기가 힘들고 배우자에게 과도하게 밀착되어 그로 인한 부부 갈등이 유발되고 또다시 배우자와의 정서적 단절을 경험하게 될 수도 있게 된다. Anderson과 Mitchell(1993)은 떠날 때 잘 떠난다면 다시 돌아올 때에는 떠날 때와 똑같은 모습으로 오는 것이 아니라 변화되고 성숙한 모습으로 돌아올 수 있다고 하였다.

또한 결혼과정에서의 격렬한 투쟁은 없었다고 하더라도 '모 - 자녀 간 원망 및 갈등'이라는 범주가 인과적 조건에서 나타났듯이 어머니와 자녀 사이에 그동안 섭섭했던 것들과 미안했던 것들을 서로 털어놓고 용서하고 화해하는 과정이 필요하다. 연구 참여자들은 어머니나 자녀가 서로에게 더 잘해 주지 못했던 것에 대한 자책감을 느끼는 경우가 많았다. 서로에 대한 원망과 갈등은 경계나 권력에 의해 발생하는 경우가 많았고 또한 경계나 권력은 모 - 자녀 관계변화를 유형화하는 데 기준이 되는 범주였으므로, 어머니와 자녀가 가족 안에서의 경계와 권력이 어떤 상황인지를 인식하기 위해 가계도를 그리고 그 안에서 관계를 표시하고 갈등 상황을 간략히 적은 후 함께 나누는 시간도 유용할 것이다. 이를 통해 경계와 갈등을 눈으로 확인하여 인식하는 것이 효과적인 떠남과 떠나보냄을 가능하게 할 수 있는 하나의 방법이 될 수 있다. 또한 어머니와 자녀 간에 관계를 어떻게 인식하고 있는지에 대한 공통점과 차이점도 알 수 있을 것이다.

'(어머니의)경쟁심' 역시 모 - 자녀 간 갈등을 유발하는 요인일 뿐만 아니라 특히 결혼 후 며느리와의 관계나 사위와의 관계 혹은 사돈과의 관계 속에서 갈등을 유발시킬 가능성이 많은 요인이다. 이러한 요인들로 인해 유발된 모 - 자녀 간의 원망이나 갈등을 용서와 화해로 풀어야 할 것이다. 예수님은 일흔 번씩 일곱 번이라도 용서하라고 하셨다(마18:21 - 22). 어머니와 자녀가 손을 잡고 그동안 쌓였던 원망과 갈등을 고백하는 시간을 갖는다. 이때 한 사람이 얘기하는 동안 다른 사람은 경청해야 한다. 사실에 대한 변명이나 교육하려는 태도를 보이지 않도록 유의해야 하며, 이야기가 끝난 후 서로에게 공감하며 안아주도록 인도한다.

이러한 고백을 통해 서로의 마음을 표현한 후 세족식을 거행한다. 목회상담자는 프로그램 안에서의 이러한 모든 과정들이 '응집된 관계의 경험'이 될 수 있도록 분위기를 형성한다. 프로그램 진행 중의 크고 작은 모든 성취와 진보를 축하하고 목회상담자뿐만 아니라 프로그램에 참여하는 어머니와 자녀들이 서로에게 공감함으로써 응집된 관계를 경험하도록 유도한다.

또한 연구 참여자들 중에는, 자녀는 어머니의 간섭과 통제에 심한 스트레스를 느끼며 대화를 단절하였음에도 불구하고, 그의 어머니는 자신은 자녀에게 최선을 다한 좋은 엄마라고 생각하는 사례도 있었다. 그러므로 어떤 어머니가 좋은 어머니인지에 대한 교육이 필요하다고 생각된다. 이는 현재의 어머니에게도 자녀와의 관계 향상을 위해 필요할 뿐만 아니라 자녀 역시 결혼하여 아이를 양육하게 될 것이기 때문에 자녀들에게도 유익한 시간이 될 것이다.

반면에 희생적인 어머니에게는 자녀가 어머니에 대한 감사를 표현하여 어머니의 노고에 대한 인정을 하는 것도 필요하다고 본다. 자녀가 어머니에 대해 감사하는 마음을 가지고 있다고 하더라도 쑥스러워서 표현하지 못하는 경우가 매우 많기 때문이다. 서로에 대한 감정의 표현을 통해 갈등의 수용과 해소를 돕고 또한 서로에게 고마웠던 일에 대해서는 감사를 표현하도록 함으로써 용서와 화해의 경험을 하도록 한다. 편지를 써서 자신의 마음을 표현하는 것도 한 가지 방법이 될 수 있을 것이다. 갈등의 해소가 한 번에 되는 것은 아니겠지만 일단 시도를 해 본다는 것 자체가 변화의 시작이며, 이후에도 갈등이 생길 경우에는 그것을 해결하는 데 있어서 하나의 의사소통 모델로서의 경험이 될 수 있을 것이다.

근거자료를 살펴보면 용서와 화해가 이루어지지 않았을 때 자녀는 어머니로부터 떠나기 위해 배우자를 이용하기도 하였다. 어머니에 대한 자신의 마음을 솔직하게 표현하지 못하기 때문에 어떤 경우는 배우자의 종교가 다르다는 이유로, 또 어떤 경우는 배우자가 어머니가 다니는 교회를 싫어한다는 이유로 어머니와 같은 교회에 출석하지 않게 되었다. 만일 자녀가 결혼과정을 통해 어머니로부터 떠나고자 마음먹는다면 일부러 종교가 다른 사람을 배우자로 선택할 가능성도 있다고 보인다. 이러한 역기능적 상호작용을 줄이기 위해서도 용서와 화해를 위한 프로그램이 포함되어야 한다고 하겠다.

5) 하나님의 사랑에 대해 재성찰하기

결혼과정을 통해 어머니와 자녀 사이에는 모 - 자녀 관계에 대한 재구성뿐만 아니라 하나님과의 관계에 대한 재성찰이 일어나며 신학적 재구성 작업이 일어나게 되어 1차 신학으로부터 3차 신학으로의 신학적 진보가 일어난다는 것을 본 연구의 결과로 알 수 있었다.

그러므로 소집단 활동은 자녀의 신학과 어머니의 신학이 만나는 신학적 만남의 현장이 되어야 한다. 뿐만 아니라 이들의 소집단 활동을 이끄는 목회상담자의 신학과도 함께 만나는 지점이 되어야 한다. 목회상담자는 자신이 목회상담자로 신학적 실천을 하게 되기까지의 성찰과 고민을 경험한 사람들이라고 할 수 있다. 그러므로 목회상담자는 어머니들과 자녀들에게 신학적 성찰의 자리를 제공할 수 있는 사람들이며 그러한 목회적 돌봄을 그들에 대한 공감과 경청, 진솔성 등을 바탕으로 제공할 수 있는 사람들인 것이다. 어머니와 자녀는 지금까지 기독교인으로서 교회에서 혹은 각자의 삶의 자리에서 나름대로 자신들의 신학적 실천을 해 왔다. 자녀와 어머니, 그리고 목회상담자의 신학이 함께 만나고 하나님에 대한 성찰과 더불어 변화의 주체인 하나님에 대한 공유 경험을 갖게 된다면 그 자리가 바로 Browning(1991)이 말한바, '실천 - 이론의 재성찰 - 실천'의 목회상담 원리가 실현되는 자리가 될 수 있을 것이며, 실천에 대한 성찰을 통하여 그들이 다시 각자의 삶의 자리에서 실천할 수 있는 기반을 제공해 줄 것이다.

요나의 기적과 부활의 현실 속에서 살아가는 것이 우리의 삶이며, 가장 큰 역설인 그리스도의 십자가 사건은 우리가 살기 위해서는 죽어야만 한다는 역설을 보여준다(Palmer, 1980). 하나님은 아담과 하와에게 에덴동산을 다스려 지키게 하시되 선악과를 통해 한계를 두셨으며(창2:15 - 17), 아담과 하와를 에덴동산에서 쫓아내시면서도 가죽옷을 지어 입히셨다(창3:21). 그러므로 참여자들에게 실존의 역설 안에서 우리의 삶을 인도하시는 하나님의 사랑을 깨달을 수 있었던 사건이나 경험을 나누도록 한다. 고난이나 환란도 그것이 우리를 위한 연단이며 그러한 고난으로 인해 '나의' 하나님을 인식하며 고백할 수 있는 영적 성장의 기회가 됨을 깨닫게 한다. 결혼과정 중에서 경험하는 어려움들 역시 영적 성숙을 통해 우리를 그리스도의 동역자로 인도하시는 하나님의 사랑임을 고백할 수 있도록 한다.

필자는 고통과 어려움 속에서도 함께하시는 하나님에 대한 경험을 "하나님과의 대화"를 통해 되돌아보게 하는 방법을 제안하고자 한다. 이는 하나님과 자신과의 대화를 축어록처럼 푸는 것으로 하나님이 상담자 역할을 하며 자신이 내담자의 역할을 하는 것을 말한다. 이는 과제물로 미리 내준 후 해당 회기에 함께 나누는 시간을 갖도록 하는 것이 좋을 것이다. 과제를 하면서 하나님과의 대화를 통해 실존의 역설 안에 함께하시는 하나님의 사랑을 느끼고 깨닫는 시간이 될 수 있을 것이다. 이는 상황 모형의 화살표모양의 음영부분(통합 패러다임 모형의 중재조건)인 '하나님 인식'에 영향을 줄 수 있는 목회상담적 개입이라고 할 수 있다. 떠나는 자녀와 떠나보내는 어머니 모두 하나님이 지금까지 돌보아 오셨던 것처럼 새로운 출발을 하는 자녀에게 함께하실 것임을 믿을 때 떠남과 떠나보냄이 더 용이해질 것이다.

또한 하나님의 사랑에 대한 재성찰과 더불어 신앙생활에 대한 성찰과 계획은 결혼과정이 하나님 인식에 대한 재구성 단계라는 점에서 중요하다고 할 것이다. 기독교 가정에서 성장하여 결혼한 자녀와 어머니 사이를 가장 효과적으로 연결할 뿐만 아니라 때로는 어머니가 자녀를 통제하는 수단이 되는 것도 바로 신앙생활이기 때문이다.

소집단 활동에서 이러한 성찰을 통해 그동안의 신앙생활에 대해 돌아본 후 앞으로의 신앙생활에 대한 계획을 세우도록 한다. 본 연구의 결과는 결혼 이후 많은 자녀들의 신앙생활에 있어서의 변화를 말해 주었다. 청년부 시절에는 교회에서 열심히 활동을 했던 자녀들이 결혼과정을 겪으면서 결혼 준비를 하느라 바빠서 혹은 결혼 후 생활에 적응하느라 혹은 임신, 출산으로 인해 교회에서 멀어지는 경우들이 생겨났다. 따라서 소집단 활동을 통해 결혼 1년 후, 5년 후, 10년 후 등의 주중과 주말의 날들에 대한 계획을 세워 시간표로 만들어 보는 것도 자신의 신앙생활을 유지하고 향상시키는 데 도움이 될 것이며, 이러한 소집단 활동에 참여했던 경험과 그룹 구성원들의 존재 자체가 결혼과정을 거치면서 교회로부터 멀어지지 않고 유대감을 가질 수 있도록 해 주는 하나의 장치가 될 수 있을 것이다. 어머니들 역시 그동안의 신앙생활을 돌이켜보며 자신의 인생에 대해 점검하는 기회가 될 수 있을 것이다. 어머니는 자녀의 결혼과정을 경험하면서 자신의 삶을 자녀의 삶과 비교시키며 되돌아보게 되는데, 특히 딸의 경우는 동일시를 하기도 하였다. 그리하여 때로는 인생의 의미를 재성찰해 보기도 하고 또 때로는 하나님과의 관계를 재성찰해 보기도 하였다. 그러므로 어머니들에게도 하나님과의 대화나 앞으로의 신앙생활에 대한 계획을 세우는 프로그램이 유용하다고 할 수 있을 것이다.

본 연구의 결과, 어머니와 자녀는 결혼과정을 통하여 하나님 인식에 대한 재구성 작업이 진행됨을 알게 되었으므로, 이 시기에 하나님의 사랑에 대한 재성찰과 더불어 신앙적 점검과 성찰, 그리고 앞으로의 신앙생활에 대한 계획을 세우는 것은 매우 중요한 일이라 할 것이다.

6) 자녀를 그리스도 안에서의 동역자로 파송하기

결혼과정으로 인한 변화를 인식하고 하나님의 사랑을 되돌아보며 상실에 대한 애도과정을 거치면서 모 - 자녀 관계에 대한 통찰이 일어날 수 있으나 그것만으로는 충분하다고 할 수 없을 것이다. 따라서 그동안의 갈등에 대해 용서하고 화해하며 현실적, 경제적인 문제를 해결할 수 있는 정보를 탐색하고 실천할 것을 제안하였다. 이번에는 떠남과 떠나보냄의 의식(ritual)으로서 어머니가 자녀를 그리스도 안에서의 동역자로 인정하고 파송하는 프로그램을 제안하고자 한다.

상황 모형의 화살표모양의 음영부분(통합 패러다임 모형의 중재 조건)에는 '(부모/시부모의)통제'와 '배우자 및 사위/며느리의 신앙 상태'라는 범주가 나타났다. 어머니의 통제와 권력은 본 연구의 근거이론인 모－자녀 관계변화 유형을 결정하는 데도 중요한 기준이 되었다. 이러한 어머니의 통제와 권력을 자녀를 동역자로 인정하고 파송하면서 자녀의 떠남을 축복하는 데 사용하도록 전환시키는 것은 어머니에게는 축복권을 가진 제사장의 역할을 할 수 있도록 함으로써 통제와 권력을 신학적으로 사용할 수 있게 하는 것이며, 동시에 자녀에게는 동역자로 파송됨으로써 자신의 정체감을 신학적 의미에서 찾아갈 수 있게 하는 것이다.

Anderson과 Mitchell(1993)은 축복은 사랑으로 자녀를 떠나보내는 방법이라고 하였으며 축복의 의미로서 첫째, 떠나는 자녀의 성공에 대한 바람이라는 것과 둘째, 부모와 자녀 사이의 연결성에 대한 의식(ritual)으로서 은총과 함께 보내는 것(letting go with grace)이며, 셋째, 보호를 위한 기도로서 불확실한 미래에 하나님이 함께하신다는 언약(God be with you)을 나타내 준다고 하였다.

또한 Stierlin(1974)은 동반－개별화(co－individuation)에 대하여 말한 바 있다. 자녀의 개별화가 이루어지기 위해서는 정체감의 확립이 필수적인데, 필자는 어머니와 함께 그리스도 안에서의 동역자가 된다는 것은 심리적인 분리-개별화뿐만 아니라 영적인 성장에 대해서도 어머니에게 인정받을 만한 위치로 변화되는 것을 의미한다고 본다. 어머니 역시 자녀를 떠나보내야만, 누구누구의 어머니로서가 아닌 자기자신의 정체감을 찾을 수 있다. 그러므로 자녀를 축복하며 파송하는 의식(ritual)은 어머니의 정체감을 형성하는 데에도 효과적일 것이라 여겨진다. 어머니와 자녀와의 관계는 가족체계 안에서 상호적인 인과관계를 가지고 있기 때문에 어느 한쪽만 떠나거나 또 어느 한쪽만 떠나보내서는 떠남과 떠나보냄이 제대로 이루어질 수가 없다. 즉 떠남과 떠나보냄이 잘 이루어질 때 동반-개별화가 성취될 수 있을 것이다.

떠남은 모험을 포함한다. 이는 하나님이 우리에게 부여하신 모험을 수용할 수 있는 신앙이 필요하다는 것을 의미한다. 아브라함이 본토, 친척, 아비의 땅을 떠났을 때, 모세가 이스라엘 백성을 이끌고 애굽을 떠났을 때, 또한 예수님이 공생애를 시작하시기 전 광야로 떠났을 때, 그리고 바울이 전도여행을 떠났을 때, 이러한 모든 떠남에는 모험이 포함되어 있었다. 그러나 하나님께서는 우리를 이러한 모험 가운데서도 눈동자처럼 지키실 것(신32:10; 시17:8)과 영원한 사랑으로 함께하실 것을 약속하셨다. 아무도 우리를 하나님의 사랑 안에서 끊을 수 없는 것이다(롬8:35). 자녀가 부모 자신에게 속한 존재가 아니라 하나님께 속한 존재라는 것을 알게 되면 그동안 자녀를 양육한 것도 하나님께서 맡기신 사명일 뿐만 아니라 이제 자녀를 축복하며 떠나보내는 것 역시 사명임을 알게 될 것이다.

한편 상황 모형의 화살표모양의 음영부분(통합 패러다임 모형의 중재조건) 중 '배우자 및 사위/며느리의 신앙상태'라는 범주는 모-

자녀의 신앙적 대처에 영향을 주어 신앙적 변화라는 결과를 가져오는 것으로 나타났다. 자녀를 그리스도의 동역자로 파송을 하게 된다면 그 배우자가 기독교인일 경우에는 더욱 적극적인 신앙생활을 하도록 격려하는 것이 될 것이며, 기독교인이 아닐 경우에도 배우자로 인해 신앙생활을 제대로 하지 못한다는 이유를 찾기보다는 믿지 않는 배우자 역시 기독교를 전파해야 하는 사역의 대상으로 생각하며 신앙생활을 할 수 있도록 격려하는 것이 된다. 즉 배우자의 불신앙을 수동적으로 받아들이는 것이 아니라 능동적으로 대처하며 함께 신앙생활을 할 수 있도록 노력하는 자세를 갖도록 하는 것이다.

또한 떠남과 떠나보냄을 통해 그동안 인식해 왔던 가족에 대한 범위의 확장이 가능해진다. 예수님은 "누구든지 하나님의 뜻대로 하는 자는 내 형제요 자매요 모친(막 3:31 - 35)."이라고 말씀하셨다. 이제 가족의 범위는 핏줄 중심의 가족이 아니라 교회공동체 및 인류공동체로 확산되어야 한다. 즉 떠남과 떠나보냄을 통해 가족에 대한 신학적 의미를 함께 찾고 나누는 과정이 필요하다. 가족의 의미를 확장해야 세상의 이웃들과 소외계층을 만날 수 있을 것이다.

소집단 안에서 가족을 상징하는 제한된 영역으로부터 벗어나 세계로 향하는 상징적 의식을 행하는 방법을 한 가지 소개하자면 다음과 같다.

먼저 자녀는 예수님이 자신을 동역자로 인정해 주실 때 예수님으로부터 듣고 싶은 말을 골라 종이에 적는다. 성경말씀 중에서 골라도 좋다. 또한 앞으로 동역자로서의 삶을 살아가며 신앙생활을 할 때 그러한 삶을 방해할 만한 일들이나 환경을 다른 종이에 적는다. 집단원 중 한 명이 자녀가 예수님의 동역자로서 예수님께 들고 싶은 말을 적은 종이를 가지고 프로그램 진행 중인 공간 안에서 자녀로부터 멀리 떨어진 도착지점에 가서 기다리도록 한다. 자녀가 서 있는 곳과 도착지점 사이에는 정해진 길을 따라 집단원들이 둘씩 손을 맞잡고 서 있는다. 집단원들은 자녀가 동역자로서의 삶을 살지 못하게 하는 방해요소들을 상징화하는 역할을 맡는다. 자녀가 출발하기 전 어머니는 자녀의 두 손을 잡고 축복해 준다. 자녀가 정해진 길을 따라 도착지점을 향해 가면 집단원들이 자녀를 막으며 자녀를 둘러싸 두 손을 맞잡고 자녀가 빠져나가지 못하게 하면서 자녀가 방해요소라고 생각한 일들을 이야기해 준다. 자녀는 그러한 방해들을 있는 힘을 다하여 뚫고 나가게 되며 결국 도착지점에 당도하게 된다. 도착지점에 있는 집단원은 자녀가 예수님께 듣고 싶은 말을 적은 종이를 보고 자녀에게 그 말을 해 준다.

이러한 상징적 의식을 끝마친 후 자녀는 자녀에게 과제로 내주었던 그동안의 어머니의 사랑과 수고에 감사하는 편지를 어머니에게 전달하고, 어머니 역시 어머니에게 과제로 내주었던 자녀에게 주는 축복의 편지를 자녀에게 전달한다.

이상에서 결혼과정을 경험하고 있는 자녀와 어머니를 대상으로 교회 내에서 진행할 수 있는 소집단 프로그램을 제안하였으며, 진행시의 일반적인 방향을 제시하였다.

본 연구의 근거이론을 통해서 모─자녀 관계변화 유형 8가지를 도출하였는데, 다양한 유형이 나왔다는 사실은 그만큼 결혼과정이라는 시기가 앞으로의 모─자녀 관계변화의 방향성을 결정할 수 있는 중요한 시기라는 것과 따라서 이 시기에 목회상담적 개입을 하는 것이 유용할 것이라는 것을 시사해 준다. 8가지 유형 중 어떠한 유형이라 할지라도 이상의 6가지 전략이 모두 해당된다. 그들은 과정 중에 있기 때문에 현재 유형이 확정되어 있는 것은 아니며, 따라서 진행 중인 결혼과정에 목회상담적 개입을 어떻게 하느냐에 따라 유형이 변화될 수도 있다고 본다. 그러므로 목회상담자는 소집단을 진행하는 데 있어서 유형별 특성에 따라, 예를 들어 어머니의 통제나 권력이 더 두드러지게 나타나는 경우라든지, 자녀에 대한 의존이 심하여 상실감이 너무 큰 경우라든지 등의 다양한 특성을 민감하게 알아차리고 그때그때의 프로그램에 융통성을 발휘하여 조절할 수 있는 능력을 갖추어야 할 것이다.

제7장

결론 및 제언

제1절 연구결과 요약

본 연구는 기독교 가정 자녀의 결혼과정에서 나타나는 모 – 자녀 관계의 과정적 탐색을 통해 모 – 자녀 관계변화의 패턴을 발견하고, 또한 결혼과정에서의 '떠남'에 대한 신학적 재성찰을 통해, 결혼과정을 경험하는 자녀와 어머니가 심리적, 신앙적 성장을 할 수 있도록 돕기 위한 목회상담 전략을 제시하기 위하여 진행되었다.

본 연구에는 결혼과정을 경험한 기독교인 자녀 12명과 그들의 어머니 12명 등 총 24명이 참여하였으며, 사례와 경험으로부터 시작하여 심리학 등 타 학문의 도움을 받아 신학적 성찰을 하는 귀납적인 목회신학방법론을 제시한 Hiltner(1968)의 방법론을 사용하여 진행하였다. 또한 이를 위해 결혼과정에 나타나는 모 – 자녀 관계 경험을 구체적으로 알아보기 위하여는 Strauss와 Corbin(1990)이 제시한 근거이론 접근방법을 사용하였으며, 삼각검증법과 근거이론에 대한 Strauss와 Corbin(1990)의 평가방법에 의거하여 연구를 진행하였다.

근거이론 연구의 결과, 결혼과정에 나타나는 모 – 자녀 관계에 대하여 자녀의 경우는 50개의 개념과 25개의 범주가 도출되었으며, 어머니의 경우는 50개의 개념과 28개의 범주가 도출되었다. 범주를 패러다임 모형으로 배치하였을 때, 자녀의 경우는 인과적 조건으로 '욕구충족적 성향', '어머니에 대한 이미지', '어머니의 모델링', '어머니에 대한 원망 및 갈등'이 있었으며, 맥락으로는 '밀착된 경계', '명확한 경계', '경직된 경계', '가족에 대한 원망 및 갈등'이 있었고, 현상으로는 '상황적 변화', '정서적 변화', '경제적 문제'가, 중재조건으로는 '(부모, 시부모의) 통제', '변화인식 부재', '배우자의 신앙상태', '응집된 관계의 경험', '하나님 인식'이, 작용/상호작용 전략으로는 '투쟁', '의식적 대처', '현실적 태도', '신앙적 대처'가, 결과로는 '심리적 분리', '나만의 가족에 대한 애착', '의존', '상호적으로 전환', '신앙적 변화' 등이 있었다.

또한 어머니의 경우는 인과적 조건으로 '어머니로서의 모델링', '자녀에 대한 원망 및 갈등', '좋은 어머니가 되고 싶은 욕구' 등이 있었으며, 맥락으로는 '밀착된 경계', '명확한 경계', '경직된 경계', '가족에 대한 원망 및 갈등'이 있었고, 현상으로는 '정서적 변화', '경제적 문제', '물리적 분리'가, 중재조건으로는 '변화인식 부재', '사위(며느리)의 신앙상태', '응집된 관계의 경험', '자녀에 따른 차이(서열별/성별)', '자녀의 투쟁', '경쟁심', '하나님 인식'이, 작용/상호작용 전략으로는 '의식적 대처', '현실적 태도', '신앙적 대처', '동일시', '자녀에 대한 지원'이, 결과로는 '상호적으로 전환', '의존', '자녀에 대한 통제', '통제권의 상실', '신앙적 변화', '가족의 확대' 등이 있었다.

이러한 패러다임 모형을 기초로 자녀와 어머니 각각의 이야기 윤곽을 만들고, 이 둘의 이야기를 통합한 후, 핵심범주인 '정서적, 상황적 변화로 인한 모-자녀 관계의 확장 또는 분리'를 찾아내었으며 가설적 정형화와 가설적 관계진술문을 만든 후 사례 간 유형화를 통해 '통제상실형', '통제형', '상호의존형', '독립형', '의례형', '희생형', '동일시형', '의존형' 등 8가지 유형을 도출해 내고 각 유형별 특성을 분석하였다.

또한 어머니와 자녀를 비교 분석한 결과, 어머니는 정서적 변화를 크게 느끼면서 자신의 가족이 확대되었다고 느끼고 있는 반면, 자녀는 결혼과정에서의 생활과 환경의 총체적 변화로 인해 자신만의 새로운 가족에 대한 강한 애착을 느끼고 있음을 알 수 있었다. 즉 어머니에게는 결혼과정이 가족의 확대를 의미했고, 자녀에게는 가족의 축소를 의미했다. 이는 결혼과정이 어머니에게는 모－자녀 관계의 확장을 의미하고 자녀에게는 분리를 의미하는 것이라고 할 수 있을 것이다.

한편 근거자료를 통해서 도출한 내용을 기초로 하여 '결혼과정을 통해서 본 모－자녀 관계모형'을 발견하였는데, 어머니로부터는 '통제', '방임', '희생', '거절' 등의 4가지의 요인을 추출하고, 자녀로부터는 '순종', '자율', '대상 사용', '다른 대상 추구' 등의 4가지 요인을 추출하여 이것이 상호작용적으로 작동한다는 것을 사례를 통해 알아보았다.

또한 신학적 주제인 '떠남'에 대하여 근거자료를 활용하여 신학적 재성찰을 하였는데 그 결과는 다음과 같다. 첫째, 떠남은 모－자녀에게 1차 신학으로부터 3차 신학으로의 신학적 진보를 경험하게 한다. 이러한 과정을 설명하기 위해 역설의 신학을 언급하였다. 둘째, 떠남은 모－자녀를 그리스도 안에서 동역자 관계로 전환시켜 준다. 셋째, 떠남은 모－자녀에게 하나님의 사랑에 대한 재성찰 및 하나님의 창조사역에의 동참을 의미한다. 넷째, 떠남에 대한 새로운 은유로서 떠남은 '그리스도의 몸 체현을 위한 세포분열'임을 제안하였다.

아울러 이러한 신학적 재성찰 결과를 기초로 모－자녀 관계의 변화와 성장을 목표로 소집단 프로그램을 통한 목회상담 전략을 제안하였는데, 첫째, 변화는 하나님의 창조사역이라는 것을 인식하고 수용하기, 둘째, 상실에 대한 애도과정 거치기, 셋째, 현실적, 경제적 문제해결을 위해 정보를 탐색하고 실천을 시도하기, 넷째, 용서하고 화해하기, 다섯째, 하나님의 사랑에 대해 재성찰하기, 여섯째, 자녀를 그리스도 안에서의 동역자로 파송하기 등을 제안하였다.

제2절 연구의 의의 및 제한점

1. 연구의 의의

본 연구의 의의는 다음과 같다.

첫째, 결혼을 하나의 현상이나 사건으로 보지 않고, 결혼과 관련된 다양한 요인들, 즉 정서, 환경, 가족관계, 신앙 등의 상호작용을 결혼과정으로 정의함으로써 결혼에 대한 의미를 확장하였다.

둘째, 그동안의 자녀와 어머니의 관계에 관한 연구가 자녀 혹은 어머니의 한쪽 목소리만을 연구하는 것이 대부분이었으나 본 연구에서는 양쪽의 목소리를 들음으로써 그들의 관계를 보다 균형 있게 볼 수 있었다.

셋째, 그동안 결혼과 연관된 모-자녀 관계에 관한 연구들은 결혼을 한 이후의 모-자녀 관계를 연구한 것이 대부분이다. 본 연구에서는 결혼식을 중심으로 확장적 조망을 가지고 결혼과정에서의 자녀와 어머니의 상호작용을 과정적 관점에서 바라보았으며, 이는 가족주기상의 한 단계에서 다음 단계로 이동하는 전환기의 중요성을 제시하고 또한 이에 대한 연구를 하였다고 할 수 있다.

넷째, 결혼과정에 나타난 자녀와 어머니의 관계를 분석하고 패턴을 발견함으로써 '결혼과정을 통해서 본 모-자녀 관계모형'을 제시하였다.

다섯째, 본 연구에서는 결혼과정을 통해서 본 모-자녀 관계변화의 심리학적 주제를 '분리'라고 본 반면, 신학적 주제를 '떠남'으로 보고 떠남에 대한 신학적 재성찰을 시도하였다.

여섯째, 결혼과정에 있는 자녀와 어머니를 위한 소집단 프로그램을 교회 안에서 실시할 것을 제안하였는데, 이는 결혼과정에 나타나는 모-자녀 관계변화 경험에 대한 이해를 기초로 하여 신학적 재성찰을 하고 그러한 신학적 재성찰을 통해 다시 목회현장에서 실천하는 '실천-이론의 재성찰-실천'의 신학하기 작업을 한 것이라고 말할 수 있다.

2. 연구의 제한점

본 연구의 제한점은 다음과 같다.

첫째, 본 연구는 질적 연구방법론으로 실시되었기 때문에 그 특성상 일반화할 수는 없다. Strauss와 Corbin(1990)이 제시한 바와 같이 근거 이론의 목적은 한 현상의 부속되는 작용/상호작용의 특정 묶음과 그에 따른 결과를 가져오는 조건들을 분명히 하는 것이다. 그러므로 그러한 조건을 만족하는 특정 상황에서만 일반화(예측 가능성)할 수 있다. 이론적 표본추출이 더 체계적이고 광범위할수록 더 많은 조건과 변수들이 발견되어 본 이론 안에 조립되고 더 일반화될 수 있다. 따라서 만일 더 광범위한 추가 연구가 진행되어 발견된 범주를 본 이론으로 설명하지 못한다면 본 이론에 수정안으로 추가되어야 할 것이다.

둘째, 본 연구의 참여자들은 필자와 안면이 있는 기독교인들 중에서 필자가 관찰한 결과 본 연구의 개방적 표본추출과 연관적이고 다양한 표본추출, 그리고 차별적 표본추출을 하기에 적합하다고 생각되는 사람들로 선정하였다. 필자는 자신의 생각이나 판단을 중지하는 데에 특별히 유의하였으며, 참여자들과 라포(rapport)가 잘 형성되어 있어 비교적 편안한 분위기에서 자신의 속마음을 솔직하게 이야기하는 참여자들이 많이 있었으나, 다른 한편으로는 필자와 안면이 있다는 점이 자신의 이야기를 하는 데 오히려 걸림돌이 될 수도 있다고 생각된다. 그러한 부분은 필자가 면접을 하면서 다시 질문을 하거나 때로는 그때그때 참여자의 태도나 목소리 등 비언어적 메시지에 대한 메모를 하여 결과 해석의 단계에서 참고로 하였다. 그럼에도 불구하고 참여자의 방어적 태도로 인하여 어떤 내용들은 원자료에 포함되지 못했을 가능성이 본 연구의 한계가 될 수 있다.

셋째, 본 연구의 참여자들은 모두 자유연애결혼을 한 사람들이었다. 따라서 중매결혼을 한 사람들의 경우는 상이성이 있을 수도 있다.

제3절 제언

후속 연구를 위한 제언은 다음과 같다.

첫째, 본 연구는 결혼에 대하여 과정적 관점으로서의 개념인 '결혼과정'을 제안하였는데, 앞으로 이와 관련된 다양한 연구가 진행되기를 기대한다.

둘째, 본 연구는 자녀와 어머니를 대상으로 하여 결혼과정 안에서의 관계를 연구하였다. 앞으로는 아버지와의 관계에 대한 연구가 필요하다고 생각된다. 아버지와의 관계에 대한 성찰은 자녀가 자신 또는 자신의 배우자가 핵가족 안에서 어떤 아버지가 될 것인가에 대해 생각해 보는 기회를 제공하게 될 것이다. 또한 어머니에 비해 상대적으로 가족 안에서의 의사소통이 제한되어 있는 아버지가 보다 원활한 의사소통에 참여할 수 있도록 이끌어 내는 계기가 될 수 있을 것이다.

셋째, 본 연구의 참여자는 모두 자유연애결혼을 한 경우였다. 그러므로 중매결혼을 한 경우의 자녀와 어머니와의 관계 연구도 필요하다고 생각된다. 자유연애결혼과 중매결혼의 결혼과정에는 어떠한 차이가 있는지, 개인적인 욕구와 성향에는 어떠한 차이가 있는지와 함께 그러한 성향이 어머니의 양육방식이나 어머니와의 관계와 어떠한 관련이 있는지, 그리고 중매결혼을 한 사람의 하나님 인식은 어떠한지를 연구하여 본 연구의 결과와 비교해 보기를 제안하는 바이다.

넷째, 본 연구의 결과를 분석하여 제시한 목회상담 전략을 적용하여 실질적으로 교회에서 사용할 수 있는 프로그램을 개발하고 그 효과를 검증하는 연구도 필요하다고 생각한다. 한국의 가족들이 한자리에 주기적으로 모일 수 있는 최적의 장소가 바로 교회라고 생각한다. 가족해체에 대해 염려하는 사람들이 많은 이 시대에, 교회에서 이러한 프로그램을 실시한다면 현재의 모 - 자녀 관계뿐만 아니라 장차 핵가족을 이끌어 갈 자녀들에게 심리적으로 그리고 신학적으로 유익한 성찰과 실천의 시간이 될 수 있을 것이다.

다섯째, 본 연구의 근거자료를 분석하여 발견한 '결혼과정을 통해서 본 모 - 자녀 관계모형'을 서양의 경우와 비교분석하는 연구를 제안하는 바이다. 사회문화적 배경이 다른 서양의 이론을 그대로 한국적 상황에 적용시키기보다는 한국적 상황에 적절한 상담이론을 개발하고 그 이론의 적절성을 검증하는 것이 필요하다고 생각한다.

제4절 결론

결혼과정을 통해서 본 모 - 자녀 관계변화에 대한 본 연구에서 근거이론으로서 제시한 8가지 유형은 1) 통제상실형, 2) 통제형, 3) 상호의존형, 4) 독립형, 5) 의례형, 6) 희생형, 7) 동일시형, 8) 의존형 등이다.

이러한 8가지 유형의 특징을 살펴보면,

첫째, '통제상실형'의 경우는 어머니가 통제적이고 자녀가 어머니의 통제를 거부하는 경우로서, 어머니와 자녀의 의식적, 신앙적 대처 및 현실적 태도와 어머니 입장에서의 동일시, 자녀에 대한 지원, 그리고 자녀 입장에서의 투쟁으로 인하여 어머니는 가족의 확대가 일어난 것으로 느끼지만 자녀에 대한 통제권을 상실하게 되고, 자녀는 심리적으로 분리되어 자신만의 새로운 가족에 대한 강한 애착을 갖게 되는 경우이다. 주요 특징을 살펴보면, 자녀는 이전부터 어머니에 대한 원망 및 갈등이 심했으며, 결혼과정을 겪으면서 자녀가 투쟁을 통해 어머니의 통제를 거부하게 되고 해방을 추구하게 됨에 따라 모 - 자녀 간 대화가 단절되는 것으로 나타났다. 또한 모 - 자녀 간의 경계는 밀착된 경계에서 경직된 경계로 변하였다.

둘째, '통제형'은 어머니가 통제적이고 자녀가 의존적이거나 의례적인 경우로서, 어머니와 자녀의 의식적, 신앙적 대처 및 현실적 태도와 어머니 입장에서의 동일시, 자녀에 대한 지원으로 인하여 어머니의 자녀에 대한 통제가 이전과 마찬가지로 유지되거나 혹은 강화되고 가족확대 인식이 일어나게 되며, 자녀는 어머니에게 의존하게 되는 경우이다. 주요 특징을 살펴보면, 어머니의 경쟁심과 자녀에 대한 지원이 돋보이며, 어머니의 통제에 대해 자녀가 의존하거나 또는 의례적으로 여기고 있음을 알 수 있었다. 모 - 자녀 간의 경계는 밀착된 또는 경직된 경계를 유지하였다.

셋째, '상호의존형'은 어머니가 의존적이고 자녀도 의존적인 경우로서, 어머니와 자녀의 의식적, 신앙적 대처 및 현실적 태도와 어머니 입장에서의 자녀에 대한 동일시로 인하여 어머니와 자녀가 상호적으로 의존하는 관계가 되고 가족의 확대가 일어난 것으로 느끼게 되는 경우이다. 주요 특징을 살펴보면, 자녀의 경제적 능력이 두드러지게 나타났으며, 어머니와 자녀 모두 변화에 대한 인식이 없고 서로에게 의존하는 것으로 나타났다. 모 - 자녀 간의 경계는 밀착된 경계를 유지하였다.

넷째, '독립형'은 어머니가 의례적이고 자녀가 어머니가 의례적인 것을 거부하는 경우로서, 어머니와 자녀의 의식적, 신앙적 대처 및 현실적 태도로 인하여 어머니는 자녀와 이전과 마찬가지의 관계를 유지하려고 하고, 자녀는 어머니로부터 심리적으로 분리되어 자신만의 새로운 가족에 대한 애착을 갖게 되는 경우이다. 주요 특징을 살펴보면, 자녀의 경우는 어머니에 대한 원망이 예전부터 많았으며 자신만의 핵가족에 대한 애착이 두드러지게 나타나고, 결혼과정에서도 의례적인 어머니를 보면서 어머니에 대한 불만을 느끼며 어머니를 거부하게 된다. 모－자녀 간의 경계는 경직된 경계가 지속되었다.

다섯째, '의례형'은 어머니가 의례적이고 자녀가 의존적이거나 의례적인 경우로서, 어머니와 자녀의 의식적, 신앙적 대처 및 현실적 태도로 인하여 어머니는 자녀와 이전과 마찬가지의 관계를 유지하려고 하고, 자녀는 어머니에게 의존하려 하거나 특별한 변화에 대한 인식이 없이 어머니와의 이전 관계를 유지하려 하는 경우이다. 주요 특징을 살펴보면, 어머니와 자녀 모두 변화에 대한 인식이 없는 것이 두드러지게 나타났으며, 모－자녀 간의 경계는 명확한 경계가 지속되고 있었다.

여섯째, '희생형'은 어머니가 희생적이고 자녀가 의존적인 경우로서, 어머니와 자녀의 의식적, 신앙적 대처 및 현실적 태도와 어머니 입장에서의 동일시, 자녀에 대한 지원으로 인하여 어머니는 가족확대 인식을 갖게 되고, 자녀는 어머니에게 의존하게 되거나 의례적으로 여기게 되는 경우이다. 주요 특징을 살펴보면, 자녀는 욕구충족적 성향이 매우 강하게 나타났고, 어머니는 자녀를 위해 희생하며 자녀는 이를 당연시 여기고 있음을 알 수 있었다. 결혼 과정이 자녀에게는 새로운 의존대상을 추구하는 과정이었던 반면, 어머니에게는 지속적으로 희생을 한 경우였다. 모-자녀 간에는 밀착된 경계를 유지하고 있었다.

일곱째, '동일시형'은 통제상실형과 그 과정은 동일하나, 자녀가 딸인 경우 시댁 식구들이나 거주상의 먼 거리 등을 이유로 어머니가 딸에 대한 통제권을 상실하게 된 경우에 어머니가 딸과 자기 자신을 동일시하게 되는 경우이다. 통제적이었던 어머니가 결혼과 정을 겪으면서 더 이상 딸을 통제할 수 없게 된 경우로서, 어머니와 딸의 의식적, 신앙적 대처 및 현실적 태도와 어머니 입장에서의 동일시, 자녀에 대한 지원, 그리고 딸 입장에서의 투쟁으로 인하여 어머니는 가족의 확대가 일어난 것으로 느끼지만 자녀에 대한 통제권을 상실하게 되고, 자녀는 심리적으로 분리되어 자신만의 새로운 가족에 대한 강한 애착을 갖게 된다. 주요 특징을 살펴보면, 그동안의 자신의 삶이 힘들었다고 느끼는 어머니의 경우, 딸과 자신을 연결시키고 싶어 하는 마음이 두드러지게 나타났으며, 결혼 과정이 자녀에게는 자신을 돌보아 줄 새로운 의존대상을 찾아가는 과정인 반면 어머니에게는 자신의 삶을 자녀에게 동일시하는 과정이 되고 있음을 보여주었다. 모-자녀 간의 경계는 밀착된 경계에서 경직된 경계로 변화되었다.

여덟째, '의존형'은 어머니가 의존적이고 자녀가 어머니의 의존을 의례적으로 여기거나 거부 혹은 통제하는 경우로서, 어머니와 자녀의 의식적, 신앙적 대처 및 현실적 태도와 어머니 입장에서의 자녀에 대한 동일시로 인하여 어머니는 가족확대 인식을 가지고 자녀에게 의존하게 되고, 자녀는 이전의 관계를 유지하거나, 심리

적으로 분리되어 자신만의 새로운 가족에 대한 애착을 느끼며 살
게 되거나 혹은 어머니를 통제하게 되는 경우이다. 본 연구에서는
찾아볼 수 없었으나 연구 참여자의 이야기를 통해 간접적으로 알
게 된 유형이다. 주요 특징은, 어머니가 자녀에게 경제적, 심리적
으로 의존하는 것이라고 할 수 있으며, 모-자녀 간의 경계는 결
혼과정 이전의 경계가 유지된다.

결혼과정을 경험하면서 어머니와 자녀의 관계가 이처럼 다양한
유형을 나타낸다는 것은 이 시기가 앞으로의 모-자녀 관계변화의
방향성을 결정할 수 있는 중요한 시기라는 것과 따라서 목회상담
적 개입을 하는 것이 유용할 것이라는 점을 시사해 준다.

또한 필자는 근거자료를 분석한 결과 어머니는 정서적 변화를
크게 느끼면서 자신의 가족이 확대되었다고 느끼고 있는 반면, 자
녀는 결혼과정에서의 생활과 환경의 총체적 변화로 인해 자신만의
새로운 가족에 대한 강한 애착을 느끼고 있음을 알 수 있었다. 즉
어머니에게는 결혼과정이 가족의 확대를 의미했고, 자녀에게는 가
족의 축소를 의미했다. 이는 결혼과정이 어머니에게는 모-자녀
관계의 확장을 의미하고 자녀에게는 분리를 의미하는 것이라고 할
수 있을 것이다. 결혼과정 이전에 이미 모-자녀 간 경직된 또는
명확한 경계를 가지고 있는 경우는 결혼과정을 거친 후에도 계속
그러한 경계를 유지하기도 하였으나, 결혼과정이라는 전환기적 단
계에서는 대부분의 어머니가 자녀를 떠나보내지 못한다는 것을 알
게 되었다. 결국 어머니에게는 자녀의 핵가족까지도 자신의 가족에
포함시키는 '우리' 가족이 되는 반면, 자녀에게는 자신이 새로 만
들어가는 핵가족이 '나의' 가족이 되는 것이다. 어머니와 자녀의
이러한 차이는 결혼과정을 겪으면서 둘 사이에 갈등이 유발될 수

있음을 시사해 준다.

본 연구에서는 이러한 자녀와 어머니의 관계를 기초로 하여 둘 사이의 관계 패턴을 탐색함으로써 '결혼과정을 통해서 본 모 - 자녀 관계모형'을 발견하였다.

결혼과정에서의 '분리'라는 심리학적 주제와 연관되는 신학적 주제인 '떠남'에 대한 본 연구의 신학적 재성찰의 결과는 다음과 같다. 첫째, 떠남은 모 - 자녀에게 1차 신학으로부터 3차 신학으로의 신학적 진보를 경험하게 한다. 어머니와 자녀는 결혼과정 속에서 어려운 일들을 경험하게 되고 그러한 어려움에 대처하게 되면서 신학적 진보를 보여주었다. 필자는 이러한 신학적 진보를 가져오는 과정을 역설의 신학으로 설명하였다. 둘째, 떠남은 모 - 자녀에게 그리스도 안에서 동역자 관계를 형성하게 한다. 자녀는 어머니를 떠나고 어머니는 자녀를 떠나보냄으로써 수직적이었던 모 - 자녀 관계가 수평적으로 변화하기 시작하면서 자녀는 자신만의 정체성을 발견하고 동역자로서의 신앙생활을 시작할 수 있게 된다. 셋째, 떠남은 모 - 자녀에게 하나님의 사랑에 대한 재성찰 및 하나님의 창조사역에 동참할 수 있게 한다. 변화는 하나님의 창조사역이므로 떠남과 떠나보냄은 창조사역에의 동참을 의미한다. 또한 가족의 의미를 핏줄로부터 소외계층으로, 또한 세계로 확대시키는 것이 중요하며, 하나님이 역경 속에서도 항상 함께하신다는 언약을 믿으면서 어머니는 자녀를 축복함으로써 떠나보내는 것이 필요하다. 넷째, 이러한 신학적 성찰의 내용을 통합하여 떠남에 대한 새로운 은유로서 '그리스도의 몸 체현을 위한 세포분열'이라는 은유를 제안하였다. 그리스도의 몸을 체현한다는 의미는 그리스도 안에서 반드시 필요한 지체로서 서로 평등하며, 지상에 실존하는 그리스도의 교회요 하나님 나라의 실재로서, 그리스도와의 깊은 사귐 속에서 다른 모든 것들을 하나님 안에서 화해시키는 동역자가 되는 과정이라고 할 수 있다. 유기체가 세포분열을 통해 하나의 온전한 몸을 이루어가듯이, 떠남은 이러한 그리스도의 몸을 이루기 위한 과정에서 필수적으로 요청되는 과정인 것이다.

아울러 근거자료를 기초로 이러한 신학적 재성찰과 실천을 통한 모-자녀 관계의 변화와 성장을 목표로 교회에서 실시할 수 있는 소집단 프로그램을 위한 목회상담 전략을 제안하였는데, 첫째 변화는 하나님의 창조사역이라는 것을 인식하고 수용하기, 둘째 상실에 대한 애도과정 거치기, 셋째 현실적, 경제적 문제해결을 위해 정보를 탐색하고 실천을 시도하기, 넷째 용서하고 화해하기, 다섯째 하나님의 사랑에 대해 재성찰하기, 여섯째 자녀를 그리스도 안에서의 동역자로 파송하기 등을 제안하였다.

요약하면 본 연구에서는 신학적 주제라고 할 수 있는 '떠남'에 대한 재성찰을 하기 위해, 결혼과정을 겪은 자녀와 어머니의 목소리를 통해 그들의 '분리' 경험을 심리학의 도움을 받아 구체적으로 알아보는 경험을 가지고 다시 기독교적 '떠남'에 대한 재성찰을 거쳐 목회현장에서 적용할 수 있는 목회상담 프로그램을 제안하는 '실천-이론의 재성찰-실천'이라는 목회신학으로서의 신학하기 (doing theology) 작업을 하였다.

참고문헌

고성자(1989). **도시주부의 고부갈등에 관한 연구**. 박사학위논문, 한양대학교.

고정자(2006). **변화하는 결혼과 가족**. 서울: 형설출판사.

권수영(2004). 우리 사이좋은 사이: 한국적 목회 상황에서의 경계 문제. **목회와 상담**, 5, 65 – 97.

권수영(2006). 기독(목회)상담 슈퍼비전의 신학적 원리와 구성. **한국기독교상담학회지**, 11, 37 – 60.

권수영(2006). 기독(목회)상담에서의 이간이해. **한국기독교상담학회지**, 12, 42 – 66.

김경민, 한경혜(2004). 중년기 남녀의 가족 생활사건 경험이 심리적 복지감에 미치는 영향. **한국노년학**, 24(3), 211 – 230.

김경신(1998). 가족가치관의 세대별 비교연구 노년, 중년, 청소년세대를 중심으로. **대한가정학회지**, 36(10), 145 – 160.

김광은(2004). 성인애착 유형과 요인에 따른 성격 특성 및 스트레스 대처방식. **한국심리학회지: 상담 및 심리치료**, 16(1), 53 – 69.

김규원(1995). 가족개념의 인식과 가치관. **가족학논집**, 7, 213 – 257.

김균진(1993). **기독교 조직신학**, 제4권.

김균진(1994). **역사의 예수와 하나님의 나라**.

김균진(1996). "그리스도의 몸"으로서의 교회. **신학논총**, 189 – 210.

김난희(1999). **그리스도인을 위한 결혼 예비교육 프로그램에 관한 연구: 소그룹에서의 적용을 중심으로**. 석사학위 논문, 안양대학교.

김도환(1993). **한국속담활용사전**. 서울: 한울아카데미.

김명자(1989). **중년기 위기감 및 그 관련변인에 관한 연구**. 박사학위논문, 이화여자대학교.

김선회(2000). 십자가의 신학과 한국적 사고의 Paradigm. **신학과 신앙**, 11, 208 – 262.

김수연, 정문자(1997). 어머니 – 청소년 자녀 간의 갈등에 관련된 변인.

대한가정학회지, 115, 181 - 192.

김순기(1993). **기혼여성의 시어머니 및 친정어머니와의 상호지지에 관한 연구.** 석사학위논문, 경희대학교.

김순기(2000). 성인자녀 - 부모관계의 결속과 갈등에 관한 이론적 고찰. **경희대학교 대학원 고황논집, 27**, 65 - 76.

김순기, 유영주(1994). 기혼여성의 시어머니 및 친정어머니와의 상호지지에 관한 연구. **한국가정관리학회지, 12(1).**

김은희(1994). 도시 중산층에서의 핵가족화와 가족내 위계관계 변형의 문화적 분석. **한국문화인류학, 25**, 183 - 222.

김의철, 박영신, 권용은(2005). 한국 세대별 어머니 집단의 가족관련 가치의식 비교: 자녀가치와 양육태도 및 부모부양을 중심으로. **한국심리학회지: 사회문제, 11(1),** 109 - 142.

김인경(2000). **청소년기 자아중심성과 관련된 변인연구: 가족관계, 분리개별화 및 자아개념을 중심으로.** 박사학위논문, 연세대학교.

김정선(2006). **외상, 심리치료 그리고 목회신학.** 서울: 한국심리치료연구소.

김정옥 외(1999). **새로 보는 결혼과 가족.** 서울: 학지사.

김주희(2005). 해방 후 혼수문화의 변천에 대한 사례연구: 부거제 의식과 가족주의의 지속. **가족과 문화, 17(2),** 127 - 154.

김준기(1982). 행복한 결혼의 기초. **기독교사상, 287,** 76 - 85.

김중기(1990). 현대 기독교인의 결혼과 가정생활, **기독교사상, 375,** 96 - 112.

김태길(1982). **한국인의 가치관 연구.** 서울: 문음사.

김태현, 김경자(2004). 기혼 남녀의 원가족 경험과 자아분화가 가족체계 기능에 미치는 영향. **가족과 문화, 16(1).**

김태현, 김동배, 김미혜, 이영진, 김애순(1999). 노년기 삶의 질 향상에 관한 연구(Ⅱ). **한국노년학, 19(1).**

김태현, 임선영(2004). 가족이념, 생활교류가 부모자녀관계 만족도에 미치는 영향: 중년세대와 성인세대를 중심으로. **한국가족관계학회지, 9(1),** 85 - 109.

김현미(1998). 결혼 의례를 통해 본 한국 사회의 가부장적 근대성. **가족과 문화,** 163 - 169.

김현옥(2002). 가족주의 의식의 구성과 변화 — 한국사회에서의 연령집단별 차이를 중심으로 — . **가족과 문화,** 14(1), 3 – 30.

김형주(1990). **기독교 가정을 위한 결혼 교육에 관한 연구.** 석사학위 논문, 서울신학대학교.

김혜숙(1993). 부모자녀관계에 대한 한국가족의 신념과 심리적 적응. **청소년상담 연구,** 1(1), 113 – 129.

남순현(2000). **가족의 정서체계 역동성에 관한 연구.** 박사학위논문, 고려대학교.

남순현, 한성열(2002). 가족분화수준, 가족관계의 질 및 친밀감 간의 관계. **한국심리학회지 사회문제,** 8(2), 33 – 49.

남순현, 한성열(2003). 신혼기 부부의 부모로부터의 심리적 독립과 결혼 후 친밀감에 미치는 원가족의 영향. **한국심리학회지: 임상,** 22(3), 505 – 523.

문형춘(2007). 성인애착 특성과 상담 관계. **한국심리학회지: 상담 및 심리치료,** 19(3), 609 – 634.

박만(2004). **현대 신학 이야기.** (주)살림출판사.

박미경(1997). **예비부부를 위한 결혼준비교육 프로그램.** 석사학위논문, 부산대학교.

박민자(2004). 혼인의미의 시대적 변화. **가족과 문화,** 16(1), 109 – 135.

박부진(1996). 가족구성의 변화와 전망. **정신문화연구,** 19, 39 – 58.

박선웅(1999). 혼례의 문화적 모순과 상품화. **가족과 문화,** 11(1), 79 – 101.

박성연, 이숙(1988). 자녀가 지각한 부모의 양육태도 및 이에 영향을 주는 요인. **대한가정학회지,** 34(6).

박성희(2004). **상담학 연구방법론.** 서울: 학지사.

박영숙(1988). **Minuchin의 이론체계 내에서 한국가족의 고부갈등에 관한 연구.** 석사학위논문, 동아대학교.

박영신, 김의철(2004). **한국인의 부모자녀관계.** 서울: 교육과학사.

박통희(2004). 가족주의 개념의 분할과 경험적 검토. **가족과 문화,** 16(2), 93 – 125.

박현숙(2002). 중년여성의 우울, 건강증진행위, 자아존중감 및 낙관성에 관한 연구. **정신간호학회지,** 11(3), 352 – 362.

박희성(1994). 기혼자녀의 친모에 대한 애착과 갈등에 관한 연구. 석사학위논문, 서울대학교.

배제현(1993). 청소년기의 분리 - 개별화와 자아정체감, 학교 및 가정생활에 대한 적응 간의 관계. 박사학위논문, 계명대학교.

송성자(1997). 한국문화와 가족치료: 해결중심 가족치료 적용. 한국사회복지학, 32(8), 160 - 180.

송성자(2001). 한국문화와 가족치료. 서울: 법문사.

송성자(2005). 가족과 가족치료(제2판). 서울: 법문사.

송정아(1996). 중년기 부부관계 향상 프로그램 개발. 한국가정관리학회지, 14.

송정아(2006). 행복한 결혼 위기의 결혼. 서울: 태영출판사.

송진숙, 권희경, 김순기(2006). 결혼과 가족 그리고 부모 됨. 서울: 창지사.

송현애(1986). 부양을 중심으로 한 노모 - 성인자녀 관계에 대한 조사연구, 석사학위논문, 성균관대학교.

신경림, 장연집, 조영달, 김남선(2003). 질적 연구 용어사전. 서울: 현문사.

신경림, 조명옥, 양진향 외(2004). 질적 연구방법론. 서울: 이화여자대학교출판부.

신수진(1998). 한국의 가족주의 전통과 그 변화. 박사학위논문, 이화여자대학교.

안병무(1967). 예수에 있어서 결혼과 이혼. 기독교사상, 109, 124 - 129.

안호룡(1991). 한국가족의 형태분류와 핵가족화의 의미. 한국의 사회와 역사, 최재석 교수 정년퇴임기념논총 간행위원회. 186 - 217.

안호용, 김홍주(2000). 한국 가족변화의 사회적 의미. 한국사회, 3(1), 89 - 132.

양옥남(2004). 노인과 청·장년 세대 간의 결혼과정에 대한 의식 고찰. 한국사회복지학회 추계공동학술대회.

오성춘(1992). 부부 및 가족상담의 성경적 기초. 기독교상담. 서울: 대한예수교장로회출판국.

오택현(1999). 종의 고난. 설교자를 위한 성경연구, 5(3).

옥선화(1989). 현대 한국인의 가족주의 가치에 대한 연구. 박사학위논문, 서울대학교.

옥선화, 정민자, 고선주 (2006). **결혼과 가족**. 서울: 도서출판 하우.

유계숙(1995). 성인 딸과 어머니의 애착에 영향을 미치는 변인에 관한 연구. **한국가정관리학회지**, 13(2), 78 – 85.

유금숙(2006). 전통적인 가족주의의 변화와 상담. **한국문화와 상담**, 1(1), 141 – 155.

유영권(1996). 대상관계심리학과 목회상담(Ⅰ). **기독교사상**, 40(9).

유영권(1996). 대상관계심리학과 목회상담(Ⅱ). **기독교사상**, 40(10).

유영권(1996). 목회상담학의 새 모델. **신학사상**, 93, 223 – 247.

유영주 외(1995). **결혼과 가족**. 경희대학교 출판국.

유영주 외(2004). **새로운 가족학**. 서울: 신정

유은희(1991). **기혼자녀의 부모에 대한 애착 및 자율성 발달유형과 결혼만족도**. 박사학위논문, 이화여자대학교.

유은희(1991). 성인자녀 – 부모의 정서적 유대와 가족생활변화의 적응. **여성연구**, 33, 111 – 143.

유은희(1995). 3세대를 통해서 본 모 – 자녀 애착관계와 사회적 능력: 전 생애적 접근. **한국가정관리학회지**, 13(2), 86 – 93.

유은희, 박성연(1989). 모자간의 애착 및 모의 결혼관계에 따른 아들 부부의 결혼만족도: 인과적 모형. **대한가정학회지**, 27(2), 149 – 162.

윤현숙(2003). 노부모와 자녀 간의 지원교환이 노인의 심리적 안녕에 미치는 영향. **한국노년학**, 23(3), 15 – 28.

이광규(1981). **한국 가족의 구조분석**. 서울: 일지사.

이귀선(1984). 사도바울의 결혼관. **서울여자대학 논문집**, 13, 1 – 29.

이귀선, 정남운(2003). 성인애착 유형에 따른 정서조절 양식과 효과성의 차이. **한국심리학회지: 상담 및 심리치료**, 15(4), 779 – 793.

이기춘(1989). 부성적 목회신학과 모성적 목회신학. **신학과 세계**, 18, 7 – 33.

이삼연(2004). 가족체계이론, 애착이론, 그리고 문화. **경남지역연구**, 10, 89 – 108.

이숙현, 손승영(1992). 확대가족에서의 세대 간 동거만족도 비교. **한국사회학**, 26, 145 – 164.

이시은(1998). **한국 기혼남성의 어머니에 대한 애착에 관한 일 연구**. 석사학위논문, 이화여자대학교.

이용승(2002). 분리 - 개별화 이론의 재조망. 임상심리학의 최근 동향. **김중술 교수 정년퇴임 심포지움**.

이재경(1999). 여성의 경험을 통해 본 한국가족의 근대적 변형. **한국여성학**, 15, 55 - 86.

이정덕, 전미경(1995), 가족 내 종교갈등에 관한 연구. **한국가정관리학회지**, 13(4).

이정우, 김명자, 계선자(2001). **현대 결혼과 가족 문화**. 서울: 숙명여자대학교 출판부.

장경섭(1991). 핵가족 이데올로기와 복지국가. **경제와 사회**, 15, 173 - 204.

장현섭(1993). **한국사회는 핵가족화하고 있는가? 한국근현대가족의 재조명**, 한국사회사연구회편, 문학과 지성사.

장휘숙(2002). 청년 후기의 부모에 대한 애착, 분리 - 개별화 및 심리사회적 적응. **한국심리학회지: 발달**, 15(1), 101 - 121.

전춘애, 박성연(1994). 부부의 자아분화수준과 출생가족에 대한 정서적 건강 지각이 결혼안정성에 미치는 영향. **대한가정학회지**, 32(4). 117 - 133.

전효정(1999). 유아기 부모와의 애착경험이 성인기 애착유형과 배우자 선택에 미치는 영향. **영유아보육연구**, 5, 21 - 34.

정문자, 이종원(2003). 원가족변인이 부부갈등에 미치는 영향. **대한가정학회지**, 41(3).

정방자, 최경희(1995). 건강한 부모 - 자녀관계를 위한 정신역동적 연구. **영남대 학생연구**, 1 - 12.

정석환(2003). **목회상담학 연구**. 서울: 한국학술정보.

정정숙(2000). **기독교교육학**. 서울: 베다니.

정정숙(2001). 결혼 전 상담과 가정의 위기상담. **기독교교육연구**, 12(1), 39 - 72.

정태연, 최상진, 강진경(2000). 성인기 애착특성과 낭만적 사랑 및 성격 특성과의 관계. **한국심리학회지: 여성**, 5(2), 85 - 102.

정현숙, 유계숙(2001). **가족관계**. 서울: 학지사.

정현숙, 유계숙, 최연실(2003). **결혼학**. 서울: 신정.

조복희, 이진숙(1998). 한국 부모 - 자녀관계 관련 속담의 분류 및 이에 대한 인식도. **아동학회지, 19(1).**

조성남(2006). 노인부모부양에 관한 기혼자녀세대의 인식. **한국인구학, 29(3),** 139 - 157.

조용환(1999). **질적 연구 - 방법과 사례**. 서울: 교육과학사.

조윤주(2002). **대학생의 부모와의 애착 갈등 및 부양의무감과 부모부양 의식**. 석사학위논문, 연세대학교.

조혜정(1985). 한국의 사회변동과 가족주의. **한국문화인류학, 17,** 79 - 96.

조화진(2004). **부모와의 애착 및 분리 - 개별화가 대학생활적응에 미치는 영향**. 석사학위논문, 연세대학교.

채민정, 박혜인(1998). 여성의 결혼사회화, 결혼결정과정, 결혼현실에 대한 여성주의적 접근. **과학논집, 24,** 35 - 59.

최정혜(1992). **노부모가 지각하는 성인자녀와의 결속도 및 갈등에 관한 연구**. 박사학위논문, 성신여자대학교.

최지영(2003). **대입 수험생 어머니의 불안과 가족경계에 관한 목회상담 연구**. 석사학위논문, 연세대학교.

한남제(1994). 한국의 산업화와 가족기능의 변화. **한국청소년연구,** 23 - 33.

한민아, 한경혜(2004). 세대 간 지원교환유형과 성인자녀의 심리적 복지감. **한국가족관계학회지, 9(1).**

한신대학교 학술원 신학연구소(2005). **한국인의 문화의식 조사**. 서울: 도서출판 한울.

허혜경, 김혜수(2002). **청년발달심리학**. 서울: 학지사.

현명선(1997). **물질사용 장애 청소년의 회복과정에 대한 근거이론적 접근**. 박사학위논문, 연세대학교.

홍숙자(1999). **노년학개론**. 서울: 하우.

홍영택(2003). 한국가족의 권력구조 변화와 상담 전략. **한국문화와 목회상담**. 서울: 도서출판 목회상담.

황혜자, 조수진(2006). 애착 이론과 그 영향에 대한 고찰. **동아논집, 42,** 151 - 171.

Anderson, D. (1985). Marriage as sacred mystery: Some theological reflections on the purposes of marriage. *Word & World, 5(4),* 364 – 369.

Anderson, H., & Mitchell, K. (1993). *Leaving home.* Westminster/John Knox Press.

Anderson, H. (1984). *The family and pastoral care.* Philadelphia: Fortress Press.

Baldwin, M W. (1992). Relational schemas and the processing of social information. *Psychological Bulletin, 112,* 461 – 484.

Balswick, J. O., & Balswick, J. K. (1995). 크리스챤 가정. 황성철 역. 서울: 두란노서원(원전 1989 출판).

Barth, K. (1964). *Kirchliche Dogmatik IV/2.*

Bartholomew, K., & Horowitz, L. M. (1991). Attachment styles among young adults: A test of a four – category model. *Journal of Personality and Social Psychology, 61(2),* 226 – 244.

Baruch, G., & Barnett, R. C. (1983). Adult daughter's relationships with their elderly mothers. *Journal of Marriage and Family, 45.*

Bateson, G. (1972). *Steps to an ecology of mind.* New York: Dutton.

Becvar, D. S., & R. J. Becvar(2001). 가족치료. 정혜정, 이형실 편역. 서울: 도서출판 하우. (원저 1988 출판).

Bengston, V. L., & Schrader, S. S. (1982). Parent – child relation. In D. Mangan & W. A. Peterson(eds.) *Research instruments in social gerontology, 2: Social roles and participation.* Minneapolis: University of Minnesota Press.

Bengston, V. L., Mangen, D. J., & Landry, P. H. Jr. (1985). The multi – generation family: concepts and findings, In V. GarmsHomolova, E. M. Horering & D. Schaeffer(Eds.), *Intergenerational relationships.*

Berger, P. L., & Keller, H. (1980). Marriage and the construction of reality. In J. M. Henslined (Eds.), *Marriage and family in a changing society.* New York: The Free Press.

Bertalanffy, L. V(1968). *General system theory.* New York: George Brazillier.

Bigner, J. L. (1985). *Parent – child relations: An introduction to parenting.*

NY: Macmillan.

Blankenhorn, D., Browning, D., & van Leeuwen, M. S. (2004). *Does Christianity Teach Male Headship? The Equal — regard Marriage and its Critics.* Grand Rapids, Mich.: William B. Eerdmans Publishing Company.

Blos, P. (1967). The second individuation process of adolescence. *Psychoanalytic Study of the Child, 22,* 162 – 186.

Blos, P. (1979). *The adolescent passage.* New York: International Universities Press.

Blumer, H. (1962) Society as symbolic interaction. In *Human behavior and social processes: An interactional approach,* A. Rose(ed.). Boston: Houghton Mifflin.

Blumer, H. (1969). *Symbolic interactionism: Perspective and method.* Englewood Cliffs, NJ: Prentice – Hall.

Bockus, F. (1975). A systems approach to marital process. *Journal of Marital and Family Therapy, 1(3),* 251 – 258.

Bonhoeffer, D. (1969). Sanctorum Communio. Eine dogmatische Untersuchung zur soziologie der Kirche. *Theol. Bücherei. Bd. 3, 4.* Aufl. S. 155.

Bowen, M. (1976). Theory in the practice of psychotherapy. In P. J. Guerin(Ed.), *Family therapy.* New York: Gardener Press.

Bowlby, J. (1969). *Attachment.* New York: Basic Books.

Bowlby, J. (1988). *A secure base: Clinical applications of attachment theory.* London: Routledge.

Bradbury, T. N., & Karney, B. R. (2004). Understanding and altering the longitudinal cource of marriage. *Journal of Marriage and Family, 66(4),* 862 – 879.

Brennan, K. A., Clark, C. L., & Shaver, P. R. (1998). Self – report measurement of adult attachment: An integrative overview. In J. A. Simpson & W. S. Rholes(Eds.). *Attachment theory and close relationships,* 46 – 76. New York, NY, US: Guilford Press.

Bretherton, I. (1995). A communication perspective on attachment relationships and internal working models. In E. Waters, B. E. Vaughn, G. Posada & K. Kondo – Ikemura(Eds.), *Caregiving, cultural, and cognitive perspectives on secure – base behavior and working models: New growing points of attachment theory and research*. Chicago: University of Chicago Press.

Browning, D. (1976). *The moral context of pastoral care*. Philadelphia: Westminster Press.

Browning, D. (1980). Pastoral theology in a pluralistic age. *Pastoral Psychology, 29(1)*. 24 – 35.

Browning, D. (1983). *Religious ethics and pastoral care*. Philadelphia: Fortress Press.

Browning, D. (1987). *Religious thought and the modern psychologies: A critical conversation in the theology of culture*. Philadelphia: Fortress Press.

Browning, D. (1991). *A fundamental practical theology: Descriptive and strategic proposals*. Minneapolis: Fortress Press.

Browning, D. (2000). *What is marriage? An exploration.* (www.uchicago.edu/divinity/family)

Browning, D. (2003). *Marriage and modernization: How globalization threatens marriage and what to do about it?* Grand Rapids, Mich.: William B. Eerdmans Publishing Company.

Browning, D., Doherty, W., & Post, S.(Eds.)(2002). *Marriage, health and the professions*. Grand Rapids, Mich.: William B. Eerdmans Publishing Company.

Browning, D., Christian, G., & Witte, J.(Eds.) (2006). *Sex, marriage, and family in world religions*. New York: Columbia University Press.

Browning, D., Miller – McLemore, B., & Couture, P. (2000). *From Culture wars to common ground: Religion and American family debate*. Louisville: Westminster John Knox Press.

Brunner, E. (1947). *The divine imperative*. The Westminster Press, Philadelphia.

Bucx, F., van Wel, F., Knijn, T., & Hagendoorn, L. (2008). Intergenerational contact and the life course status of young adult children. *Journal of Marriage and Family, 70(1),* 144 – 156.

Christopher, F. S. (2001). *To dance the dance: A symbolic interactional exploration of premarital sexuality.* Mahwah, NJ: Lawrence Erlbaum.

Clinebell, H. J. (1994). 목회상담신론, 박근원 역. 서울: 장로교출판사.

Coan, J. A., & Gottman, J. M. (2007). Sampling, experimental control, and generalizability in the study of marital process models. *Journal of Marriage and Family, 69(1),* 73 – 80.

Cobb, J. B., & Griffin, D. (1976). *Process theology: An introduction.* Philadelphia: Westminster Press.

Conger, R. D., & Ge, X. (1999). Conflict and cohesion in parent – adolescent relations: Changes in emotional expression from early to mid adolescence. In M. J. Cox & J. Brooks – Gunn(Eds.), *Conflict and cohesion in families: Causes and consequences.* Mahwah, NJ: Erlbaum.

Coonerty, S. (1987). An exploration of separation – individuation themes in the borderline personality disorder. *Journal of Personality Assessment, 50,* 501 – 511.

Cooney, T. (2000). Parent child relations across adulthood. In R. Milardo & S. Duck(Eds.). *Families as Relationships, 39* – 59. London: Wiley.

Coontz, S. (2000). Historical perspectives on family studies. *Journal of Marriage and Family, 62(2),* 283 – 297.

Coontz, S. (2004). The world historical transformation of marriage. *Journal of Marriage and Family, 66(4),* 974 – 979.

Coser, L., & Coser, R. (1974). *Greedy institutions: Patterns of undivided commitment.* New York: Free Press.

Couillard, G. C. (1990). *Differences in marital adjustment among couples with similar and dissimilar levels of emotional health in their family – of – origin.* Unpublished doctoral dissertation. Brigham Young University.

Creswell, J. W., & Brown, M. L. (1992). How chairpersons enhance faculty research: A grounded theory study. *Review of Higher*

Education, 16(1), 41 – 62.

Creswell, J. W., & Urbom, J. (1997). *A theory of balance between personal and professional lives for academic chairpersons.* Unpublished manuscript, Department of Educational Psychology, University of Nebraska – Lincoln.

Creswell, John W. (1998). *Qualitative inquiry and research design: Choosing among five traditions.* California: Sage Publications, Inc.

Davis, M., & Wallbridge, D. (2002). 울타리와 공간. 이재훈 역. 서울: 한국심리치료연구소.

DePaulo, B. (2006). *Singled out: How singles are stereotyped, stigmatized, and ignored, and still live happily ever after.* New York: St. Martin's Press.

Disks, H. V. (1967). *Marital tensions: Clinical studies towards a psychoanalytic theory of interaction.* London: Routledge and Kegan Paul.

Duvall, E. (1977). *Marriage and family development.* Philadelphia: Lippincott.

Erikson, E. H. (1963). *Childhood and society.* New York: Norton.

Erikson, E. H. (1968). *Identity, youth, and crisis.* New York: Norton.

Fairbairn, W. Ronald D. (1990). *Psychoanalytic studies of the personality.* Routledge. First published in 1952 by Tavistock Publications Limited.

Fincham, F. D., Stanley, S. M., & Beach, S. R. H. (2007). Transformative processes in marriage: an analysis of emerging trends. *Journal of Marriage and Family, 69,* 275 – 292.

Fowler, J. W. (1981). *Stages of faith: The psychology of human development and quest for meaning.* Sanfrancisco: Harper & Row Publisher.

Gallagher, S., & Gerstel, N. (2001). Connections and constraints: The effects of children on caregiving. *Journal of Marriage and the Family, 63,* 265 – 275.

Gavazzi, S. M. (1993). The relation between family differentiation levels in families with adolescent and the severity of presenting problem. *Family Relations, 42.* 463 – 468.

Gerstel, N., & Sarkisian, N. (2006). Marriage: The good, the bad, and the greedy. *Contexts, 5(4)*, 16 – 21.

Glaser, B., & Strauss, A. (1967). *The discovery of grounded theory.* Chicago: Aldine.

Goldenberg, I. & Goldenberg, H. (2001). 가족치료. 김득성 외 역. 서울: 시그마프레스. (원전 1996 출판).

Goldscheider, F. K., & Goldscheider, C. (1989). Family structure and conflict: Nest – leaving expectations of young adults and their parents. *Journal of Marriage and the Family, 51*, 87 – 97.

Goldscheider, F., & Goldscheider, C. (1993). Whose nest? a two – generational view of leaving home during the 1980s. *Journal of Marriage and the Family, 55*, 851 – 862.

Goodman, C. C., & Silverstein, M. (2002). Grandmothers raising grandchildren. *The Gerontologist, 42*, 676 – 689.

Goodwin, J. (1997). The libidinal constitution of a high – risk social movement: Affectual ties and solidarity in the Huk rebellion, 1946 to 1954. *American Sociological Review, 62*, 53 – 69.

Green, A. L., & Boxer, A. M. (1986). Daughters and sons as young adults: Restructuring the ties that bind. In N. Datan, A. L. Greene & H. W. Reese(Eds.), *Life – span developmental psychology: Intergenerational relations.* Hillsdale, NJ: Erlbaum.

Greenacre, P. (1957). The childhood of the artist: Libidinal phase development and giftedness, *The Psychoanalytic Study of the Child, 12.* New York: International Universities Press.

Greenberg, J. R. & Mitchell, S. R. (1999). 정신분석학적 대상관계이론. 이재훈 역. 서울: 한국심리치료연구소. (원전 1983 출판).

Grom, B. (1986). *Religionspadagogische psychologie des kleinkind, schul, und jugenalters.* Dusseldorf: Patmos.

Grotevant, H., & Cooper, C. (1986). Individuation in family relationships: A perspective on individual differences in the development of identity and role taking skill in adolescence. *Human Development,*

29, 82 – 100.

Hagestad, G. O. (1987). Parent – child relations in later life: trends and gaps in past research In. J. B. Lanccaster, J. Altmann A. S. Rpsso, & L. R. Sherrod(Eds.). *Parenting across the life span.* NY: Aldine De Grruyter.

Hall, S. S. (2006). Marital meaning: exploring young adult's belief systems about marriage. *Journal of Family Issues, 27(10)*, 1437 – 1458.

Hazan, C., & Shaver, P. (1987). Romantic love conceptualized as an attachment process. *Journal of Personality and Social Psychology, 52*, 511 – 524.

Heaney – Hunter, J. (1997). "Active faith" in Christian marriage: the challenge of family systems. *Pastoral Psychology, 45(4)*, 261 – 275.

Hiltner, S. (1968). 목회신학원론. 대한기독교서회. (원전 1958 출판).

Hiltner, S. (1972). *Theological dynamics.* Nashville: Abingdon.

Hoffman, J. A. (1984). Psychological separation of late adolescence from their parents. *Journal of Counseling Psychology, 31*, 170 – 178.

Hofstede, G. (1991). 세계의 문화와 조직. 나은영, 차재호 역. 서울: 학지사.

Hovestadt, A. J., Anderson, W. T., Pierly, F. P., Cochran, S. W., & Fine, M. (1985). A family of origin scale. *Journal of Marital and Family Therapy, 11(3)*, 287 – 297.

Hunsinger, G. (2002). Robert Jenson's systematic theology: a review essay. *Scottish Journal of Theology,* 161 – 200.

Hunter, R. J. (1980). The future of pastoral theology. *Pastoral Psychology, 29(1).* 58 – 71.

Jackson, D. D. (1965). The study of the family. *Family Process, 4(1)*, 1 – 20.

James, William. (1950). *The varieties of religious experience.* New York: Bantam.

Johnson, P. E. (1957). *Psychology of religion.* New York: Abingdon Press.

Josselson, R. (1988). The embedded self: I and thou revisited. In D. K. Lapsley & S. M. Quintana(Eds.), *Self, ego and identity: Integrative approaches*. New York: Springer.

Kaufmann, G. (1981). *The theological imagination: Constructing the concept of God*. Philadelphia: Westminster Press.

Kaufmann, G. (1985). *Theology for a nuclear age*. Philadelphia: Westminster Press.

Kaufmann, G. (1999). **신학방법론**. 기독교 통합학문연구소 역. 서울: 한들출판사. (원전 1995 출판).

Kegan, R. (1982). *The evolving self: Problem and process in human development*. Cambridge, MA: Harvard University Press.

Kendall, L. (1996). *Getting married in Korea: Of gender, morality, and modernity*. Berkeley: University of California Press.

Kerr, M. E. (1981). Fmaily systems theory and therapy. In A. S. Gurman & D. P. Kinskern(Eds.), *Handbook of family therapy*. New York: Brunner/Mazel.

Kiernan, K. (2004). Redrawing the boundaries of marriage. *Journal of Marriage and Family, 66(4)*, 980 – 987.

Kirk and Miller(1994). **질적 연구의 신뢰도와 타당도**. 이용남 역. 서울: 교육과학사.

Kline, Jr. C. B. (1979). Marriage today: a theological carpet bag. *The Journal of Pastoral Care, 33(1)*, 24 – 37.

Kraus, H. J. (1983). Systematische Theologie, im *Kontext biblischer Geschichte und Eschatologie*. S. 500.

Küng, H. (1976). *Christ sein, 8*. Aufl. S. 473.

Laible, D. J., Carlo, G., & Raffaelli, M. (2000). The differential relationships of parent and peer attachment to adolescent adjustment. *Journal of Youth and Adolescence, 29(1)*, 45 – 59.

Lawton, L., Silverstein, M., & Bengston, V. (1994). Affection, social contact, and geographic distance between adult children and their parents. *Journal of Marriage and the Family, 56*, 57 – 68.

Levine, J. B., Green, C. J., & Millon, T. (1986). The separation – individuation test of adolescence. *Journal of Personality Assessment,*

50, 123 – 137.

Loder, J. E. (1989). *The transforming moment*. Colorado Springs: Helmers & Howard.

Lundeen, M. G. (1999). Interpersonal experience in infancy as a foundation for capacity in adults for stable relationships. In J. M. Adams & W. H. Jones(Eds.), *Handbook of interpersonal commitment and relationship stability*. New York: Kluwer Academic/Plenum.

Mahler, M., Pine, F., & Bergman, A. (1975). *The psychological birth of the human infant*. New York: Basic Books.

Main, M., Kaplan, N., & Cassidy, J. (1985). Security in infancy, childhood and adulthood: A move to the level of representation. In I. Bretherton & E. Waters(eds.), *Growing points of attachment theory and research, Monographs of the Society for Research in Child Development, 50*, 66 – 104.

Marvin, R. S., & Britner, P. A. (1999). Normative development: The ontogeny of attachment. In J. Cassdy & P. R. Shaver(Eds.), *Handbook of attachment theory, research, and clinical applications*. New York: Guildford Press.

Marvin, R. S., & Stewart, R. B. (1990). A family systems framework for the study of attachment. In M. T. Greenber, D. Cicchetti, & E. M. Cummings(Eds.), *Attachment in the preschool years*. Chicago: University of Chicago Press.

McClanahan, G., & Holmbeck, G. N. (1992). Separation – individuation, family functioning, and psychological adjustment in college students: A construct validity study of the separation – individuation test of adolescence. *Journal of Personality Assessment, 59*, 468 – 485.

McGoldrick, M. (1980). The joining of families through marriage: The new couple. In E. Carter & M. McGoldrick(Eds.), *The famil life cycle: A framework for family therapy*, New York: Gardner Press.

Mead, G. H. (1934). *Mind, self and society*. Chicago: University of Chicago Press.

Mee — Gaik, Ng. (1991). *Family — of — origin differentiation and marital satisfaction in healthy like, healthy unlike, unhealthy like, unhealthy unlike.* Unpublished doctoral dissertation. Texas Woman's University.

Minuchin, S. (1974). *Families and family therapy.* Cambridge: Harvard University Press.

Mitchell, S. A. & Black, M. (2000). 프로이드 이후. 이재훈, 이해리 역. 서울: 한국심리치료연구소. (원전 1995 출판).

Moseley, R. M. (1991). *Becoming a self before God: Critical transformations.* Nashville, Abingdon Press.

Munhall, P. L. (2001). *Nursing research: A qualitative perspective(3rd ed).* Connecticut: Appleton — Century — Crofts.

Neugarten, B. L. (Ed.)(1968). *Middle age and aging.* Chicago: University of Chicago.

Nichols, M. P., & Schwartz, R. C. (2001). *Family therapy: Concepts and methods.* Allyn & Bacon, Pearson Education Company.

Nydegger, C. N., & Mitteness, L. S. (1991). Fathers and their adult sons and daughters. In S. K. Pfeifer & M. B. Sussman(Eds.), *Families: Intergenerational and generational connections.* New York: The Haworth Press.

O'Brien, K., Friendman, S., Tipton, L., & Linn, S. (2000). Attachment, separation, and women's vocational development: A longitudinal analysis. *Journal of Counseling Psychology, 47,* 301 — 315.

Oden, Thomas C. (1983). *Pastoral Theology.* New York: Harper SanFrancisco.

Olson, D., & DeFrain, J. (1994). *Marriage and the family. Diversity and strengths.* Mayfield Publishing Company.

Patton, J., & Childs, B. H. (1998). 기독교인의 결혼과 가족. 장성식 역. 서울: 한국장로출판사.

Pezzin, L., & Schone, B. (1999). Parental marital disruption and intergenerational transfers: An analysis of lone elderly parents and their children. *Demography, 36,* 287 — 297.

Quintana, S. M., & Kerr, J. (1993). Relational needs in late adolescent seperation − individuation. *Journal of Counseling & Deveolpment, 71*, 349 − 354.

Quintana, S. M., & Lapsley, D. K. (1990). Rapprochement in late seperation − individuation: A structural equations approach. *Journal of adolescence, 13*, 371 − 385.

Ramsey, I. T. (1957). *Religious language*. London: SCM Press.

Richardson, R. W. (1996). *Creating a healthier church*. Minneapolis: Fortress Press.

Ridderbos, H. (1975). *Paul, An outline of his theology*. Eerdmans, Grand Rapids.

Rizzuto, A. M. (2000). 살아 있는 신의 탄생. 이재훈 외 역. 서울: 한국심리치료연구소.

Rocher, R. P., & Pettengill, S. M. (1985). Perceived parental acceptance and rejection and parental control among the Korean adolescent. *Child Development, 56*, 524 − 528.

Rogers, S. A. (2002). The parent − child relationship as an archetype for the relationship between God and humanity in genesis. *Pastoral Psychology, 50(5)*, 377 − 385.

Rossi, A. S. & Rossi, P. H. (1990). *Of human bonding*. NY: Aldine de Gruyter.

Rubio, J. H. (2003). *A Christian theology of marriage and family*. New York: Paulist.

Sabatelli, R. M., & Bartle − Haring, S. (2003). Family − of − origin experiences and adjustment in married couples. *Journal of Marriage and Family, 65(1)*, 159 − 169.

Sandberg, J. G., Miller, R. B., & Harper, J. M. (2002). A qualitative study of marital process and depression in older couples. *Family Relation, 51(3)*, 256 − 264.

Sarkisian, N., & Gerstel, N. (2008). Till marriage do us part: adult children's relationships with their parents. *Journal of Marriage and Family, 70(2)*, 360 − 376.

Schreiber, R. S. & Stern, P. N. (2003). 근거 이론 연구방법론. 신경림, 김미영 역. 서울: 현문사.

Schwartz, T. W. (2000). The land mines of marriage: Intergenerational causes of marital conflict. *Gestalt Review, 4*, 47 – 62.

Seltzer, J. A. (2004). Cohabitation in the United States and Britain: Demography, kinship, and the future. *Journal of Marriage and Family, 66*, 921 – 928.

Sheehy, G. (1995). *New passages: Mapping your life across time.* New York: Random House.

Shehan, C. L., & Dwyer, J. W. (1989). Parent – child exchanges in the middle years: Attachment and autonomy in the transition to adulthood. In J. A. Mancini(Eds.). *Aging parents and adult children*, 99 – 113. MS: Lexington Books.

Silverstein, M., & Bengston, V. (1997). Intergenerational solidarity and the structure of adult child parent relationships in American families. *American Journal of Sociology, 103*, 429 – 460.

Smith, Jr. A. (1982). *The relational self: Ethics & therapy from a black church perspective.* Nashville: Abingdon Press.

Smith, Jr. A., & Ursula Riedel – Pfaefflin(2004). *Siblings by choice: Race, gender and violence.* St. Louis: Chalice Press.

Smith, L. (1981). Growing love in Christian marriage. *Pastor's manual.* Nashville: The United Methodist Publishing House.

Sprey, J. (2000). Theorizing in family studies: Discovering process. *Journal of Marriage and Family, 62(1)*, 18 – 31.

Sreinberg, L. D. (1981). Transformation in family relations at puberty, *Development Psychology, 17(6)*, 833 – 840.

Stierlin, H. (1974). *Separating parents and adolescents.* New York: Quadrangle.

Strauss, A. & Corbin, J. (1990). *Basics of qualitative research: Grounded theory procedures and techniques.* California: Sage Publications, Inc.

Strauss, A. & Corbin, J. (2001). 근거이론의 단계. 신경림 역. 서울: 현문사.

Sullivan, K., & Sullivan, A. (1980). Adolescent – parent separation. *Development Psychology, 16(2)*, 93 – 99.

Tetlow, E. M. & Louis M. T. (1983). *Partners in service: Toward a Biblical theology of Christian marriage*. Lanham, MD: University Press of America.

Tillich, P. (1951). *Systemic theology vol. Ⅰ*. Chicago: University of Chicago Press.

Trobisch, W. (1984). 나는 너와 결혼하였다, 양은순 역. 서울: 생명의 말씀사.

Troll, L. E., & Smith, J. (1976). Attachment through the life span: Some questions about dyadic bonds among adults. *Human Development, 19*, 156 – 170.

Umberson, D. (1992). Relationships between adult children and their parents: Psychological consequences for both generations. *Journal of Marriage and the Family, 54*, 664 – 674.

Viorst, J. (1986). *Necessary losses*. New York: Ballantine Books.

Waite, L. J., & Gallagher, M. (2000). *The case for marriage: Why married people are happier, healthier, and better off financially*. New York: Doubleday.

Wall, J., & Miller – McLemore, B. (2002). Marital therapy caught between person and public: Christian traditions on marriage. *Pastoral Psychology, 50(4)*, 259 – 280.

Weber, O. (1972). *Grundlagen der Dogmatik Ⅱ. 2*. Aufl. S. 574.

Weishaus, S. (1979). Aging is a family affair, In P. K. Ragan(Ed.) *Aging parents*, Los Angeles: University of Southern California.

Weiss, R. A. (1982). Attachment in adult life, In C. M. Parkes & J. S. Hinde(Eds.) *The place of attachment in human behavior*. New York: Basic Books.

Whitehead, A. N. (1929). *Process and reality*. New York Macmillan.

Winnicott, D. W. (1971). *Playing and reality*. The Winnicott Trust.

Winnicott, D. W. (1984). *The maturational processes and the facilitating environment*. The Winnicott Trust.

최지영

약력

연세대학교 졸업-영어영문학전공(B.A)
연세대학교 연합신학대학원 졸업-상담학전공(Th.M)
연세대학교 일반대학원 졸업-목회상담학전공(Ph.D)

상담심리전문가 1급(한국상담심리학회)
상담수련감독자(한국상담전문가협회)
기독교상담심리치료전문가(한국기독교상담심리치료학회)

한국자살예방협회 전문상담위원 및 슈퍼바이저
서울가정법원 조정위원
침례신학대학교, 평택대학교, 한영신학대학교, 서울장로교신학대학교 등 출강
(현) 나사렛대학교 상담학 교수

주요논문 및 저서

「수험생어머니의 불안과 가족경계에 관한 목회상담 연구」
「신학생의 신학하기에 대한 목회상담적 연구－학부대학 신학 전공자를 대상으로」 외 다수

결혼과정을 통해서 본 어머니와 자녀의 관계변화

초판인쇄 | 2009년 8월 25일
초판발행 | 2009년 8월 25일

지은이 | 최지영
펴낸이 | 채종준
펴낸곳 | 한국학술정보㈜
주 소 | 경기도 파주시 교하읍 문발리 파주출판문화정보산업단지 513-5
전 화 | 031) 908-3181(대표)
팩 스 | 031) 908-3189
홈페이지 | http://www.kstudy.com
E-mail | 출판사업부 publish@kstudy.com

등 록 | 제일산 115호(2000. 6. 19)
가 격 | 30,000원

ISBN   978-89-534-4954-1 93330 (Paper Book)
       978-89-534-4955-8 98330 (e-Book)